"理论"兼"实践"的高校篮球运动教学研究

王铎霖 著

中国纺织出版社有限公司

图书在版编目（CIP）数据

"理论"兼"实践"的高校篮球运动教学研究 / 王铎霖著. -- 北京：中国纺织出版社有限公司，2023.11
ISBN 978-7-5229-0941-7

Ⅰ．①理… Ⅱ．①王… Ⅲ．①篮球运动－体育教学－教学研究－高等学校 Ⅳ．①G841.2

中国国家版本馆CIP数据核字（2023）第208285号

责任编辑：赵晓红　　责任校对：寇晨晨　　责任印制：储志伟

中国纺织出版社有限公司出版发行
地址：北京市朝阳区百子湾东里A407号楼　邮政编码：100124
销售电话：010—67004422　传真：010—87155801
http://www.c-textilep.com
中国纺织出版社天猫旗舰店
官方微博http://weibo.com/2119887771
河北延风印务有限公司印刷　各地新华书店经销
2023年11月第1版第1次印刷
开本：710×1000　1/16　印张：15.75
字数：235千字　定价：99.90元

凡购本书，如有缺页、倒页、脱页，由本社图书营销中心调换

前　言

19世纪末，篮球运动诞生。如今，经过100多年的发展，篮球运动已经成为颇具影响力的体育运动。篮球运动成为一种文化，日益渗透进人们的生活；篮球运动成为一种生活方式，是人们运动健身与赛事欣赏的重要选择；篮球运动成为一种产业，带动着世界经济的发展；篮球运动成为重要的学校教学内容，促进了学生的身心健康和全面成长。

篮球运动源于学校、根植于学校，锻炼与教育价值突出，对于强化大学生的身体素质，培养其健康向上的思想与心态具有积极的意义，这也是该项运动在高校蓬勃发展且深受大学生喜爱的主要原因。为了进一步推动高校篮球运动教学的可持续发展，促进篮球运动与教学在人才培养方面发挥积极的作用，笔者特撰写《"理论"兼"实践"的高校篮球运动教学研究》一书。

为使本书全面、新颖、实用，笔者在内容选编中突出了教育性、实用性、科学性与先进性。全书分为七章，第一章主要阐述篮球运动的起源与发展、篮球运动的特点与规律、篮球运动与身心健康以及重要篮球赛事与联赛介绍。第二章重点研究高校篮球运动教学的任务与内容、特点与原则、步骤与方法、组织与实施。第三章则是从哲学、科技、心理学、社会学、教育学等学科角度出发，探讨高校篮球运动的教学理论，为篮球训练实践研究奠定了坚实的基础。第四章至第六章重点介绍了高校篮球运动技术、战术以及游戏的教学，同时对其训练实践方法进行了深入讨论。第七章着重从创新角度出发，尝试在高校篮球运动教学中融入体验式学习法、多媒体技术、学导式教学法以及微课教学法，旨在增强篮球运动教学的多元化和新颖化。

本书更加注重对学生创新精神与实践能力的培养，书中所涉及内容紧跟学校体育教育改革的步伐。笔者紧密围绕培养目标，结合高校体育专业教学实际，全面系统地介绍了篮球运动的固有规律与技术原理及创新能力的培养等。在此基础上，笔者凭借多年的工作经验，补充了新的篮球理念，充实了现代篮球运动的新概念，增强了篮球运动的先进性和科学性，旨在为广大学生及体育工作者提供参考。

王铎霖

2023 年 6 月

目 录

第一章 述说篮球：篮球运动 1
  第一节 篮球运动的起源与发展 1
  第二节 篮球运动的特点与规律 15
  第三节 篮球运动与身心健康 20
  第四节 重要篮球赛事与联赛介绍 29

第二章 教学理路：高校篮球运动教学 33
  第一节 高校篮球运动教学的任务与内容 33
  第二节 高校篮球运动教学的特点与原则 37
  第三节 高校篮球运动教学的步骤与方法 44
  第四节 高校篮球运动教学的组织与实施 52

第三章 夯基有法：高校篮球运动的教学理论 63
  第一节 哲学基础 63
  第二节 科技基础 67
  第三节 心理学基础 71
  第四节 社会学基础 76
  第五节 教育学基础 80

第四章	高校篮球运动技术教学与训练实践研究	91
第一节	高校篮球运动技术概论	91
第二节	移动、运球技术的教学与训练实践	95
第三节	传接球、投篮技术的教学与训练实践	106
第四节	持球突破、防守技术的教学与训练实践	126

第五章	高校篮球运动战术教学与训练实践研究	133
第一节	高校篮球运动战术概论	133
第二节	高校篮球运动进攻战术的教学与训练实践	142
第三节	高校篮球运动防守战术的教学与训练实践	165

第六章	高校篮球运动游戏教学与训练实践研究	185
第一节	高校篮球运动游戏概述	185
第二节	高校篮球运动身体素质类游戏	190
第三节	高校篮球运动单项技术类游戏	195
第四节	高校篮球运动综合能力类游戏	201

第七章	高校篮球运动教学与实践的创新研究	207
第一节	高校篮球运动教学与实践中体验式学习法的融入	207
第二节	高校篮球运动教学与实践中多媒体技术的融入	214
第三节	高校篮球运动教学与实践中学导式教学法的融入	223
第四节	高校篮球运动教学与实践中微课教学法的融入	232

参考文献		243

第一章　述说篮球：篮球运动

第一节　篮球运动的起源与发展

一、篮球运动的起源

篮球运动是双方队员在严格的、专门的规则限制下，在规定的场地范围和时间内，通过各种专门的技术手段，以主动控制球为争夺焦点，在空间、地面交叉展开立体型攻守对抗，目的是把球投入对方球篮得分并阻止对方得分，最后以得分多者为优胜的集体运动项目。它既是一项具有集体性、综合性的活动性游戏，又是一项集现代体育、科技、教育、社会于一体的竞技运动。

初期的篮球活动，简易而有趣，可以因人、因地、因时、因需而异，也可以变换各种方式组织丰富多彩的活动，因此容易吸引人们参与，从而达到娱乐身心、健身强体、丰富生活的目的。

现代竞技篮球运动，已发展成为一项技艺化的国际竞技体育运动。运动员们在统一的国际性组织（国际篮球业余联合会）指导下，以独特的比赛规则和竞赛方式，为追求更快、更高、更强的奥林匹克精神，展开对抗、竞争、拼搏，其竞赛过程充分显示出人类生命的活力和时代发展的进步。

篮球作为一项体育竞技类比赛项目，深受世界各国人民的欢迎与喜爱，已经发展成为全球范围内单项体育人口最多的运动项目之一。作为世界性的篮球运动组织——国际篮球业余联合会，自成立至今已有215个会员国家，是国际单项竞技运动协会中成员国家最多的一个运动组织，世界著名的男、女篮球锦标赛，以及国际奥林匹克运动男、女篮球比赛，均是由该组织举办的，目前已经成为世界瞩目的全球性赛事活动，吸引着世界各国篮球爱好者的目光。该项目汇集了世界范围内最著名的篮球明星，以及最强球队，与美国NBA职业联赛共同形成了现代世界最高层次的篮球文化。

（一）古代篮球运动探源

在人类文明发展进程中，诞生了丰富多彩的体育运动项目，其中不乏篮球运动，它距今已有100多年的历史。从发展的角度分析，现代篮球运动是由古代篮球运动发展而来，随着时代的变迁，人们对其进行了相应的改良。

1. 奥尔梅克人是篮球运动之父

作为今墨西哥海湾附近的低湿沼泽地带，奥尔梅克地区拥有众多湖泊，水草丰美，极为适宜人类居住。该地区因盛产橡胶而被誉为"橡胶之乡"。据记载，美洲大陆最早出现的古代文明便是奥尔梅克文明，诞生于公元前1200年左右。世界人类历史上最早用于体育与娱乐活动的"球"，便是由奥尔梅克人首创的垒球大小的橡胶实心球。当时，奥尔梅克人将洞穴作为投准游戏的目标，将橡胶球作为游戏的工具，进行争抢投准的娱乐游戏，这也是篮球运动的雏形。经考古发现，奥尔梅克人举办的球赛是一项以生命为代价的隆重的宗教仪式，球赛得胜方赢得在场观众的拥护，而失败方的队长则需要以自己的头颅作为祭祀神灵的贡品，祈求来年风调雨顺，无病无灾。

公元3世纪之后，玛雅人继承奥尔梅克传统文明，并在此基础之上将它发扬光大，逐渐发展成为一种全新的文明——玛雅文明，与此同时，奥尔梅克文明走向衰落，古代篮球运动也随着时代的变迁而发生变化。

2. 玛雅人时期的篮球运动

今洪都拉斯西部和萨尔瓦多地区，危地马拉、伯利兹的大部分地区，恰帕斯和塔帕斯科两州的大部分地区，以及墨西哥的尤卡坦半岛均属于当时的玛雅地区，占地面积约32.4万平方千米。经人类学家的考古证实，玛雅人与中国人看起来极为相似，属于黄种人，眼睛呈棕褐色，头发黑且直，肩宽颅阔，腿部短粗，体格强壮结实。玛雅人是一个极为聪慧的民族，其在艺术创造、宇宙观、技术水平、科学知识等方面都具有较高的水平，他们所创造的文明成就令人惊叹。

玛雅文明时期，生产力发展迅猛，物资丰富、经济繁荣，故此，在这一时期，古代篮球运动也取得了长足的进步。主要表现为随处可见的篮球场地，一般情况下，大型广场、金字塔或者大的神庙旁都会有一个球场。玛雅时期最大城市提卡尔就建有85个广场，其中大多数为篮球场。此类篮球场分布在城市的四周，生活在城市边缘的玛雅农民以及生活在城市的居民均可就近观看篮球比赛。奇琴·伊扎球场是目前中美洲各遗址中留存规模最大的球场，也是玛雅历史时期最为著名的球场之一。该球场占地6 000平方米，长、宽分别约为150米与40米，场地两侧各有一面高墙，墙上有圆形球洞，与奥尔梅克时期相比，玛雅人运用球的技法已经取得了很大的进步。球的制作材料为橡胶，弹性较好，重约2千克，直径约为25厘米。位于墙上的球洞与球体相比稍大，比赛双方哪一方率先踢进球，即为获胜方。球场两侧分别建有平台，平台之上为神庙，平台之下则有一个通往广场的暗室，极有可能是球员的休息室或者更衣室。通过比赛的形式决出胜负，而失败方的首领以自己的头颅作为祭祀神灵的贡品，这在现代人眼中似乎有些过于残忍，但是在古代奥尔梅克和玛雅社会时期是一件极为稀松平常之事，献出生命的球员还会被人们视为敬神英雄。

在古代篮球比赛过程中，球手不但争抢或对抗得异常激烈，在快速奔跑、跳跃中，有时会被撞得伤痕累累、鲜血直流，而且要想将橡胶球投进竖立在高墙上只比橡胶球略大的环形球洞也是一件不容易的事情，比赛常常是以0∶0告终。

然而公元8世纪，灿烂辉煌的玛雅文明骤然消失，玛雅民族抛弃了他们的宫殿、家园、球场，突然离去。随着玛雅文明的消失，古代篮球运动也走到了终点。在以后的人类历史进程中，直到1891年美国人詹姆斯·奈史密斯（James Naismith）发明了现代篮球运动，才使这一古老的球类游戏得到延续。

（二）现代篮球运动起源

美国是篮球运动的发源地，美国基督教青年会创办的学校是篮球运动的摇篮。

基督教青年会，在美国的体育史上留下了辉煌的一页，对世界许多国家体育运动的发展影响很大。基督教青年会比较重视青年的兴趣和爱好，能结合青年的特点进行以宗教为主的德、智、体教育。1885年波士顿青年会在马萨诸塞州的斯普林菲尔德学院（旧译春田学校）设立体育部。担任成人培训班体育课的教师詹姆士·奈史密斯博士，根据学生大都有大学时代的运动经历和冬季室外开展活动困难的情况，决心改变室内体育课的内容，考虑设计一项适合冬季室内进行比赛的运动项目。根据当时的情况，他认为，要使新的运动项目达到预期的效果，必须做到以下三点：

第一，要消除人们对当时的体育运动中粗野行为的恐惧心理（指橄榄球），新的竞技运动必须是"文明"的，严禁粗野行为的发生。

第二，为了弥补足球、棒球受季节、气候影响的缺陷，新的运动应是不受季节气候影响，可以在室内和晚上进行的体育活动。

第三，必须改变过去采用的瑞典、法国、德国式枯燥的训练方法。新的运动应使不同年龄、性别的人都能参加，尤其要能吸引青年们参加。

根据这些想法，奈史密斯博士在1891年12月，综合了橄榄球、曲棍球、足球等游戏的特点，从工人和儿童用球向桃篮内比投准的游戏，以及他小时候在家乡阿尔蒙特经常玩的用石头向立在高处岩石上的石块抛掷"打落野鸭子"的游戏中受到启发，设计了以投掷准确性程度来计分并决定胜负的游戏方法。并确定投掷的目标应呈水平状态放置在高处。于是他找来两个上宽下细的桃篮，钉在体育馆两端看台的柱子上，作为投掷的目标。桃篮离地面刚好10英尺（3.05米），也就是现在篮圈距地面的高度。

经过几次在体育课试验后，1891年12月25日圣诞节之夜，奈史密斯博士将培训班的18名学生分成两队，用美式足球做游戏工具进行了新的表演比赛，并把游戏介绍给观众。游戏的方法是比赛开始时，双方队员分别站在场地两端线外，裁判员持球站在球场边线中间处，鸣哨的同时把球掷入球场中间。两队队员同时冲进场内抢球，展开攻守对抗，双方想方设法把球投进对方的篮框里。投中 1 球只得 1 分，第一次比赛只有一名叫契艾思的学生投中 1 球，他的队以 1∶0 获胜。为了防止粗野的身体接触，奈史密斯博士还规定了最原始的四条规则：一是使用足球式的柔软圆形球；二是必须用手传递，不得用脚踢、拳打和头顶，也不得抱着球跑动；三是避免粗野动作，不得打、拉、推对方；四是投掷的目标应设置在空中，呈水平状态。

1892 年 3 月 11 日，在青年会训练学校里举行了第一场正式比赛，是奈史密斯等 7 名教师对培训班 7 名学生，这是篮球史上最早的正式比赛。比赛分上、下两半时，每半时 15 分钟，中间休息 10 分钟，比赛结束时教师队以 1∶5 负于学生队。教师队唯一的一个进球是由美式足球创始人史达科投中的。

（三）女子篮球运动的诞生

篮球作为一项运动游戏，引起了广大民众的关注与喜爱，并且在学校内部以及美国各个地区流传开来。1892 年的某一天，一位经常观看男子篮球比赛的女教师，在体育馆中遇到了篮球运动的创始人奈史密斯，于是她大着胆子走向前，向其询问，该项运动是否可以邀请妇女参加。奈史密斯一时之间竟不知该如何回答，只好用既不否定也不肯定的语气回答："为什么不可以参加？"就在这样的情况下，奈史密斯组织了人类历史上首场正规的女子篮球比赛，该场比赛的参加者大多为白金汉小学的女教师，而女子篮球运动也在这一时期正式诞生。但是受到思想观念、社会条件等多方面因素影响，使得女子篮球运动，与男子篮球运动相比，发展较为缓慢。

篮球运动由于受到儿童投桃子游戏的启发而诞生。因为桃筐有底，每次取球还需要登着梯子将球取出来，极为不方便。之后，人们对游戏设备进行了改良，去掉了桃筐的筐底，并将其固定在特殊的立柱上，放置于篮球场的两端。为了防止球被投掷到远方，曾在篮球架的后部设有拦网或将网状装置安装在场地的周边。

（四）小篮球运动的兴起与发展

小篮球活动的参与者为青少年，该项运动早期便引起了专业人士的高度重视。尤其是那些篮球强国，对于篮球运动后备力量的培养尤为看重，认为小篮球从根本上解决了篮球运动水平提高的问题。

美国是小篮球运动的创始国。1948年，美国教师阿切尔（Archer）组织一群8~12岁的儿童进行了一场篮球比赛，并根据参赛者的实际情况，对比赛篮架进行了改造，使其更加适用于该年龄段的参赛者。小篮球运动因阿切尔的倡导，而在美国各个地区逐渐发展起来，此后，其影响力逐渐蔓延至世界各国。

1962年，西班牙杂志开始在全国范围内开展小篮球运动的宣传与推广活动。在此期间，热心少儿训练的洛佩斯（Lopez）表现尤为突出，在他的努力下，小篮球运动在西班牙得到了大力推广与普及，并火速传至欧洲其他国家。

1967年，首届世界小篮球比赛在美国斯克兰顿举行，共有10个国家参加了本次赛事。1968年，基于对小篮球运动价值的肯定，国际奥运会组委会建立了国际篮联下属国际性组织——国际小篮球委员会，由洛佩斯担任主席，阿切尔担任副主席。此后，《小篮球手册》的出台为小篮球运动指明了发展方向。

1970年，国际小篮球委员会又做出了一系列原则性规定，诸如小篮球竞赛办法、小篮球运动器材、小篮球运动场地等。自此，小篮球的影响力与日俱增。许多国家投入大量的人力、物力、财力发展该项体育运动项目，其中包括保加利亚、日本、联邦德国、苏联等。作为小篮球运动的创始国，美国每年都会投入大量资金与人力、物力开展一系列的篮球冬令营或者夏令营活动；而在南美地区以及欧洲地区，也会有一些国家针对青少年群体设立专门的篮球学校。其中，小班的练习者主要是少儿群体。

二、篮球运动的发展

（一）世界篮球运动发展

1. 初创时期

19世纪90年代至20世纪20年代是篮球运动的初创时期。篮球运动自1891年由奈史密斯发明以来，逐渐成为一种地域性的民间娱乐活动。篮球运动以其自身充满对抗性、娱乐性的特点，吸引了越来越多的体育爱好者，有着越来越广泛的群众基础。在这一时期，篮球运动开始从学校传入社会，并走向国际。篮球运动于1892年传入墨西哥，1893年传入法国，1895年传入中国和英国，1896年传入巴西，1897年传入捷克，1901年传入日本和伊朗，1905年传入俄国与古巴，1907年传入意大利，1908年传入波兰与瑞士，1911年传入秘鲁，之后逐渐在全球范围内广泛传播开来。

在这一时期，篮球运动的规则有一定的发展。篮球运动发明之后，奈史密斯于1892年制定了《青年会篮球规则》，其内容可以归纳为5项原则与13条规则，具体包括：篮圈的高度为10英尺；采用大而轻的球作为篮球比赛的工具；篮球场地的大小没有一定的限制，参赛双方的人数也没有明确的规定，只要球场上比赛双方的人数相等；投中1球得1分，哪方得分多哪方获胜；每次得分之后都是到球场中间进行抛球来继续进行比赛；比赛时间分为两个阶段，每个阶段15分钟；比赛设置两名裁判，即主裁判与副裁判，主裁判负责对球员的犯规进行判定，而副裁判负责计时与计分等。从1893年到1897年，篮球的规则得到进一步的完善，篮球比赛的程序得到简化：中圈跳球开始进行比赛，球员可以换手进行运球；增加了犯规罚球的相关规定，规定进攻投中1球得2分，犯规罚球中1球得1分；球员的场上位置也有了锋、卫之间的分工。1901年，规则规定运球的球员不可以进行投篮，1908年此规定取消。

同时，篮球运动的器材方面也有所改进。篮球运动在1891年初创时，对于场地的大小并没有固定的要求，人们只是在狭长的空地两端各放一个桃筐来进行比赛。奈史密斯于1892年进行了篮球比赛场地三段区域的划分，即后场、中场和前场。1893—1897年，篮球的篮圈有了新的改进，开始用带篮网的铁质篮圈、木质篮板。场地面积被限定为100英尺×50英尺、90英尺×45英尺和70英尺×35英尺三种，并在篮球场地上增画了分区线、中圈、限制区以及罚球线。1915年，美国国内对篮球比赛规则进行了统一之后，又对篮球的场地做出了改革，增画了各种区位的限制线，包括中圈和罚球线，不久又增画了中线。到了20世纪20年代末，篮球的球场又增设了限制区以及罚球时攻、守队员的站位区。

另外，这一时期的篮球运动攻守技术简单，只有一些篮球的基本动作。在篮球的战术方面，尚未形成比较成熟的全队配合战术，对抗方式主要表现为单兵作战，球员有场上位置的分工，并处于不同的区域。进攻的方式以快攻以及简单传切、掩护为主，防守主要表现为区域的人盯人防守。

2. 完善时期

20世纪30年代至40年代是篮球运动的完善时期。1932年6月18日，在瑞士日内瓦成立了国际业余篮球联合会（以下简称国际篮联），总部位于意大利的罗马。当时只有8个国家参加了国际业余篮球联合会，但是该会议作为一个国际性的权威机构对各国的篮球运动做出了协调与统一的工作，这也是国际业余篮球联合会成立的主要任务。国际篮联致力于将男子篮球项目推荐成为奥运会的正式比赛项目，1936年在德国举行的奥运会上男子篮球被列为正式的比赛项目。从此，现代竞技篮球运动正式诞生。

在这一时期，篮球运动规则的发展是多方面的。1932年，增设了3秒、5秒、10秒和球回后场的规定；增设了中线并增改了进攻限制区；球场面积被确定为26米×14米；比赛时间共有两节，每节20分钟。国际篮联于1936年出版了第一部国际统一的篮球规则，并正式规定双方的上场比赛队员人数为5人；投中之后在中圈进行跳球的规定被取消，改为由对方在端线外进行发球并继续进行比赛；度量单位变为米、克；由单裁判员临场制变为双裁判员临场制，从而增加了裁判员的判罚准确度，同时促进了篮球运动比赛水准的提升。在20世纪40年代之后，篮球的进攻限制区扩大为5.8米，同时规定场上球员累计犯规4次将被取消比赛资格。

同时，篮球运动器材方面的改进也表现为多方面。于1932年成立的国际业余篮球联合会对篮球场地的规定进行了修改，增设了进攻限制区，也就是将罚球区扩大为直线罚球区，即3秒限制区。到了20世纪40年代，篮球的篮板分为长方形和扇形两种规范形式。球场上中圈分为跳圈与禁圈，球场罚球区的两侧到端线，对争抢篮板球的球员分区站位线等方面做了明确的规则规定。

这一时期的篮球运动技术表现为出现单手传接球和投篮技术，以及行进间双手交替运球技术，并开始有简单的组合战术，手部与脚步的动作衔接速度加快；在篮球战术方面，进攻更加注重团队战术的运用与配合，单兵作战的情况减少；防守更加注重集体性，并开始采用区域联防以及人盯人的防守战术。

3. 成熟时期

20世纪50年代至60年代是篮球运动发展的成熟时期。在20世纪50年代之后，现代篮球竞赛中决定胜负的关键在于球员的高度。在这种趋势下，采用高大中锋强攻篮下的战术打法非常流行，篮球运动步入了一个体型"高大化"的时期。20世纪60年代末，篮球运动逐渐形成以美国篮球为代表的高度、速度、技巧相结合的战术打法，同时有高度、力量相配合的欧洲打法。从此，篮球运动的发展开始步入成熟阶段。

在这一时期，篮球运动规则的发展表现为多方面。随着高大球员的不断涌现，1956年以后，篮球规则规定将进攻限制区变为5.8米×3.6米的梯形。同时，中线被取消，增设了一次进攻限时30秒以及持球队员在前场被防守到5秒应判争球的规定。

篮球运动器材方面的改进主要表现为：由于高大中锋打法的盛行，给篮球规则带来了很大的冲击，从而使篮球规则在篮球场地、区域的划分上都采取了更多新的限制。

在篮球的技术方面，球员更加注重高度、速度、力量与技巧的有机结合，从而使球员的技术不断全面。在篮球的战术方面，进攻中多采用快攻、传切、突分并利用高大中锋强攻和在阵地进攻中组织策应配合，全场紧逼、人盯人防守以及混合防守的战术在不断地应用。

4. 完善时期

20世纪70年代至80年代是篮球运动发展的完善时期。20世纪70年代之后，2米以上的球员大量出现，篮球场上的空间争夺更加激烈，高度与速度之间的矛盾更为突出。1973—1978年，篮球的规则又有了几次调整，使攻防技战术在新条件的约束下，兼顾高度与速度发展的同时，不断向灵巧、准确以及多变的方向发展。20世纪80年代，这种情况愈加明显，从而使篮球运动进入了一个全面提高的完善时期。

这一时期，篮球规则的演变主要表现为：20世纪70年代后增加了球回后场、控制球队犯规以及全队10次犯规等方面的规则；规定如果对投篮的球员犯规，投中有效并追加1次罚球，如果没有投中就实行"3代2"罚球。到20世纪80年代，篮球规则正式引入"垂直原则"和"合法防守位置"等身体接触的原则。1984年，篮球规则规定将球场面积变为28米×15米；同时规定球场上空的高度要在7.5米以上。设定三分投篮区，增设了全队每半时7次犯规后进行"1+1罚球"的规则。这次规则的修改对于篮球运动全面快速发展起到了重要的推动作用。

篮球场地器材方面的发展主要表现为：20世纪80年代中期，场地规则又进行了修改，增加了远投区，篮球运动的发展实现了"第二次浪潮"。

在技术特点方面，球员的技术全面提高，进攻中的对抗、高空等技术不断技巧化，个人的能力不断增强，防守技术也更具威胁。在战术方面，单一固定的进攻逐渐转变为综合移动的进攻战术，防守更具攻击性、破坏性以及集体性。

5.飞跃时期

20世纪90年代至今，是篮球运动发展的飞跃时期。1992年，国际奥委会允许职业篮球运动员参加奥运会篮球比赛、世界篮球锦标赛以及洲际以上的国际篮球比赛。从此，篮球运动开启了一个新的发展历程，呈现出大众篮球的发展趋势。职业篮球不断发展，依托科技与人文，不断提高篮球运动员的各种新技术，从而使当代的篮球运动更加科技化、观赏化、商业化以及职业化。

这一时期篮球规则的发展表现为多个方面。1990年，为了保护运动员并对球场进行规范，篮球规则将篮板下沿提高至离地面2.9米，并增加球队席区。1994年，篮球规则改1+1罚球为2次罚球等。1998年，为了实现篮球运动技战术的快速发展，同时满足篮球运动不断商业化以及职业化的客观要求，规则规定允许采用2×20分钟或4×12分钟的比赛时间；对于比赛中附带身体接触的动作要用"有利/无利"的原则进行区分；同时增加了有违体育道德的相关技术犯规的规则规定；在比赛的最后2分钟，投中后要停止比赛计时等。1999年12月国际篮联宣布新的篮球规则于2000年奥运会之后实行，其主要内容有：比赛时间改为4×10分钟；一次进攻时间改为24秒；球从后场推进到前场的时间从10秒改为8秒；每队每节4次犯规之后所有犯规都要处以两次罚球；奥运会篮球比赛与世界篮球锦标赛可实行三人裁判制等。篮球规则的不断改变给篮球运动员提出了更严格的要求，篮球比赛表现得更加激烈，同时比赛的观赏性与娱乐性也不断提高。

这一时期，篮球场地器材方面的发展表现为：规则缩小了篮板周边的尺度，增设了篮板周边的胶皮保护圈。这是在篮球运动员的身材高度不断增长以及空间争夺日益激烈的情况下，国际篮联于1994年做出的规则修改。

技战术方面：篮球运动员的素质不断提高并更加全面，运动员的技术水平与战术意识都在不断地提高；篮球的高空技术与高空战术有了新的发展，运动员之间的身体对抗更加激烈；运动员的个人技术能力成为球队取胜的关键因素，快速进攻以及攻守转换的战术有了新发展；进攻的技战术更加实用与多变，并向立体型方向发展；个人防守越来越重要，越显攻击性、破坏性与协同性；女子篮球技战术不断男性化。

（二）中国篮球运动发展

根据现有资料可知，我国的篮球运动最早出现在唐宋时期（公元618—1279年），当时的人们称其为"毛弹""手鞠""抛球"，但因为时代的局限性，该项运动并未获得蓬勃发展。我国如今的篮球运动是从美国传入的。1895年，美国基督教青年会的传教士来会理到中国传教，将篮球运动教授给当时的天津基督教青年会的成员，后来，篮球运动逐渐扩散到全国。我国的篮球运动发展可以分为以下三个阶段：

1.1895—1948年阶段

这个阶段篮球虽然传入了中国，但却因为作用不大并未受到重视，自然无法实现大规模传播，自流是它的主要状态。直到20世纪初，越来越多的青少年学生因为篮球运动具备的特殊健身性和趣味性开始喜欢篮球并参与篮球运动，这项运动也因此逐步传入当时的中学和大学，后来又从学校传入社会。在中华人民共和国成立之前，只有北京、上海、天津等相对发达城市的城市青年会以及某些中等以上学校的少数学生会开展、参与篮球运动。

1910年"中华民国"第一届全国运动会将篮球列为表演项目；1913年"中华民国"参加了由"中华民国"、菲律宾和日本三国组织发起的第一届远东运动会；1914年"中华民国"第二届全国运动会将篮球确定为运动会正式比赛项目；1921年第五届远东运动会在上海举行，当时的"中华民国"篮球队荣获冠军奖杯。1930年在"中华民国"第四届全国运动会将女子篮球确定为运动会正式比赛项目。1936年，柏林奥运会召开，我国宣布正式加入国际篮球联合会。这一连串的行为使我国越来越多的人开始关注篮球运动，参与篮球运动，社会中举办篮球竞赛的次数也越来越多。

到20世纪30年代时，革命根据地政府高度重视体育活动的积极作用，大力支持开展体育活动。这使该地区的八路军、红军及人民群众都十分喜爱篮球运动。1945年以后篮球活动也逐渐活跃起来，上海、北京、天津及东北几个重要城市都成立了专业的篮球队，全国的篮球竞赛活动越来越频繁。

2.1949—1994年阶段

1949年10月1日，中华人民共和国成立，篮球运动因为具备较强的竞技性、趣味性吸引了大量人民参与，这使篮球运动在中国的传播和发展进入了一个新阶段。大部分工厂、学校、企业、机关、部队都修建了正规的篮球场地，有的地方甚至还修建了灯光球场，并组建了篮球队。

20世纪50年代初，国家在北京组建了中央体训班篮球队，主要是为了提升我国的篮球运动水平。国家为了加强与国际篮球运动的交流，主动邀请苏联国家男子篮球队到我国比赛，1950年12月，苏联国家男子篮球队接受我国邀请，这是中华人民共和国成立后到我国的第一支外国国家代表队。苏联国家男子篮球队到达我国后去了哈尔滨、沈阳、武昌、广州、南京、上海、天津、北京8个城市，与当地组建的篮球队进行了33场比赛。但是由于我国篮球技、战术水平还相对薄弱，而苏联队针对我国篮球运动技术水平不高状况，采用了快攻战术和全场紧逼人盯人战术，完全掌控了比赛的主动，比分的差距较大。此后，我国篮球队伍加强了训练，在强调身体全面发展的基础上，着重强化专项身体素质的发展，开始注重大运动量的训练，运动技术水平得到迅速的提高。

20世纪70年代后，国家明确提出要让我国的篮球竞技运动赶超国际水平。1972年12月，全国篮球训练工作会议召开，会上提出要全面把握篮球运动规律和发展趋势，从中国实际出发，全面完整地确定了"积极主动""勇猛顽强""快速灵活""全面准确"的篮球运动训练指导思想和"三从一大"的科学训练原则。在此背景下，我国的篮球运动重新焕发生机，获得飞速发展，我国的男篮、女篮再一次活跃在国际舞台上。1975年，中国篮球协会通过亚洲业余篮球联合会的批准，获得联合会的合法席位；1976年，中国篮球协会又通过了国际业余篮球联合会的批准，重新获得在该会中的合法席位，甚至国际业余篮球联合会将中华人民共和国篮球协会认定为国际篮联中唯一能代表中国的合法组织；1979年，国家大力推行改革开放，我国经过严格管理、严格训练、深化改革的篮球队也开始跨出国门，与其他国家开展积极交流，甚至多次在洲际赛事、世界级赛事中取得优异成绩，我国的篮球运动正式进入蓬勃发展时期。不仅仅是中国的篮球运动在发展，世界上其他国家的篮球队也在积极招揽专业的篮球球员，尤其是身材高大的球员，在1978年举行的第八届世界男子篮球锦标赛中，参赛队伍中共有48人的身高超过了2米，而且这些球员并非只有身高，技术也很全面，能攻善守，还有速度，这使当时的篮球比赛变得更为激烈。身体、技术、战术、意志品质等各种因素融为一体的全面对抗也为现代篮球运动的发展引领了方向。1976年，女子篮球在第二十一届奥运会上也成为正式的比赛项目。而在这一时期，欧洲、亚洲、大洋洲一些国家的篮球运动也得到了迅速的发展，逐渐跻身于世界篮球强队之列，形成了三强鼎立的局面。

20世纪80年代的篮球运动继续朝着高水平、全面对抗的方向发展。在这个时期的篮球运动员技术更为全面，进攻技术和防守技术都有显著提升，而且球员在进攻过程中对高空技术、快速技术及对抗技术的运用甚至出现技艺化特点，防守技术中的破坏力得到增强，威胁也变得更大了，无论是个人防守能力还是团队防守水平都获得较大提升。此时期的世界篮球运动也诞生了多种不同的打法，如融合了快、灵、准的亚洲型打法，这种打法的代表队伍有韩国队、中国队；充分利用身高优势和强大力量优势的欧洲型打法，代表队伍有意大利队、克罗地亚队、俄罗斯队；将身高优势和高超技巧融合在一起的美洲型打法，代表队伍有巴西队、美国队。在这种背景下，篮球运动的场地、规则以及设备器材也发生了变化：场地面积扩大为28米×15米，并在其中划分出专门的三分投篮区；如果队伍在半小时内出现过7次犯规，就需要增加"1+1罚球"等。这对篮球运动的快速全面发展起到了决定性的作用。

1981年年底中国篮协在杭州召开了全国篮球训练工作会议，提出"冲出亚洲，走向世界，勇攀高峰，为国争光"的口号。中国篮球女队先后在1983年举办的第九届世界锦标赛和1984年举办的第二十三届奥运会中取得第三名的优异成绩，迅速成为世界强队，更是涌现出了丛学娣、郑海霞、柳青、宋晓波等一大批在亚洲和国际具有声誉的著名运动员；1986年，我国男篮在第十届男篮锦标赛中取得了第九名的成绩。

3.1995年至今阶段

1995年6月，中国篮球协会正式成立，它隶属中华全国体育总会，是中国篮球运动的全国性群众组织。中国篮球协会遵从国家体委提出的"坚持正确方向、抓住有利时机、继续深化改革、发展体育事业"精神，开展"积极稳妥、健康有序"的改革方针。同时，借助外商注资的契机，中国篮球协会积极与国际管理集团等外资集团展开深度合作。1995年10月《中国篮球协会运动员转会暂行条例》和《俱乐部暂行管理条例》的推出，拉开了中国篮球职业化改革的序幕。1996年，全国甲级队篮球联赛举行，与此同时，"CNBA职业联赛"这一新型的带有职业化联赛性质的赛事也正式召开。参加"CNBA职业联赛"的队伍主要来自上海交通大学、北京体育师范学院、前体协等8个省市、部队和学校，这个赛事也是我国开始向职业化联赛转变的试探，但是其并没有维持很长时间就停止举办了。后来，中国篮球协会决定对全国男子篮球甲级联赛赛制进行体制改革，推动其向着商业化、职业化发展。1997年，篮球运动管理中心成立，这标志着我国的篮球运动已经在管理体制改革上迈出了一小步，这一步虽小但却极为关键。

20世纪90年代后期，改革开放战略逐渐深化，使中国篮球运动从传统的受计划经济体制影响形成的运行机制、管理体制及传统观念中脱离出来，真正坚持以市场经济为导向，依托社会文化需求，实现管理体制的深化改革，最典型的成就就是篮球运动管理中心在1997年11月成立。篮球运动管理中心成立后，正式开始对全国男篮甲A联赛赛制进行改革，开始划分主客场，使其正式向职业篮球联赛转变。自此以后，职业、半职业等不同性质的篮球俱乐部先后成立，管理中心对此也组建了男篮甲B、乙级队和女篮甲级队等主客场制的"职业联赛"，此时的中国篮球竞赛制度已经与国际接轨。

宋涛在1987年的NBA选秀会上成为被选中的第一个中国球员。2001年，我国篮球运动员王治郅首次进入美国NBA职业俱乐部小牛队，成为第一位正式登陆NBA赛场的中国人。2002年，姚明成为NBA选秀状元入选火箭队，巴特尔加盟NBA马刺队。2005年，女篮球员隋菲菲和苗立杰两位运动员加盟WNBA"君主"队。2007年，易建联加盟NBA雄鹿队。2017—2019年，周琦进入NBA联盟之后就在火箭队效力，但是他在NBA短暂地锻炼了2年，在2018年就被火箭队裁掉了。

第二节 篮球运动的特点与规律

一、篮球运动的特点

（一）组织的集体性

篮球作为一项体育运动项目，需要在整场比赛中进行激烈的厮杀与对抗，因此，它也被视为同场对抗性运动项目。可以说，篮球运动水平越高，其对抗性便会越强。故此，团队默契的配合以及精湛的个人技术，是球队在比赛中占据优势、最终取得胜利的两大法宝。集体主义精神对于篮球运动而言至关重要。个人技术与集体合作，二者之间是相辅相成的关系，集体的默契合作能够最大限度地将个人才能发挥出来，最终促成二者的共同发展。

（二）运动的快捷性

篮球运动有较为严苛的比赛规则，对球员的整体素质也有较高的要求，如一次进攻必须在24秒内完成，否则就算犯规。因此，球员的运动速度尤为重要。具体表现为三个方面，即攻守转换速度的提高，战术间衔接及运用技术速度的提高，以及进攻速度的加快，使球队拥有更多主动权等。这些均不断丰富着篮球的含义，使一系列运动技能成为优秀篮球队应当为之奋斗的目标，如强攻、快攻，有节奏的快速转换攻守配合，高质量的快速技术等。

（三）技能的开放性

在篮球比赛中，无论是技术与战术运用的时机，还是技术与战术运用的条件，均存在着较大的差异性。由于受到比赛对手、位置、时间等外部因素的影响，练习过程中的技术动作组合结构，以及战术动作的组合结构均会发生一系列的变化。战术配合的运用与安排也不是固定模式，它是可以根据现场实际的情况，并根据教练员的意图，进行灵活准确的抉择与判断，并适时做出合理调整的。由此可见，从本质上来说，篮球运动是一项开放性的运动技能项目。在篮球运动过程中，对运动员技能水平的提高以及全队整体作战水平的发挥起到决定性作用的因素便是技术；而身体素质则是保障对抗能力与提高动作难度与质量的条件。二者之间只有相互配合、相互依托，才能促使竞技能力得以显现。

（四）战术的多变性

篮球运动的活动形式是通过团队合作，借助运球、投篮、传球、防守等运动技术，实现投篮得分的攻守对抗方式。故此，运动战术也会随着技术动作的多样性而发生变化。篮球赛场突发情况很多，需要团队及球员根据空间的变化，随时调整战术，进行集体配合与单兵相结合、空间与地面相结合的攻守立体型对抗方式，这是现代篮球运动的重要特征之一。通常来说，要想在篮球比赛中取得胜利，需要运动员发挥灵活应变的能力，在战术的运用上讲究机动性与灵活性。因此，这对运动员的临场应变能力提出较高要求，需要运动员具备灵活变换战术与运用战术的能力，只有这样，才能保证战队不会在比赛中失去获胜的机会。

（五）竞争的对抗性

篮球运动的基本规律与特征是攻守的强对抗，该项运动会与对方发生肢体上的直接接触。此类对抗表现为五个方面，即双方队员意志品质与思想作风的对抗，教练员之间的谋略对抗，争夺篮板球之间的对抗，无球队员之间的对抗，有球队员之间的对抗。对抗是竞争的一种高层次的表现形式，借助对抗能够将球员的能力与竞争意识培养起来，而这两个要素也是现代素质教育的重要组成部分。

（六）比赛的观赏性

作为一种社会文化形态，篮球运动可将个体优美形态与心灵气质最大限度地展现出来，具有较高的观赏性与技艺性。此外，一大批篮球明星球员的诞生，能够为这项体育运动注入强心剂，使比赛更具观赏性。篮球运动的一大魅力，便是它的竞技性与多变性。胜利者的喜悦，失败者的沮丧，以及赛场上运动员之间的运动厮杀，均具有极强的观赏性，同时这也是该项运动得以不断发展的根本。世界上有许多优秀的篮球明星，如乔·约翰逊（Joe Johnson）等，他们通过智慧战术的运用以及超高的篮球运动技术，使篮球这项运动的魅力充分体现出来，一方面在运动中使个人才能得以充分发挥，另一方面给观众带来智慧的启迪与艺术的享受。

（七）活动的娱乐性

较早时期，篮球运动是以游戏的形式出现在大众视野的，之后随着社会发展，以及体育运动的不断进步，篮球运动成为一种深受大众喜爱的健身娱乐手段。在此后的发展与演变进程中，其娱乐性始终是该项运动的一大特征，也是篮球运动赖以生存与发展的关键因素。球员通过篮球运动，可以使身心得到健康全面发展，愉悦身心，将自我价值充分体现出来；而作为篮球观赛者，可以丰富自己的业余生活，并在观看比赛的过程中，获得强大的力量、快乐与鼓舞。

（八）知识的多元性

现代篮球运动具有内容结构的多元性和综合化的特点，形成了自己独特的理论和技战术体系。发展到现在，篮球已成为一门交叉性较强的学科课程，篮球运动方面的知识开始向多元化方向发展。知识的多元性要求运动员和运动队必须具备超强的心理素质、优秀的生理机能、合理的身体形态条件、全面的身体素质、优良的个性气质和道德作风、集体的团队精神、特殊的运动意识、专项技术与战术配合方法体系及超强的实战能力等。

（九）比赛的职业化

随着时代发展，篮球竞技运动的规则越发完善，竞技水平不断提升，再加上现代职业篮球俱乐部大面积的创建，使全球范围内的现代篮球运动都实现了飞速发展。而且运动员的体能、智能及技战术水平的不断提高促使篮球运动的职业化不断加深。在20世纪末期，职业篮球俱乐部如雨后春笋般涌现，亚洲、澳洲、欧洲、美洲等区域都创建了许多职业篮球俱乐部，再加上国际奥委会同意美国NBA职业球员参加国际大赛，这使现代篮球运动进入了一个新的阶段。现阶段，全球职业化篮球已发展为一项新的产业，这是篮球运动发展的一个新特点。

（十）运作的商业化

职业篮球运动员可以参加奥运会等世界大赛，对世界篮球运动的进一步发展与提高起到了强大的推动作用。随着篮球运动职业化程度的不断加深，各国相继建立起自己的职业联赛，如美国职业篮球联赛（NBA）是当前发展最为迅速、影响力最大的职业联赛，我国篮球职业联赛（CBA）在近年来也得到了快速的发展。职业篮球联赛的发展推动着篮球运动在世界范围内进入商品化，使其走上了商业化的发展轨道，甚至连篮球运动员的个人技能水平及运动队的整体技能水平都变成了商品。组织国内和国外的大型篮球竞赛的人员会通过体育彩票、体育器材、运动服装、广告宣传、电视转播等方式开展体育经纪活动，并通过经纪人开展盈利性经营和操作。这表明篮球运动具有商业性的特点，是篮球运动发展的新趋势之一。

二、篮球运动的规律

（一）攻守平衡规律

在篮球运动中，进攻和防守是球员的主要工作，二者是对比的、矛盾的，也是平衡的。具体来讲，篮球运动员在比赛中只能在进攻和防守中选择一种，非攻即守，相互对抗，但这种攻守是动态的，随时都可能发生转换和交替，所以二者又是相互平衡的。而且，在篮球运动中，一方的进攻只要被防守下来，就需要立刻转变为防守对方的进攻。如果双方的攻守平衡被打破，那就意味着其中一方的进攻或防守出现失败。篮球竞技比赛的目的是通过双方得分分出胜负，进攻肯定是占据主导的，防守只能屈居次席，而且进攻投中则得分，如果防守阻拦成功则会赢得进攻球权，不仅能破坏对方的攻势，还能顺势从守转攻。此外，整个篮球运动竞赛的攻守因素难以分辨，攻中有守、守中有攻，二者实现有机融合。所以，在战术、策略上无论是强攻助守还是强守助攻都会让攻守双方瞬时转换。以进攻为主导，防守为基础，攻守并重，相互平衡，这一篮球运动规律明确地揭示了篮球运动攻守既相互斗争、相互对立，又相互促进、相互依存的矛盾运动过程。这种攻守之间的矛盾从两个层面推动篮球运动发展，所以，攻守平衡是篮球运动普遍性形成的。

（二）准误转化规律

篮球运动比赛的胜负是根据双方的得分区分的，而双方得分的多少与双方使用的战术、技术的准确性和失误性有直接关系。在比赛过程中，篮球运动员的控球准误、投球准误及战术配合准误都直接影响球员的得分，但这种准误关系是不断变化和转化的，而且，一方的"准"会为另一方找到本方"误"提供机会。通常情况下，攻篮以"准"为先，守篮以"误"为本，准误之间的竞争发生在篮球比赛的每一分、每一秒。所以，准误转化规律是篮球运动特殊性形成的。

（三）高速均衡规律

随着篮球竞技运动的不断发展，人们发现身高对篮球胜负的影响极大，越来越多的身材高大的球员被选入篮球队，球队的平均身高也有了显著提升，这就导致后续的篮球比赛多次出现激烈的高空竞争，甚至奇妙的高空战术、优秀的高空技术都成为取胜的妙招。而且，随着篮球运动规则的进一步完善，球员的进攻时间受到限制，这就要求篮球运动员不断提升进攻速度、攻守转变速度及技术和战术的衔接速度，同时不断增强战术变化节奏，通过提升攻击次数来增加得分的概率，这种做法甚至成为球队制胜的关键。因此，球队不仅要具备大范围、多控制的空中技战术，也要具备超高的速度变化，实现高度和速度的有机融合，于相互对立中找统一、相互制约中找关联，充分发挥空中和地面的优势，实现高度和速度的均衡发展，这是篮球运动最完美的境界。高速均衡规律是篮球运动必然性形成的。

第三节 篮球运动与身心健康

一、篮球运动与身体健康

（一）篮球运动对身体形态的影响

1. 篮球运动对骨骼的影响

（1）篮球运动对骨骺的影响

骨的生长发育依赖于骨化的过程，青少年骨的有机物含量多，其可塑性强，长骨两端有使骨增长的骺软骨。人在 12～18 岁，骺软骨的生长速度非常快，18 岁后，骺软骨生长缓慢，甚至不再生长。而在青少年时期进行适宜的篮球运动锻炼，使骨承受一定负荷的刺激，能够促进血液循环，改善骨的营养供给，加快骺软骨的增生和骨化增长，从而促进骨的生长发育。

（2）篮球运动对骨密质的影响

骨密质分布于长骨骨干和骨髓的外侧部分。经常参加篮球运动，由于肌肉对骨的牵拉作用，会使骨表面的隆起更为显著、骨密度增高、管状骨增粗，使骨的形态结构发生良好的变化，同时能够使骨抗压、抗弯、抗折断和扭曲等机械性能得到提高。对于发育中的骨骼，较低和中等强度的运动负荷可明显促进其骨密质的形成。

（3）篮球运动对骨松质的影响

骨松质是人体内无数片状或针状骨小梁经过相互连接后形成的多孔隙网架结构，在长骨的骨菱和骨干的内侧多有分布，网孔即骨髓腔，其中充满骨髓。篮球锻炼使骨小梁新骨增加，骨小梁排列更有序化，使与重力方向一致的压力曲线和适应于肌肉拉力的张力曲线更符合力学要求。

2. 篮球运动对肌肉的影响

（1）篮球运动对肌肉结缔组织的影响

在打篮球时，肌肉会反复牵拉，一方面使肌肉韧带与肌腱中的细胞增生，另一方面还会使肌内膜、肌束膜与肌外膜增厚，客观上，使肌肉变得更加结实，其抗牵拉强度有所提高，从而促使肌肉抗断能力有所增强。力量练习能够提高抗牵张强度，增厚肌膜。

（2）篮球运动对肌纤维类型的影响

篮球是一项相对复杂的运动，在运动过程中，要求运动员同时具备几大素质，包括柔韧性、灵敏度、速度、耐力、爆发力以及力量等。在篮球运动过程中，力量对抗尤为明显，能够增粗快肌纤维；而整场篮球比赛中球员所表现出的耐力，能够促使肌纤维中的线粒体体积增大、数量增多。

（3）篮球运动对肌肉收缩的影响

篮球运动中，运动员需要掌握一系列的运动技术，包括急停跳投、急起急停、运球变向、变速跑、侧身跑、变向跑、快速起动等，此类技术均可改变球员运动速度、运动方向以及身体位置，其间以人的髋、膝、踝为轴，借助手臂摆动力量、腰腹力量、脚蹬碾的力量，使躯干能够灵活地运动。在打篮球时，虽然人体的中和肌、固定肌、对抗肌、原动肌所发挥的作用有所差异，但是为了确保动作能够顺利完成，它们之间可以做到相互协调、相互配合、共同收缩。总的来说，篮球运动可以使肌群的协调性得到改善与提高，使肌肉可以通过最为直接且有效的方式完成某一动作，进而使肌肉收缩的效率得到最大程度的发挥。

（二）篮球运动对身体素质的影响

1. 篮球运动对力量素质的影响

（1）肌纤维增粗

经常进行篮球体育锻炼，可以使骨骼肌肉得到有效增强，肌肉壮大的本质就是肌纤维数量增加、肌原纤维增多、肌纤维增粗等。

（2）募集更多的运动单位

一个运动神经元或神经细胞称为一个运动单位，其是肌肉收缩的基本单位，包括它所支配的所有肌纤维（肌细胞）。篮球运动属于全身性的运动，运动强度可大可小，如果人体运动的强度较低或处于轻负荷状态时，人体内的慢肌纤维先被激活，如果人体运动的强度极高或负荷越来越大时，人体内的快肌纤维会先被激活，随着人体运动时间的增加，神经系统会逐步适应，协调机体自身的抵制机制，越来越多的肌纤维被激活，相同肌肉可产生的肌力自然会越来越大。

（3）篮球运动能提高力量素质

篮球运动员在进行训练与比赛时，经常需要做很多动作，诸如防守、争抢篮球板、投、跳、跑等，使自己防得住、跳得高、跑得快，在此过程中，最大限度地运用人体大肌群力量，借助人体的腰、背、肩、臂、腿，包括整个躯干的各肌群有机地协调配合，才能使最佳的做功效果得以形成。故此，力量素质可以在篮球运动中得以提高。

2.篮球运动对耐力素质的影响

（1）篮球运动对肌耐力的影响

第一，肌红纤维增粗。慢肌与快肌均属于肌纤维，其中，慢肌中含有大量的肌红蛋白，又被称为红肌。故此要想有氧耐力好，红肌一定要发达。篮球运动能持续增强肌红纤维中氧化酶的活性，增加线粒体数量，从而使肌纤维体积不断增大、增粗。

第二，合成 ATP 能力增强。对机体来讲，三磷酸腺苷（ATP）是其活动所需能量的直接来源。篮球运动会增加肌肉中 ATP 的含量，使其合成能力增强，肌肉中 CK 酶，即肌酸激酶的活性升高，耐乳酸的能力增强，同时使无氧酵解途径的酶的活性升高，有氧氧化能力提高，线粒体密度和有氧氧化代谢酶的能力提高，最终合成 ATP 的能力增强。

第三，肌肉持续工作时间延长。决定肌肉能否持续工作的关键因素有很多，如神经系统的调控能力、有氧氧化乳酸能力、耐乳酸能力、肌红蛋白、能量使用效率等。篮球运动会增加骨骼肌中的肌红蛋白含量，提高含氧量、最大吸氧量、乳酸阈，确保在同等强度下发挥出更高的效能，提升肌肉的耐力。

（2）篮球运动对速度耐力的影响

对篮球运动员来讲，速度耐力是其专项耐力素质的主要内容，它是篮球运动员在有限时间内能够完成高强度运动的能力。通常情况下，篮球运动时长为 40 分钟，在这个时间段内，篮球运动员需要不断进攻和防守，必然要进行有氧代谢，需要运动员具备良好的有氧代谢能力。同时，篮球比赛具有强度大、变化多、对抗性强的特点，运动员在比赛中要进行时间与空间、速度与高度的争夺，每个回合的跑、跳、投等快速动作多数是在无氧状态下进行，所以运动员又需要具备良好的无氧代谢能力。无氧耐力是速度耐力的生物学基础，也是篮球运动必要的专项素质。所以，经常参加篮球运动，能提高速度耐力素质。

（3）篮球运动对一般耐力的影响

经常参加篮球运动，机体有氧氧化能力提高，血乳酸清除速度加快，脑对血乳酸的耐受力得到提高。长期的运动训练可促使人体心血管系统的形态、机能和调节能力互相配合，从而提高人体的工作能力。用二维超声心动图测定篮球运动员的左心室功能，测出各项指标均明显高于一般人。经常参加篮球运动，有利于发展一般耐力素质。

3.篮球运动对身体柔韧素质的影响

篮球运动员在篮球运动中的主要动作为跑、传、投、跳，这些动作的完成都需要全身所有关节的配合，而且赛场上处于不同位置的运动员在做动作时对身体各个关节的柔韧性要求也各不相同。虽然运动员所做的每个动作需要全身所有关节的配合，但每个关节都有其独特的作用，如果某一个部位违背整体协调，那么运动员的动作就会失衡。由此可见，篮球运动在一定程度上能够改善身体的柔韧性。

二、篮球运动与心理健康

（一）心理健康基础概述

1.心理健康的含义

心理健康指的是篮球运动员在运动过程中和日常生活中都能保持优良的心理状态。通常情况下，最理想的心理健康是行为恰当、态度积极、意志合理、情感适当、认知正确、智力正常、性格完美、保持良好状态。

2.心理健康的标准

心理健康从不同的角度有不同的含义，衡量标准也有所不同。我国的心理健康标准要求如下：

第一，对自己有正确的认识和恰当的评价。

第二，正视现实并对现实环境有良好的适应。

第三，建立和谐的人际关系。

第四，热爱生活，献身事业。

第五，保持健全的人格。

第六，能协调情绪，保持良好的心境。

每个人在评判心理健康时都有独特的评判标准，这些标准虽然不是完全相同，但被评判者在个性健全、情绪稳定、有正常认知、人际关系融洽、拥有超强的自信心、优秀的耐受力等因素上面的认知是一致的。

3. 心理健康的培养与保持

（1）树立正确的人生观

一个人是否有正确的人生观，是否能用乐观的态度来直面自己的人生和生活直接决定了他的人生态度、人生价值和人生目的。人作为生活在社会中的个体，肯定会遇到难以克服、无法直面的困难，但我们要做的只是坚持乐观的人生态度，保持理性的思考，从容地应对自己生活的环境和面临的事情，把眼光从"自我"移向社会，按照社会的现实要求和一般处事方法来学习和生活。所以，树立正确的人生观是培养健康心理的基础。

（2）形成正确的理想观

理想是人生的精神支柱和动力源泉，如果一个人拥有崇高的理想，就会感觉自身充满奋斗的激情，自身的才智将被激发，源源不断地涌出，潜藏在身体深处的内在潜能也被充分挖掘，并充分发挥作用。更重要的是它能让人不畏惧黑暗、平凡、挫折和失败，成为一个真正坚强的人，只要时刻保持自信，坚信前方是光明的，自己必将胜利，就能开创一番伟大的事业。所以，形成正确的理想观是培养健康心理的保障。

（3）具备良好的人际交往能力

人际交往是一种特殊的能力，是以人为对象通过协调关系、联络感情、满足心理需求的特殊活动过程或活动方式。现实社会其实就是由无数个人际关系网耦合而成的大型网络系统，人际关系就是连接、维系人与人、个体与群体的社会关系的重要纽带。人际交往能力对人至关重要，如果一个人具备良好的人际交往能力，当他处于困境时必然会有人为他提供帮助，当他痛苦、失望、悲伤时也会有人表示关怀、关切，帮助他走出迷茫和伤痛。因此，拥有良好的人际交往能力是培养健康心理的有效途径。

（4）积极参加体育活动增强身体素质

人的身体是人进行所有行为的基础，也是心理的容器。健康的心理只有处于健康的身体当中才能充分发挥作用，后者是前者的物质基础。如果人患上生理疾病，这种痛苦也会对人的健康心理产生影响，导致人行为冷漠、意志消沉、情绪低沉。如果人患上心理疾病，也会对人的健康身体产生影响，患上某些身体疾病。人的心理和生理之间存在着相互影响、相互作用的密切关系。

（二）篮球运动对心理健康的影响

1. 篮球运动有助于创造良好的情绪体验

（1）篮球运动有助于体验身体运动带来的快感

篮球运动是一项高强度、高密度的对抗性体验运动，运动员在跑、跳、投、抢过程中不仅会消耗大量的能量，而且能体验到身体运动时的快感。我们经常会看到很多青少年篮球运动爱好者，他们自发地聚集在篮球场上，久久不愿离开，最后每个人尽管都拼得筋疲力尽、大汗淋漓，但大家都会感到兴奋和愉快。这种兴奋和愉快就是通过身体剧烈运动，特别是经历激烈的身体接触与碰撞的刺激，通过合法的途径，尽情地释放出人类攻击性的本能。在这个过程中所激发出的极度兴奋性，使运动员或参与者忘记疲劳，忘记伤痛，忘记一切烦心事，完全陶醉在兴奋和快乐之中。只有经历过这种运动体验的人，才能真正享受到身体对抗运动时带来的情绪体验。

（2）篮球运动有助于体验成功和成就感

篮球比赛过程中，运动员不论是进攻或是防守，都是通过自己的身体素质、运用技巧战术和心理素质与对手较量。在篮球运动的对抗中，运动员如果通过娴熟的运球、巧妙的传球、准确的投篮、严密的封盖、默契的夹击、突然的抢断、果断的突破等行为在不违背篮球规则的前提下完成攻击和防守，取得对位的胜利，这都属于成功。当然，成功的含义很多，可以是全队取得比赛的最后胜利，也可以是全队打出了风格、打出了水平，还可以是个体本身的自我超越，它们都能使运动者充分体验到自己在"尖峰时刻"中所创造的成功，享受成功的喜悦，成就感十足。当人体验过成功的滋味后必定久久难忘，这种体验会促使人主动改变自己在学习和工作中的态度，不断提高自己的生活质量，丰富自己的生活内容。

（3）篮球运动有助于体验人际交流时的愉悦感

人际交流是指社会活动中，人与人之间进行信息交流和情感沟通的联系过程。篮球运动是一项集体运动，能够增加人与人之间接触和交往的机会。例如，队友们在对待传球的时机和方式、投篮的位置和机会、掩护配合的时机和卡位、夹击的位置和默契等问题时，必须进行交流。这种交流是篮球运动中所特有的交流形式，它会逐步转化成队友之间的人际交流和社会交流。这种交流可以不受运动者身份（如职业、职务和年龄等）的影响，交流形式非常自然。通过队友之间的自然交流，有利于相互之间的进一步沟通，协调人际关系，联络感情，愉悦身心，增加群体的认同感。因此，篮球运动有助于体验人际交流的愉悦感。

2. 篮球运动有助于减轻不良的焦虑状态

（1）篮球运动有助于疏导不良的情绪状态

在人体中枢神经系统中存在一种"优势兴奋灶"的现象，即某一中枢受到较强的刺激时，就会在相应区域形成一个兴奋灶。当这个兴奋中心的兴奋水平强于周围的兴奋点时，它不但可以"吸引"周围中枢扩散而来的兴奋点，提高其兴奋中心的兴奋水平，而且能对邻近的中枢产生抑制作用。例如，我们在全神贯注思考某一问题时，会出现"视而不见，听而未闻"的现象。这说明某一中枢高度的兴奋，形成了强烈的"优势兴奋灶"，它抑制了相应的视、听中枢。目前许多大学生常会因各方面因素影响，产生持续的焦虑，当其他心理辅导措施都难以奏效时，体育锻炼可以有效减轻焦虑症状。因为身体运动会在运动中枢形成强烈的"优势兴奋灶"，它的兴奋水平要明显高于其他任何兴奋中心。所以这个"优势兴奋灶"会对其他中枢产生抑制，降低了其他兴奋灶的兴奋水平（这是一种保护性抑制），这就是体育运动可以消除心理疲劳和不良情绪状态的生理机制。通过参加篮球运动，不仅有助于宣泄运动者消极的心理能量，形成"优势兴奋灶"，而且通过篮球运动所特有的交流形式，经过自然的沟通，可以增进理解，疏导不良的情绪状态，缓解焦虑和抑郁症状。

（2）篮球运动有助于调节紧张的人际关系

人际交往是一种围绕个体开展的通过协调关系、联络感情的方式满足自身心理需求的活动方式和活动过程。人类社会是复杂的，这种复杂可能是因为复杂的人际关系的存在。无数复杂的人际关系通过不断堆叠组成了复杂的人类社会，人际交往在其中只是扮演连接个人与个人、个人与群体的纽带角色。正常的人际交往可以获得他人的支持和帮助，减轻失望的痛苦和悲伤。所以不断提高个人的人际交往能力是培养健康心理的有效途径。

由于篮球运动是集体运动项目，具有明显的团队协作性特点，参与者在全队训练与比赛过程中必须进行各种形式的沟通（包括语言、手势和表情等），这就为参加篮球运动的大学生提供了队友之间自然接触、自然交流的机会。通过进一步沟通，不仅可以使双方相互理解、相互信任、相互鼓励，还能使参与者精神愉悦、振奋，情绪高昂，变得更自尊、自信、自豪、自强，缓解或消除自卑、抑郁、焦虑、烦恼等不良情绪。所以，积极参与篮球运动，有利于青年人心胸开阔，融洽人际关系，提高幸福指数，培养良好的心境。

3. 篮球运动有助于塑造健全的人格精神

（1）篮球运动有助于完善个性心理特征

个体身上稳定地、经常地表现出来的心理特点，就是个性心理特征，它主要涉及人的性格、气质与能力。从宏观角度分析，篮球运动是一个群体性的竞争；从微观角度分析，又属于群体中个体之间技巧智能与身体冲突的直接对抗。在进行篮球比赛的过程中，团队合作有赖于个体智能与技巧的充分发挥，或者是基于个体最大限度地将自身的优势发挥出来，从而使团队整体实力得以提升。篮球运动瞬息万变，这就要求运动员在比赛过程中，需要在极短的时间内做出最为正确的决定，并果断地采取行动。由此可见，这就需要运动员具有战胜艰难的勇气，在常态下不断创新。我们说，一个敢于创新与冒险，以及在艰苦环境下，仍能坚持与对方进行顽强对抗，并最终取得胜利的人，一定是人格独立、个性鲜明、性格健全的人，同时是个人能力较为突出的人。故此，篮球运动在实现个性心理特征的自由发展方面具有积极的促进作用。

（2）篮球运动有助于提高抗挫折能力

一般情况下，篮球比赛中的每次进攻都有一定的失败率，具体来说，投篮不中或失误等原因，使进攻失败的比率占到60%～70%，篮球比赛进攻的成功率大多为30%～40%。防守同样如此，失败的比例往往比成功要大，所以我们需要不断地面对失败与成功。篮球运动员在参加篮球比赛时，需要反复经历失败与成功,并一次次在失败中吸取经验教训,在心理、技战术、体能等方面才能有所提升,并且这样的过程都会暴露在观众面前,给运动员的心理方面带来巨大的压力。而这样的过程也正是运动员不断强大自己的过程,使自己的抗打击能力得到提高。

经常参加篮球运动的人,通常具有吃苦耐劳、坚韧不拔、勇猛顽强、胜不骄败不馁的意志品质,同时篮球运动能培养青年人的创造力、坚持力、控制力、果断性以及主动性,而这些也是新时代对人才的具体要求,是人参与激烈的市场竞争所必备的基本素质。

4.篮球运动有助于改善人的精神面貌

从某种程度上来说,参加体育锻炼可以对个体整体素质的提高起到促进作用,篮球运动同样如此。

它能够提高个体的社交能力,竞争意识,以及心理承受能力,与此同时,还可以使大学生拥有充沛的精力与体力,确保学生能够以饱满的精神状态与热情去面对生活中的各种困难。参加篮球运动能够使大学生积极进取、乐于奉献、顽强拼搏与团结互助的优良品质得以培养。我们在大学校园内经常会看到不同层次与不同形式的篮球比赛,诸如学校篮球联赛、院系篮球赛、对抗赛、友谊赛、新生篮球赛、年级篮球赛以及各种班级篮球赛等。参加此类篮球比赛,一方面可以提高学生的社会交往与沟通能力,另一方面还可以使大学生的综合竞争素质得到提高,包括智慧、意志与协作精神、身体与技能等素质。

可以说,篮球运动蕴含了当代大学生精神面貌中所应当具有的基本内容,既包括大学生追求美、表现美与热爱美的能力与情感,又包括大学生们表现出的健康、文明、科学的生活态度,以及勇于创新、克服困难、迎难而上的精神。

第四节 重要篮球赛事与联赛介绍

一、FIBA 重大赛事

（一）世界篮球锦标赛

男篮比赛始于 1950 年，每 4 年 1 次，参加比赛的队数和选拔办法经常变更。如 1986 年的第十届锦标赛共有 24 支球队参加，1990 年的第二届锦标赛只有 16 支球队参加。女篮比赛始于 1953 年，1967 年后定为每 4 年举行一届，参赛队数为 14 支。

（二）奥运会篮球比赛

男篮在 1936 年正式成为奥运会比赛项目；女篮在 1976 年正式成为奥运会比赛项目。此项赛事随夏季奥运会每 4 年举行一次，男女参赛队各 12 支。

（三）世界青年男女篮球锦标赛

世界青年男篮锦标赛始于 1979 年，世界青年女篮锦标赛始于 1985 年，均各有 14 支球队参加，每 4 年举办一次。

（四）斯坦科维奇洲际篮球冠军杯

2005 年，斯坦科维奇洲际篮球冠军杯比赛在北京举办，发起者是程万琦博士［国际篮球联合会（FIBA）唯一一位华人主席］。之所以这样命名，是为了表彰斯坦科维奇先生（国际篮联秘书长）在国际篮球发展过程中的突出贡献；之所以在中国举办，主要是为了推动中国篮球事业的发展。

二、国外著名职业联赛

（一）美国职业篮球联赛（NBA）

美国职业篮球联赛（National Basketball Association, NBA），简称美职篮。NBA是美国第一大职业篮球联赛，其篮球竞技水平之高享誉全球，无数国家纷纷在国内转播此赛事。"NBA"作为世界公认的世界最高水平的篮球赛事，诞生了无数的篮球明星，如威尔特·张伯伦（Wilt Chamberlain）、迈克尔·乔丹（Michael Jordan）、蒂姆·邓肯（Tim Duncan）、沙奎尔·奥尼尔（Shaquille O'neal）、勒布朗·詹姆斯（LeBron James）、科比·布莱恩特（Kobe Bryant）、奥斯卡·罗伯特森（Oscar Robertson）等。该协会根据地域分为东部联盟和西部联盟，每个联盟包含3个赛区，每个赛区包含5支球队，所以参加NBA的球队共有30支，这30支球队并非全部来自美国，其中1支来自加拿大，是多伦多猛龙队。

（二）欧洲篮球联赛（EL）

欧洲篮球联赛，是欧洲当前规模最大的跨国男子职业篮球联赛，1957年第一次举办，当时的名称为"欧洲篮球冠军杯"。联赛现有球队24支，来自欧洲18个国家。最早是由国际篮球联合会负责举办欧洲篮球冠军杯的相关事宜，但在2000年时，部分欧洲顶级篮球俱乐部组建了欧洲篮球联赛联盟（ULEB），并全权掌握欧洲篮球冠军杯的相关事宜，使国际篮联只能举办FIBA超级联赛，此时的欧洲篮坛已经明确出现分裂，2001年的冠军也诞生了两个。在这种情况下，国际篮联与ULEB进行深入探讨，最终决定将超级联赛并入冠军杯，重新命名为欧洲篮球联赛，并明确国际篮联的主要职责是国家队比赛，不再负责俱乐部比赛。

三、国内重大篮球赛事

（一）中国男子篮球职业联赛（CBA）

中国男子篮球职业联赛（Chinese basketball association, CBA）是由中国篮球协会主办的跨年度的主客场制篮球联赛，简称"中职篮"。

CBA 的长度与 NBA 接近，一般在第 1 年的 10 月或 11 月开始，到第 2 年的 4 月结束。CBA 从 2004 年开始取消升降级制，并在 2005 年转而采取准入制。2007 年，联赛的队伍扩充到了 16 支；2008 年，扩充到 18 支；2009 年，球队数目调整为 17 支。2005 年后，中国篮球甲级联赛改名为中国男子篮球职业联赛，是目前中国最正规、最好的职业联赛，无论是联赛管理、联赛规模、联赛运营还是联赛受关注程度都是其他赛事无法比拟的，这个联赛也是代表亚洲地区最高篮球水平的篮球联赛。

（二）中国女子篮球甲级联赛（WCBA）

中国女子篮球甲级联赛（WCBA）同样是由中国篮球协会主办的篮球联赛，主要参赛者是女子篮球队。整个联赛包含两个阶段，第一阶段是常规赛，采用的方法是主客场双循环制，12 支球队两两对决，根据积分排列名次；第二个阶段是季后赛，常规赛的前 8 名进入季后赛，前 4 名顺序自行选择对手，1/4 决赛和 1/2 决赛采用的是主客场制 3 战 2 胜的交叉淘汰赛，总决赛采用的是 5 战 3 胜制。预赛 9～12 名不再进行第二阶段比赛，以预赛成绩排定名次，最后 2 名直接降为乙级队。

（三）中国大学生篮球联赛（CUBA）

中国大学生篮球联赛（CUBA）同样是由中国篮球协会主办的篮球联赛，主要参赛者为高校篮球队，联赛宗旨是"发展高校篮球，培养篮球人才"，采用的模式借鉴自美国的 NCAA 大学篮球联赛模式。1996 年，CUBA 就进入筹备阶段，1997 年，正式确定章程，1998 年正式推行，该联赛分男子组和女子组。如今，CUBA 在中国的影响力仅次于 CBA。

中国大学生篮球联赛是由中国大学生篮球协会与杭州恒华（国际）集团有限公司于1996年联合推出的联赛，是中国篮球史上第一次面向社会、面向高校的大学生专项运动联赛。

CUBA联赛共包含4个阶段，分别是预选赛、分区赛、十六强赛和四强赛。预选赛阶段的比赛场地是由主办单位与承办单位协商确定的。分区赛的承办单位（比赛地点）需要由参赛的院校提前一年提交举办申请，在经过CUBA组委会评议后确定具体单位。根据地域分布将中国划分为4个赛区，分别是东南赛区、东北赛区、西南赛区、西北赛区。十六强赛的承办单位（比赛地点）也是由参赛院校提交举办申请，在经过CUBA组委会评议后确定具体单位。四强赛的承办单位（比赛地点）一般是符合条件的参赛院校。

（四）中国大学生篮球超级联赛（CUBS）

中国大学生篮球超级联赛（CUBS），简称大超联赛，是由中国篮协和中国大学生体育协会创办的一项由官方举办、推广的大学篮球赛事，于2004年6月1日在北京成立。大超联赛的任务是为今后国家组队参加世界大学生运动会以及CBA各专业队直接输送人才。

CUBS和CUBA的关键区别是参赛队员资格不同。CUBA的参赛队员都是通过国家正规考试的全日制在校大学生，而CUBS的参赛队员可以是在中国篮协注册的专业队员，这也为各高校引进专业运动员留出较大的活动空间：参赛时间与联赛不冲突的CBA球员及青年队球员只要年龄符合条件、拥有完备的入学手续、能提供"在校在读"的证明就可以参赛。

第二章　教学理路：高校篮球运动教学

第一节　高校篮球运动教学的任务与内容

一、高校篮球运动教学任务

（一）制定任务的依据

1. 以学生的身心发展特点和规律为基本依据

在篮球运动教学中，学生的身心发展规律与特点对教学效果起到至关重要的作用。通常而言，青少年在身心发育过程中均需要经历若干敏感阶段，而在这些重要的敏感阶段，对青少年进行篮球运动的培养，往往可以起到事半功倍的效果。研究发现，大学时期往往是我国国民身体素质发展的高峰期。故此，在大学阶段，应当加强对学生的篮球教育，一方面可以开发学生的智力与心理，另一方面可以增强学生的体质。在这一时期，可以通过制订科学合理的篮球运动教学计划，对学生进行篮球运动指导，同时这也是篮球运动教学的根本任务与目标。

2. 以学生参与篮球运动的兴趣与能力为依据

教师在进行篮球教学时，首先应当设计科学合理的教学方案，并在教学过程中加以执行，最大限度地调动学生学习篮球运动的积极性与热情，从而使教学质量得以提高。结合学生生理与心理的客观发展规律，以及实际的教学条件，选择较为科学且有效的教学内容与方法，帮助学生由浅入深、由易及难地对篮球运动知识与技能加以掌握。

3. 以促进学生综合素质的全面发展目标为依据

在高校开展篮球运动教学活动，对于大学生全面发展起到积极的推动作用。具体表现在学生综合素质的培养，以及学生篮球技能的提高等方面。故此，学生的综合素质应当成为高校篮球运动教学的基本依据之一。

首先，在培养德育方面，现代篮球运动教学应当注重学生顽强意志品质的培养，使学生在遵循一定道德规范与准则前提下，实现自己既定的奋斗目标。

其次，在智育方面，现代篮球运动教学应当培养与提高学生独立发现问题、分析问题、解决问题的能力，使学生的智力水平得到提高，学生的智力得以不断开发。

最后，在美育方面，篮球运动教学应当使学生的欣赏美、感受美的能力得到培养。在制定教学任务时，从不同角度出发，对学生的身心发展进行全面考虑，促使学生获得全方位的发展。

（二）制定任务的基本程序

1. 了解教学对象

一般来说，在制定篮球运动教学任务前，首先要最大限度地考虑教学对象的实际情况。对学生的篮球知识储备、运动技能水平以及学生的体能状况等进行了解与分析，基于此，制定出科学、合理的篮球运动教学任务。

2. 分析教学内容

通常来说，在制定篮球运动教学任务前，要对篮球运动教学内容的功能与特点进行充分了解与分析。由于篮球运动的教学内容与教学任务的设定有着密不可分的联系，因此，篮球运动因教学内容的不同，而具有着相应的功能与特点，既没有无目标与任务的篮球运动教学内容，也没有无教学内容的篮球运动教学任务。

3.编制教学任务

篮球运动教学任务具有一定的重要作用，包括评价篮球运动教学活动质量、导向、指引等，故此，篮球运动教学任务的制定尤为关键。在实际的篮球运动教学活动中，应当将篮球运动的教学任务充分体现出来，要结合篮球运动教学任务进行教学活动的组织与开展。

（三）篮球运动教学的基本任务

1.增强学生的身体素质

从事任何工作都要以身体素质为重要基础，故此，在体育教学过程中，身体素质的提高尤为关键。篮球运动是一项综合性的体育运动，可以将人的投、跳、跑等能力充分展现出来，借助篮球运动教学，一方面可以使学生的心理水平得到发展与提高，另一方面还可以使学生的身体素质得到全面提高。此外，学生只有提高自身的身体素质，才有可能实现自身篮球技能的提高。

2.提高学生的篮球知识与技能

学生学习与掌握基本篮球知识与运动技能是篮球运动教学的重要目的。其中，学生掌握与提高篮球运动技能的基础与依据是篮球知识，而篮球运动技能中，篮球战术的基础是篮球运动技术。可以说，篮球运动技能与运动知识之间是相辅相成的关系，二者之间密不可分，构成一个完整的整体。故此，在制定教学任务时应当高度重视篮球知识与技能的培养。

3.激发学生的创新意识和能力

作为一项富有创造性的体育运动，篮球运动在技战术方面，要求学生具有一定的运动灵活性、多变性以及复杂性。故此，篮球运动教学过程中尤为关键的教学任务之一便是培养学生的创造能力与创新意识。因此，篮球运动教学应当高度重视学生创新能力的培养。

4.培养学生的集体精神和意志品质

作为一项综合性较强的集体对抗性项目，篮球运动可以在一定程度上培养学生顽强的意志品质以及良好的集体主义精神。第一，篮球运动教学的过程，从本质上来看，就是一个人才培养的过程，可以培养学生的多方面综合素质。第二，通过篮球运动教学，能够使学生正确的价值观、人生观与世界观得以形成。故此，高校篮球运动教学的重要任务之一，便是培养学生意志品质与集体主义精神。

二、高校篮球运动教学内容

(一)理论知识

对于学生学习篮球技能与进行篮球活动实践来讲,篮球理论知识的教学具有重要的指导作用。

我国篮球运动教学,到目前为止已经形成了比较完善的理论知识体系,其具体内容为篮球竞赛的组织、规则与裁判法,以及教学训练的理论和技战术分析等。通常情况下,经过学习之后,学生都能够熟练地掌握这些理论知识。

(二)技术动作

技术动作是运动技能中最基础的内容,技术动作的内容有技术动作方法要领、规格及运用等。教师在教学过程中需要重视示范动作的规范性,这样才能够让学生形成正确的技术动作定型,并为之后的教学活动奠定基础。

(三)战术配合

战术配合方法是高校篮球运动教学中很重要的一项内容因为特定的战术布阵是此项运动集体对抗的主要形式。另外,战术阵势与战术配合是篮球运动竞赛的重要特征之一。

在高校篮球实践教学中,全队配合及两三人的基础配合,是篮球配合教学的主要内容,而且在教学过程当中,教师需要达到两点要求,具体如下:

第一,应通过合理、有效的方法,让学生认识与了解人与球移动的攻击点、路线、运用时机及其变化等内容。

第二,应当重视学生的战术配合与协作意识的培养,这样才能够让他们在实战中做到配合默契、灵活。

第二节 高校篮球运动教学的特点与原则

一、高校篮球运动教学特点

（一）篮球运动教学是一个基本知识传授和基本技能学习的过程

篮球运动教学活动具有确定的方向性和明确的目的性。高校篮球运动教学的目的是使学生掌握篮球的基本知识、基本技术和基本技能，学会篮球运动的组织教学方法和基本技巧，具备在体育教学中能运用篮球教材组织学生进行身体活动的能力。可以说，篮球运动教学是更侧重于使学生由不会到会，由不懂到懂，逐步掌握各项篮球运动技术与技能的一个过程。根据教学任务与学生的实际情况，教学往往是从最基本的篮球知识、技术、技能开始的。因此，在篮球运动教学中更强调必须遵循篮球运动技术、技能形成的基本规律。

（二）篮球运动教学是以发展学生对球的感知能力为前提条件

篮球运动是以手控球的一项活动，绝大多数技术都是通过手对球的控制与支配来完成的。手对球的感知能力是学习与掌握篮球技能的前提条件。这种专门性感知能力的掌握与提高需要在较长时期的练习中逐步发展起来，其本质属于特殊知觉的发展过程，对练习具有一定的依赖性，即练则提高，不练则退。因此，在篮球运动教学实践中必须始终重视与加强对学生这种专门性的球感能力的练习，这也是篮球运动教学的专项原则所决定的。

（三）篮球运动教学是一个教与学的统一活动过程

篮球运动教学是把教师的教和学生的学交错或结合在一起的一个双方面的活动。正因如此才使其具有其他活动所不能替代的特殊功效。篮球运动教学中既包括教师传递信息的教授法，也包括学生听讲和观察的学习法，是以解决教学任务为目的的师生共同活动的方法，是指导者与被指导者双方的活动。篮球运动教学始终是通过教师的不断指导与学生的反复练习来实现教学的目标，篮球运动教学永远是教与学统一的活动，具有双边性的特点。

（四）篮球运动教学的组织更强调教师的组织能力与技巧

篮球运动教学是在篮球场上进行的，课堂上往往面临的学生人数较多，可利用的场地有限，这给教学组织带来了一定的困难。同时，篮球运动教学是以发展学生控制与支配球的技能为前提的活动过程，但学生由于技术参差不齐，在学习和练习过程中必然会出现很多的失误。这就要求篮球教师必须要有较高的组织能力与教学技巧，使课堂教学有序地进行。所以说，篮球运动教学具有组织性与技巧性。

二、高校篮球运动教学原则

（一）直观性原则

在篮球运动教学中，借助学生的感官与已有经验，通过肌肉本体感觉、听觉与视觉，获得对篮球运动技术战术的感觉与生动表象，并使之与积极的思维结合在一起，从而对篮球运动的技能、战术与技术加以掌握，使思维能力得到发展，我们称为直观性原则。

直观性原则的产生源自学生对事物认识的一般规律。在篮球运动教学中，对直观性原则加以正确运用，对于提高教学效果具有极为重要的意义。

一般来说，技战术图片、录像、电影、沙盘演示、动作示范等，均为篮球运动直观教学中常用的教学方式。

在篮球运动教学中，贯彻直观性的原则，首先需要明确要求与目的。教师要结合学生的实际情况、教材特点与教学任务，有针对性地运用直观教学方法。如在对低年级学生进行教学时，适宜采用技术图片、动作示范等方式，还可以通过录像视频回放的方式，让学生通过与正确技术的比较，对自己的错误动作加以纠正。对高年级学生进行战术教学时，宜采用沙盘演示，或者通过生动形象的语言加以讲解。

在篮球运动教学中，贯彻直观性的原则，还需要充分运用学生的肌肉本体感觉、听觉、视觉，借助图片、录像、电影、示范等方式，促使学习者可以形成明晰的技术战术表象，激发学生的积极性与主动性。

直观的教学方式有利于学生正确表象的形成，但要注意，想要通过此类表象获得优异的教学效果必须将其与实践、积极的思维结合在一起。所以，直观性教学必须尽可能地启发学生的思维，并将这种思维应用到技战术的练习当中。

（二）对抗性原则

之所以在篮球运动教学当中贯彻对抗性原则，是因为篮球运动中始终存在着攻守对抗，这是篮球运动的基本规律，而且这种攻守对抗和瞬时转换恰恰是篮球运动的核心内容。正是由于攻守的直接对抗才演化出一幅幅惊心动魄的竞争场面，才推动篮球运动向着快速、激烈的方向发展。没有攻守的直接对抗和相互制约，也就没有篮球运动。因此，在教学中贯彻对抗性原则是很重要的。

在篮球运动教学中贯彻对抗性原则就需要对篮球运动的攻守对抗规律和转化规律进行深入的研究。众所周知，进攻和防守是对立的、矛盾的，如果没有进攻那也就不需要防守了，反之，如果没有防守那进攻也就没有必要了。进攻和防守之间是相互制约的，却有机地融合在一起，这属于辩证的统一。因此，教师在制订教学计划、安排课时内容时必须合理安排进攻和防守的内容，两者必须同时出现；在教学过程中使用的教学方法必须全面，必须保证练习方法的综合性。当学生通过练习掌握某项技术后，需要及时进行综合练习，即用防守练习来限制进攻技术，或用进攻练习来攻击防守技术，实现进攻技术和防守技术的双重提升。要知道，最实用的技术往往是在攻守对抗过程中学到并掌握的技术。有意识地提高攻守对抗强度，是提高篮球运动教学质量的重要方面。目前，要特别注意不能一味地强调进攻，要秉持"以防为主"的指导思想，实现攻守相对平衡，从整体上提高篮球运动的水平。

（三）综合性原则

在篮球运动教学中贯彻综合性原则，是由篮球运动的特点和规律决定的。篮球运动具有项目的集体性、技能的综合性、战术的多变性和攻守的对抗性。篮球教材内容的游戏性、竞争性和趣味性也很强。因此，在教学中贯彻综合性的原则是符合篮球运动本身的特点的。

在选择教学内容时要贯彻综合性原则，具体表现是搭配使用新旧教材，教授的技术既要包含单项技术，也要包含组合技术和综合技术。当学生学会某项技术后，需要及时让其练习这种技术和其他技术的结合，增强其对技术的综合运动能力，这体现了篮球运动技术的综合性特点。

在教学方法和组织形式上也要贯彻综合性原则，具体表现是教学方法和组织形式既要简单、实用，又要多样化，这样不仅能激发学生学习兴趣，还能让学生掌握多种练习方法。

在篮球运动教学过程中，要将培养学生的篮球意识与技战术培养结合起来，将作风培养与技战术训练结合起来，这样做可以使学生的身体素质、技战术水平都得到显著提升，智力得到开发，心理素质得到增强，还能养成优良的道德品质，为进一步发展奠定坚实、全面的基础。

教师在篮球运动教学过程中要充分利用现代科学技术和新型教学手段，如多媒体、视频、电影等，让学生更为形象、直观地了解动作全貌，更快地掌握动作，提高他们的技战术水平和运用技战术的能力。

（四）实效性原则

在篮球运动教学中要贯彻实效性原则，因为所有的教学手段都是对学生这一教学对象施展的，只有了解学生的具体情况才能因材施教；同时抓住教学过程中存在的主要矛盾，集中全力优先解决教学中存在的重难点；在保证艺术性的前提下篮球教学过程中使用的教学方法要足够简单、实用，以实际效果为主导，让学生在有限的时间内不仅掌握必备的知识和技能，还能提升身体素质和个人能力。

想要在篮球运动教学中贯彻实效性原则，教学工作的开展必须遵循唯物辩证法指导思想。一切从实际出发，注重实际效果，不追求表面效应，力求全面准确地把握教材内容，深入地分析技术战术内涵，把握事物的本质，抓住关键，解决好难点和重点问题，带动一般性问题的解决。如在移动技术教学中，抓住身体重心的控制和转移、维持身体在移动中平衡这个关键技术，其他移动方面的问题就不难解决了。在投篮技术教学中，抓住投篮手法这个关键技术，可以带动投篮技术的学习。

在教学中贯彻实效性原则，就是要不断研究、改进教学方法。教学方法是实现教学目的、完成教学任务的手段。教学方法的优劣直接影响教学任务的完成和教学质量的高低。教师要深入研究教材和教法，充分利用现代化的教学手段。在技战术教学中，要精讲多练。"精讲"是在深入分析教材和学生实际的基础上实现的，"多练"就要设计符合篮球运动特点和学生实际水平的练习方法，给学生更多的实践机会。

在教学中贯彻实效性原则，就是要经常调查研究，不断发现新问题，分析这些问题产生的原因，找出解决问题的方法。在课堂教学过程中，为适应学生的实际情况而临时改变教学方法和练习形式也是允许的。

（五）循序渐进原则

教学需要根据学生的认知规律与学科的逻辑系统进行，由单一向综合、由低级到高级、由简单到复杂，促使学习者能够逐渐对基本技能、基本技术战术以及基本知识有所掌握，从而形成严密的逻辑思维体系，我们称为循序渐进原则。

从认识论视角出发，学习体育专业的过程就是一个独特的认识过程。在此过程中，学生的全面素养、能力、智力均得到了不断发展。在此教学过程中，应当遵循人体运动适应性的规律、运动技能形成的规律、人体运动技能变化的规律以及教育的规律。故此，必须综合考虑学生的生理与心理发展水平，并基于此，对运动负荷加以确定，对教学方法加以选择，对教学内容加以安排，使运动负荷由小及大，教学进度由浅入深，真正做到大、中、小相互结合。

篮球运动教学中，贯彻循序渐进的原则，应当注重教学内容的系统性。结合教学大纲要求，合理安排好课时计划与教学进度。具体来说，要从综合角度出发，系统地制订课时计划，从无对抗到对抗，由简入繁、由易到难，使运动量不断增加。而教学进度的安排需要遵循篮球运动教学的规律。举例说明，篮球运动的技术基础是移动。在对其展开教学时，应当首先学习进攻移动，然后学习防守移动。当上述技能掌握熟练之后，再学习防守、抢篮板球、持球突破、投篮、传接球、运球等基本技术。只有娴熟地掌握了以上基本技术之后，才可以进入下一个学习阶段，即全队战术与战术基本配合的学习。

在篮球运动教学中贯彻循序渐进的原则，必须强调教学方法的系统性。学生对动作技能的掌握需要经过以下三个阶段：第一阶段是泛化阶段，也称为认知定向阶段；第二阶段是分化阶段，也称为巩固提高阶段；第三阶段是自动化阶段，也称为熟练阶段。不同阶段的教学组织过程，均要依据动作技能形成的阶段性特点，例如，在技术的初学阶段，为了帮助学习者建立初步运动感觉、视觉表象以及动作概念，教师会首先进行试做、示范与讲解，然后学生再通过自己的不断练习，对正确技术动作充分掌握，并在此基础之上提高运动难度，在运动中灵活应用。故此，教学中应当充分考虑教学的阶段性特点，更加有针对性地采取相应的教学方法。

在篮球运动教学中，贯彻循序渐进的原则，还应当注重运动负荷的合理安排。运动过程中势必会出现疲劳状态。在技术训练与教学过程中，疲劳具有一定的促进作用，要想实现超量恢复就离不开疲劳状态的出现。若是无法实现超量恢复，便无法做到身体素质水平与健康水平的提高，更加难以实现技术水平的提高。但是，万事需要把握一个度，当疲劳过度时，也无法提高技术水平与身体素质，实现促进健康的目的。故此，结合气候、场地、教学内容、学生的身体状况等综合因素，对运动负荷进行合理安排，是确保篮球运动教学任务得以顺利完成的重要因素。

（六）自觉积极性原则

在篮球运动教学中，贯彻自觉积极性的原则，主要是指教师通过一定的方式方法，对学生学习的自觉性加以启发，最大限度地调动学生的学习积极性，尽可能地获得最理想的学习效果。教学中学生是学习主体，以及由教与学的双边活动这一因素决定了在教学中应当贯彻自觉积极性原则。所以，要尽可能地激发学生的学习主观能动性，引导他们进行独立思考，主动探究，刻苦训练，从而掌握篮球理论知识、技术方法、运动战术等，增强他们发现问题、分析问题、解决问题的能力。

学习动机与学习效果之间有着密切联系：若是学生的学习动机不正确，学习目的不明确，便难以自觉且积极地开展学习活动，也难以保证自觉学习的持久性。故此，要想最大限度地激发学生学习的主观能动性，首先需要明确的便是学习目的。

教师是教学的主导，启发和引导学生学习是教师的重要职责。在篮球运动教学中，教师要使用形象、比较、联想、设疑等一系列手段启迪学生思维。要知道，篮球运动是一项对体力和智力都有极高要求的运动。换言之，篮球运动不仅要求学生具备高超的运动能力，还要具备完善的思维能力，如战术思维、动作思维等。所以，教师在教学过程中的核心目的就是提升学生的运动能力和思维能力。教师可以从运动学理论和生物力学理论的角度对篮球的技术动作进行详细的分析，确保学生对技术动作概念有正确理解，从而正确掌握技术动作；可以根据篮球的攻守规律让学生掌握技战术的运用；可以通过组织竞赛、参与比赛及担任裁判等一系列实践活动增强学生的学习积极性，实现个人能力的提升。众所周知，兴趣是学习的内在动力，是学习动机生成的关键，而且兴趣不一定都是暂时的，也可以被转化成长期的。篮球运动作为一项极具趣味性的运动，需要教师在教学过程中积极培养并激发学生学习篮球的兴趣。教师可以采取多种教学方式让学生掌握正确的篮球理论知识和运动方法，提升其运动水平，促使学生将对篮球的兴趣转变为真正的热爱，使学习积极性更高更持久。

在篮球运动教学中，教师和学生之间要形成一种民主、平等的特殊关系，构建一个和谐的教学环境，这一点同样至关重要。教师要成为班级教学活动中具有主导作用的一分子，平等对待学生，以表扬为主坚持正面教育，发扬教学民主，宽严适度，尤其对基础较差的学生要倍加爱护和帮助，使每一个学生的学习能力都得到发挥。

上述教学原则都不是孤立的，它们是相互联系的有机整体。因此在运用这些原则时，要综合考虑，灵活运用。

第三节　高校篮球运动教学的步骤与方法

一、高校篮球运动教学步骤

（一）技术教学步骤

1. 掌握技术动作方法，建立正确动力定型和初步的对抗意识

（1）知识—表象的建立

采用各种直观手段使学生感知正确的技术动作方法，在头脑中建立初步的动作表象，然后进行模仿性练习。同时，教师通过讲解分析使学生了解技术的方法、要领和运用时机，从而使知识与动作表象之间产生直接的联系。

第一，形成初步的动力定型。学生在知识—表象的定向作用下继续体会练习，就会建立初步的动作概念，形成初步的动力定型。

第二，建立初步的对抗意识。在教学初期向学生灌输技术动作运用的对抗性质，为练习赋予实战意义，不仅能够增加练习的兴趣，还可使学生一开始就在头脑中建立对抗的意识。

（2）技术教学步骤举例

以体前变向换手运球突破为例：

一方面，掌握技术动作，形成初步的动力定型，建立正确的技术动作表象和完整的动作概念。

第一，做出完整规范的体前变向换手运球突破动作。

第二，慢动作示范一次并讲解动作要领及动作方法，使学生清楚动作要领。

第三，简单条件下练习：原地体前变向换手运球练习，使学生体验并提高变向的手法。

第四，慢速行进间体前变向换手运球练习，使手脚协调配合，使学生初步体会体前变向换手运球突破技术动作。

第五，由慢到快的行进间体前变向换手运球练习，使学生改进和掌握体前变向换手运球突破的技术动作。

另一方面，掌握技术动作，形成正确的技术动力定型。

第一，由简单条件过渡到稍微复杂条件下的练习：加立柱，有障碍的练习。通过加立柱的连续体前变向换手运球进行突破练习，更好地掌握连续变向的技术和变向时机。

第二，稍复杂条件过渡到复杂条件下的练习：消极防守练习，体验对抗运球变向突破的时机和动作要领；积极防守练习，掌握和提高实际运用能力。

2.学会组合技术，掌握初步运用的能力，建立对抗意识概念

组合技术学习是掌握篮球技能的必然步骤，它是根据实战中技术运用的组合规律，提炼出来的综合性练习单元。通过组合技术练习使动作之间合理衔接，体会技术运用的速度、节奏以及攻防意义，并学会初步运用。在此阶段应使学生对抗的概念得到强化，在攻守对抗的情况下提高技术运用能力。

组合技术学习的原则：

（1）掌握动作组合之间的衔接

例如，学习与急停跳投、传球、上篮等动作的衔接，慢速练习，形成正确的动作定型，然后逐渐加快完成动作的速度。

（2）提高完成组合动作技术的质量

在能够连贯地完成组合技术的基础上，在各种条件下配以积极的防守练习，进一步掌握组合技术的节奏、速度与动作的准确性。

（3）掌握假动作的组合，提高运用技术的应变能力

通过掌握假动作的组合来迷惑对手，使其重心移动，通过反复练习，不断提高应变运用能力。

3.在攻守对抗情况下，提高运用技术的能力

篮球运动教学中一切技术练习都是为了在实践中有效地运用，因此，对抗就成为篮球运动教学中最为重要的练习过程。对抗练习是在掌握技术动作和组合技术的基础上，在攻守对抗的条件下，学会根据对手的阻挠和制约而采取相应对策，准确而合理地运用技术方法，是学习与掌握篮球运动技术技能的必然途径。

在教学实践中，对抗性强度的处理应依据循序渐进的原则：

第一，在规定的对抗条件下练习，如在多人防守、紧逼、连续堵截等条件下反复练习，掌握运用运球突破技术的时机，做出及时、准确的动作。

第二，在消极对抗条件下练习，让队员学会观察判断，选择运用时机，提高运用能力。

第三，在积极攻守对抗条件下、教学比赛条件下练习，进一步提高运用技术的能力。

第四，运用主变与应变动作，果断、合理、准确地运用各种技术，提高实际应变运用能力。

（二）战术教学步骤

1.建立战术概念，掌握战术方法

所谓篮球战术教学指的是学生首先应当对战术概念有所认知，清楚战术的配合方法，并慢慢建立起相应的战术意识。可通过语言阐述配合直观演示的方式，将行动的顺序、动作配合的时机、移动的路线、配合的位置、战术的阵势、战术的名称等知识传授给学生。对于教学中的关键配合环节，应当选择重复进行演示，最大限度地将学生的积极思维启发出来，使学生对战术有更加深刻的理解。关于教学实践的步骤具体内容如下：

（1）建立完整的概念

利用语言与直观相结合的方式，对战术内容进行讲解与演示。基于此，使学生在假设情境中进行现场试做，并对配合动作、配合路线、位置分工、战术阵形等加以体会，将做、想、听、看完美地结合在一起，达到对战术概念的加深与巩固。

（2）学习局部战术配合方法

局部基础配合是篮球全队战术的基本构成，故此，应当首先对局部基础配合进行学习与掌握。基础配合的学习应当根据战术构成的逻辑规律进行先后顺序的安排，通常来说，首先进行主要配合的教学，其次再进行次要配合的教学。比如：在进行策应配合教学时，由于该配合属于掩护与传切的综合形式，因此应当先从掩护与传切开始学起；掩护后的发展形式为突分，要想学突分，应当先学习掩护配合等。在教学方法方面的原则，应当遵循由浅入深，例如，进行配合方法与路线练习时，首先要在无干扰障碍的条件下进行；

其次进行标志物与对手的假设设置，在相对简单的对抗条件下，逐渐将队员间的配合时机默契建立起来，并不断对配合性技术加以改进，基于此，进行消极攻守条件下的训练；最后，在积极攻守对抗的情况下加以练习，使战术配合的运用能力得到提高。

（3）掌握全队战术方法

基于局部战术学习，全队战术的教学才能顺利开展。具体步骤包括：

第一，理论知识的学习，涉及运用时机与配合路线、战术阵势等。

第二，消极攻守情况下的配合训练。

第三，积极攻守对抗情况下的实战训练。

2.在比赛中运用战术，提高应变能力

战术练习的最高形式是实战比赛。比赛的具体战术要求应当在比赛前提出，在比赛过程中适时地对战术运用情况加以指导，比赛结束后对成功的配合打法进行总结，从比赛的过程中吸取经验教训，并有针对性地提出改正措施。

篮球战术教学应当注重战术意识的培养，同时应当对学生的集体配合观念加以强化，使他们处理好个人与集体的关系，培养团队合作意识。

3.掌握攻守转换和战术综合运用能力

基于对全队战术与基础战术方法的学习与掌握，应当结合实战比赛进行各种战术组合以及攻守转换的训练，主要目的在于将队员灵活运用战术的能力与攻守转换意识加以培养。

第一，在现代篮球运动教学中，攻守转换意识至关重要，要想进行防守与快速进攻，势必要有攻守转换意识。在日常教学练习中，应当坚持不懈地进行攻守转换意识的学习，逐渐将队员的自觉意识与行动培养起来，促使其在比赛中能够获得更多主动权。

第二，根据实战比赛时双方的现场情况，采取相应的战术组合，使参赛者能够在比赛中充分发挥自身优势，确保在比赛中能够掌握主动权，这便是战术的运用。故此，要对不同的战术组合运用方法加以掌握。比如，在一个防守回合中，前场采用区域紧逼，到后场则采用区域联防。

二、高校篮球运动教学方法

（一）常规方法

常规方法是现代方法的基础，它是很多教师多年以来的教学经验所累积下来的有效的方法总结，也是极具教学意义的，因而不可小觑。篮球运动教学的常规方法具有程序简单以及讲究方法配合的明显特征，而且非常注重教学双边活动中教师传授知识技能的方法和形式。在篮球运动教学过程中用到的常规教学方法主要有以下几种：

1. 讲解法

所谓讲解法，就是指在教学中使用精准、简洁的语言对相关教学内容进行分析和讲解，使学生更容易理解教学内容。讲解法的主要内容包括技术动作的方法和措施、各种战术配合的要点以及运用中所需注意的各种事项等方面的技巧。在运用这种方法时需要注意两点：一是要突出讲解重点，把握住讲解的时机；二是要让讲解的内容与学生所学知识的掌握程度相符合。

2. 演示法

什么叫演示法？就是指教学中教师适当性地示范战术动作和技术方法，可借助 PPT 演示、投影仪录像等媒体手段，使学生通过观看教学示范领悟教学内容的一种方式。在篮球运动教学过程中，一般都是采用示范和解说相结合的方法，使用演示法的同时需要注意示范者动作是否正确。

3. 练习法

练习法是在讲解法与演示法的基础之上所进行的一种方法，主要是让学生进行身体练习，从而达到掌握篮球技能的目的。练习法也有不同的类别：以练习模式为依据，它可以分为简单练习、复杂练习、完整练习、分解练习；如果以运动特性为依据来划分，又可以分为个人技能练习、团队技术练习、对抗练习、配合练习等。运用练习法的同时要注意合理安排时间以及练习进度，把追求效果作为目标，这样会让练习更加事半功倍。

4. 纠错法

俗话说，人非圣贤，孰能无过。学生在进行技术和战术的练习过程中或多或少会出现错误，而教师要做的就是使用正确的方式对其进行纠正和分析，这就叫纠错法。通常在篮球运动教学过程中，教师要和学生积极配合，找到引起错误的原因，然后有针对性地解决，这样不仅有利于师生关系和谐，更能提高学生的篮球理论知识和技术。而多见的纠错方式有"诱导法"和"条件限制法"两种。

综上所述，四种教学方法是一个完整的体系，相辅相成，缺一不可。在运用这些方法时，需要根据实际情况将这几种方法结合起来，互相配合，才能实现教学目的，如果把它们拆开使用是达不到最理想的效果的。整个方法体系构成的常规教学模式如图 2-1 所示。

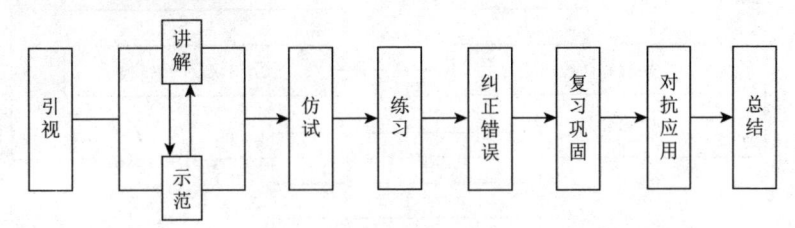

引视 → 讲解/示范 → 仿试 → 练习 → 纠正错误 → 复习巩固 → 对抗应用 → 总结

图 2-1　篮球运动常规教学方法体系

（二）现代方法

什么叫现代方法？就是近年来以现代化教学的理论为依据所发展起来的一种教学方法。简单来说，就是把现代信息论、科学论、系统论等放到教学实践中。现代方法主要针对传统教学过程中所残留的各种瑕疵，经过合理的教学设计，在教学中能够最大限度地发挥出教师的主导作用和学生的主体作用，而且教师可以采用启迪和诱导的方式，调动学生的积极主动性，从而提高学生学习效率，培养学生学习能力。

篮球运动教学的现代教学法主要有五种：掌握学习教学法、合作学习教学法、程序教学法、指导发现教学法、案例教学法。它们的主要内容如下：

1. 掌握学习教学法

首先，制定一个目标分类体系，就是以教学目的和初始测量的结果作为主要依据，将传授的教材内容解析成为别具一格的、不同层次的目标体系。其次，再将目标分类体系作为主要的依据拟定出相关评价标准，如把教学开始的评价叫作初始评价，教学期间的评价叫作形成性评价。最后，其结束评价叫作终结性评价。做完评价后，要及时把结果反馈给教师与学生，让教师能够通过这一反馈充分了解教学目的，从而采取一系列有针对性的措施，使教学目标能够清晰地分层次地实现，让学生的知识技能得到更大的提升。

具体来说，掌握学习教学法的整体模式如图2-2所示。

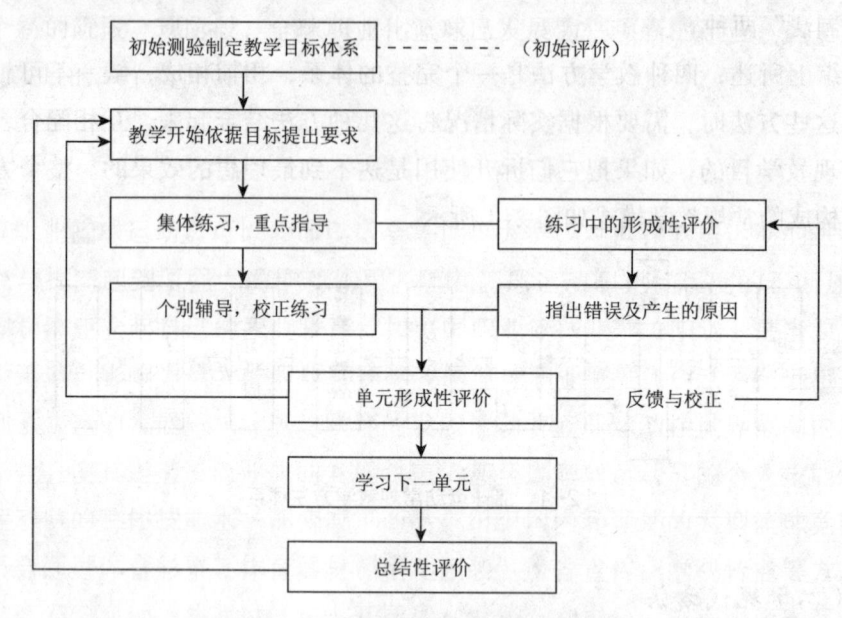

```
初始测验制定教学目标体系 ------ （初始评价）
        ↓
教学开始依据目标提出要求
        ↓
集体练习，重点指导 ←→ 练习中的形成性评价
        ↓
个别辅导，校正练习 → 指出错误及产生的原因
        ↓
单元形成性评价 —— 反馈与校正
        ↓
学习下一单元
        ↓
总结性评价
```

图2-2 掌握学习教学法的整体模式

2.合作学习教学法

什么叫作合作学习教学法？顾名思义，就是以学生合作为主的学习方式。合作不仅可以培养出团队意识，还可以使学生相互帮助、共同进步。站在社会学习的理论角度上看篮球运动教学组织，就是一个社会活动的过程。这一教学方法的步骤为：开始教学后，让学生自己组队分成小组，练习的时候要以小组为单位找到自己的小团队，并且选一个队长出来，在队长的带领下共同进步。

想要取得更为理想的教学效果，在教学过程中要多用心思，使活动方式能够多种多样。这样做的目的是使学生在掌握篮球运动教学内容的同时提高他们的团队合作意识，而且可以让学生喜欢这样的学习氛围，使学生能够积极主动地完成学习任务。

3.程序教学法

程序教学法又称为学导式教学或者小步子教学。简单来讲，就是以认知规律和技能形成的规律作为主要依据，将篮球战术、技术的教学内容解析成多个互相有联系的目标。把不同程度的小目标比作小步子，形成便于学习的逻辑顺序，而且需要成立相关的评价信息反馈平台。程序教学可以分为几个步骤：首先，在教学开始时，学生以小步子的方式进行学习，还要在结束后对学习的实际情况进行评价。其次，要按照评价的结果来及时反映出学习的效果。最后，如果没有达到基本教学目标，就需要重新开始学习，以达到为准，并且要根据学生的具体情况进行分析，匹配出合适的措施。

一般来说，在篮球运动技术教学中采用这种新的教学法往往能取得较好的效果。程序教学法的整体模式如图2-3所示。

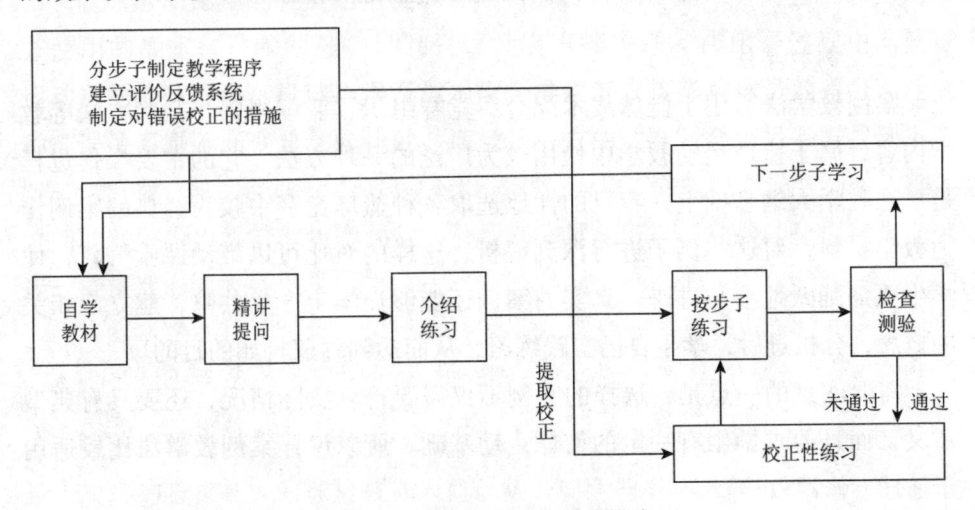

图2-3 程序教学法的整体模式

4.指导发现教学法

指导发现教学法包括两个方面：其一，教师指导，为了学生可以更快、更便捷地解决问题，教师可以以指导员的身份对篮球教材的某些内容进行改编；其二，让学生自己发现问题，学生可以通过提前预习等方法把教材中一些不能理解的篮球知识和问题圈选出来，把这些疑问带到课堂上向教师寻求帮助，教师则需要给学生针对性的指导以解决难题，并且将这些问题的答案进行分析与总结。这种方法与篮球战术、理解攻防关系和掌握技术的要求相匹配，将其运用好，效果往往都是比较理想的。

指导发现教学法的整体教学模式如图2-4所示。

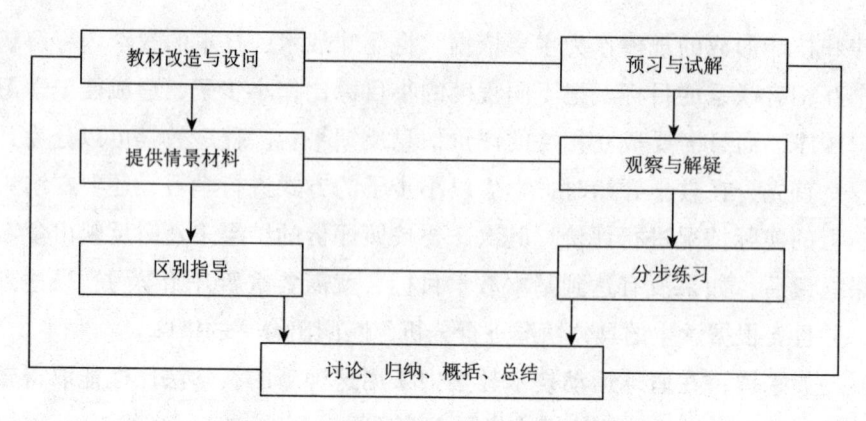

```
教材改造与设问 ──────────── 预习与试解
       │                        │
       ▼                        ▼
   提供情景材料 ──────────── 观察与解疑
       │                        │
       ▼                        ▼
     区别指导 ──────────────── 分步练习
       │                        │
       └──► 讨论、归纳、概括、总结 ◄──┘
```

图 2-4 指导发现教学法的整体教学模式

5. 案例教学法

案例教学法适用于篮球战术配合、竞赛组织、篮球规则与裁判方法等教学内容，属于篮球运动教学中使用较为广泛的一种方法。它的主要操作过程是：在教学大纲基础上，有目的性地选取各种篮球竞赛中较为经典的案例作为教学材料，对这些例子进行深刻解析，这样的对比可以带动课堂气氛，使学生更加踊跃地参与进来。真实的案例还能够让学生产生共鸣，建立起相关的概念，分析过后，学生自己实践练习，从而达到驾驭自如的目的。

需要注意的一点是，选择的案例不仅需要符合实际情况，还要具有典型意义，而且要求学生有一定的篮球运动基础。所以说，案例教学法比较适用于篮球专修课教学。

第四节 高校篮球运动教学的组织与实施

一、篮球运动教学课程类型

类型就是具有共同性质、特点的事物所形成的类别。什么叫作课的类型？简单来说就是课的种类。篮球运动教学课类型不同，其教学成效也不同，篮球运动教学课的类型对课的功能起着直接决定性作用。想要掌握各类型课程的性能，就需要对课的分类有一个明确的认知，并且从中选出最合适的课的类型。与此同时，也要确保每堂课都是以贯彻教学目标为准，因为只有这样才能使不同的课发挥出自己的功能。这样不仅能够更好地确保完整的教学过程，还能提升高校篮球运动教学的质量与效率。

篮球运动教学课程是根据课的具体性质来划分的，主要有"教学课"和"训练课"两个类型，下面主要就这两种课的类型展开论述。

（一）教学课程类型

就目前高校篮球运动教学情况来看，课程主要分为理论课、实践课、考试和考查课、实习课四种类型，具体内容如下：

1. 理论课

理论是基础，任何事物都要基于理论之上。篮球运动教学理论课的主要任务就是将篮球运动的基本理论传达给学生，采用的教学方式有讲解课、辩论课以及自学解答课等。一般情况下，需要在具体实践过程中根据实际情况进行有目的性的选择。

2. 实践课

实践是检验真理的唯一标准。篮球运动教学实践课的主要任务是把篮球运动的基本战术、技术和各项竞赛中的实践内容传达给学生，一般采用的教学方法是比赛教学、战术教学课等。除此之外，还可以结合自身情况选择其他类型的教学课。

3. 考试和考查课

篮球运动教学考试的主要目的是教师对学生所学的理论知识以及各项实践操作进行一个基本的考核检验，采取的主要方法有口试、笔试、比赛，等等。

4. 实习课

有了一定的学习过程与考核检验之后，学生迎来的是实习课。什么是篮球运动教学的实习课？这是一门针对学生所学的篮球运动比赛知识以及教学知识进行实习的教学课，它所使用的教学方法主要包括教学实习、竞赛实习等。除此之外，可以根据实际情况有针对性地选择其他教学，做到具体问题具体分析。

（二）训练课程类型

目前，我国高校篮球运动训练课的类型还是比较丰富的，主要有身体训练课、技术训练课、战术训练课、比赛训练课、综合训练课、调整恢复训练课、测验课等。下面针对这些类型进行分析。

1. 身体训练课

篮球作为一项需要全身心都投入运动的项目，身体素质训练是极其重要的。篮球身体训练课的主要任务就是把学生的一般身体素质训练成为篮球专项身体素质，其目的不仅仅是全面提高学生的运动素质以及提高学生身体机能水平，还可以让学生更好更快地适应高难度的篮球训练以及高难度的比赛。

2. 技术、战术训练课

高职院校篮球运动技术和战术训练的主要任务是锻炼学生篮球运动的基本技术和战术，它的主要目的是让学生的运动战术及技术水平得到更快的提升，提高综合运用技战术的能力。

3. 比赛训练课

比赛训练课的主要任务是让学生进行篮球比赛中的各项训练和篮球运动技术训练。它的主要目的是提高学生各类型比赛的适应能力，以及提高运动技战术水平和灵敏操作的能力。

4. 综合训练课

所谓综合训练课就是将各项训练结合到一起组成多种形式的训练课，篮球综合训练课主要是将上面三种类型训练课的具体内容组合到一起的课程。为了使学生各项运动的素质和技能都可以有机组合在一起并且全面发展，教师可以将各项不同的篮球运动训练内容轮流安排，从而促进学生的全面发展。综合训练课的目的是让学生的身体素质以及技能战术水平等方面综合发展，并且迅速得到提高。

5. 调整恢复训练课

为了更好地消除过度运动给学生带来的疲惫感，进行相应的调整、恢复训练是很有必要的。调整恢复训练课属于一个过渡期，不仅能更快地消除学生身体的疲劳感，还可以快速调整和恢复学生身体机能，从而促使学生更好地提升篮球运动的技能水平和保持良好的身体素质。

6.测验课

篮球运动需要大量训练来提升学生的技能水平，同时学生的身体素质指标和各项运动指标也要达到相应的水平，所以测验课是必不可少的。测验课的主要任务是检测学生各项指标是否达标，它是通过有目的性地检测各个相关指标，来客观、无误地评估训练水平。其课程意义在于能及时知晓学生各项指标所达到的水平，有利于开展下一步篮球运动教学任务。

二、高校篮球运动教学组织

（一）篮球运动教学组织要求

1.加强学生的理论知识学习

（1）加强学生的思想政治教育

在确定篮球教学与训练内容和目的之前，教师要做的就是对学生进行思想政治教育，调动学生参与篮球运动学习和技能培训的积极主动性，以此提升学生的集体荣誉感和个人责任感。

（2）重视学生良好品德的培养

在教学中，教师要对学生进行思想道德培养，而且以全面贯彻党的教育方针为主，因为这是一名出色的学生所必须具备的素质。

2.加强学生的实践练习

（1）合理选用训练方法

篮球运动教学与其他教学不同，所以需要采取相应的、有效的措施，才可以顺利实现教学任务。但是每个学校的设施存在一定的差异性，所以采用的手段也是不一样的。例如某些学校的场地比较小，设备少，而且班级里的人数又多，在这种有明显差异的情况下，就要求在练习时应根据具体情况具体分析，灵活运用各种练习方法，在保持一定运动量的前提下，提高学生的积极主动性。

（2）加强对学生的合作意识和集体意识的培养

篮球运动是一项团队合作的项目，同时是一项具有对抗性的运动项目，所以在练习和比赛中，难免会出现因碰撞、摩擦引起的冲突和违纪等不好的现象和做法。为了避免这些问题的出现，就要求教师在篮球运动教学中，重视学生的思想教育，对他们的思想作风方面进行严格要求，加强他们的团队意识和合作意识，保证篮球运动教学在和谐的氛围中开展。

（二）篮球运动教学组织手段

篮球课堂教学的组织与管理主要是通过以下几个基本手段来实现的。

1.课堂常规

课堂常规是课堂管理中的重要依据，在篮球课堂的管理过程中，要对课堂常规管理予以高度重视。课堂常规的相关规定不仅针对学生，而且对教师本身也有一定的束缚力，教师不仅要严格要求学生的考勤以及语言行为，而且自身也要严格遵循。

2.课的结构

每节课教师都要有充分的准备，要将它划分为几个部分完成。在篮球教学中，在遵循课堂客观规律的前提下，为了避免课堂产生混乱不清的情况，教师要针对课的不同部分采取不同的管理方式和教学措施。万一有突发事件发生，教师还需要具备临场应变能力，及时采取相应的有效措施。

3.发挥学生干部的作用

教师在对班级进行管理时，可以采取相应的辅助手段。例如，选出几个班干部对他们进行培养。班干部是教师管理班级的二把手，教师可以帮助他们在班级里树立威信，提高他们的管理能力和组织能力，让班干部真正发挥得力助手的作用。

篮球教学中人数较多，如果教师一个人管理的话难度会比较大，所以这个时候就需要培养一批学生骨干，由他们带队进行分组练习。每一个队里有一名队长，他可以带领、组织以及帮助小组其他同学进行练习，这样对于教师来说会轻松很多，而且这样会比较集中，有利于开展教学活动，顺利完成教学任务。同时，这还可以在一定程度上培养学生骨干的组织能力、分析能力以及解决问题的能力，从而促进我国篮球事业优秀人才的发展。

三、高校篮球运动教学实施

(一)理论课的具体实施

通常而言，高职院校篮球运动教学的理论知识是借助课堂教学获得的，与传统授课形式类似，主要以教师传授知识的形式开展。当遇到一些问题时，需要设计一定的课堂讨论环节，一方面能够调动学生的学习热情，另一方面让学生对所学理论知识加以巩固。

1.篮球运动教学不同理论课的类型结构

下面将为大家简单阐述篮球运动教学的新授课与复习课两种理论课的结构与组织。

（1）新授篮球课

一般情况下，复习前堂课程、引入新课程、讲解新课及布置作业四个部分共同构成了新授篮球课。教师在课程讲授中花费的精力与时间相对较多，是四个环节中最为关键的部分。通常而言，教师会花费相对较短的时间进行新课程的讲解，因为要想促使学生充分掌握所学知识，就要留出充足的时间进行练习，否则就会在一定程度上影响教学效果，所以教师的授课时间通常只占课堂教学时间的大约14%。

（2）篮球复习课

学习中的一个关键环节便是复习课，它能够帮助学习者对所学知识不断加以强化，使其加深对所学知识的印象，提高知识的运用能力，真正做到举一反三。以下三部分共同构成复习课：首先，明确此次复习的目标要求；其次，可以采取形式多样的复习方式，不应太过单一；最后，总结所学知识，并对其加以巩固。让学生可以真正做到对篮球运动基本理论知识的熟练掌握，便是篮球教学理论课的主要任务，其内容包括篮球运动的各种教学、裁判、训练等的方法，以及篮球运动的技战术理论、发展趋势。

2.篮球理论课的实施目的

从学生的角度分析，篮球教学理论课程的开设，是基于理论知识的学习，对篮球运动的实践进行科学合理的指导。目前，启发式教学是我国高职院校篮球运动教学理论化课程所采取的教学方法，它也是篮球理论课程向现代化发展的重要趋势之一。所谓启发式教学，通俗来说，就是借助校园内现有的现代化设备，如录像带、幻灯片、投影仪等，进行篮球运动理论的启发式教学。此类方式，能够在最大限度上激发学生学习的主观能动性，从而培养学生独立分析问题的能力。因此说，启发式教学对我国高职院校篮球运动教学的发展有着至关重要的作用，其教学效果尤为显著，是一种值得倡导的教学方法。

3. 篮球理论课的实施要求和建议

结合教学大纲的具体要求，以课堂教学的方式使篮球运动理论课教学得以完成。要想使篮球运动教学理论课程的教学任务得以完成，并且能够在一定程度上使课堂氛围较为活跃，就需要将课堂教学与课堂讨论结合起来，具体内容如下：

第一，为了引入上节课所学内容，教师应当在课程开始前，通过提问与讲述的方式对学生加以引导，并为本节课理论知识的学习进行铺垫。

第二，需要着重讲解本堂课的知识难点与重点，使得学生加深对知识的理解与掌握。

第三，对新、旧内容反复提问，以作业形式加深学生对知识的熟悉度，提高学生对知识的运用能力。

第四，此次理论课程结束部分，是对本节课所学内容总结，进行作业的布置，以及提前告知学生下一节课的所学内容，便于学生进行课前预习。

第五，要在篮球运动理论课前，将相应设备与资料准备好，包括一些辅助性器材，如挂图、模型、讲稿等。

（二）训练课的具体实施

教师在篮球运动教学课的组织中占据重要地位。为了更加科学地开展篮球运动教学，在具体的组织训练过程中，教师需要做到如下几方面：首先，要做到严于律己，言传身教；其次，在日常的生活中，对学生的技术水平与生活给予适度关心，并真正做到和睦相处，开展良性互动，形成密切的师生关系；最后，教师既是一名传授者，同时是一名受教育者，在教学过程中，针对学生提出的一些意见与建议，应当虚心接受，从实际出发，认真思考，使学生意见与自身想法完美结合，取长补短，之后将最好的方案告诉学习者，

第二章　教学理路：高校篮球运动教学

培养学生自觉训练的良好习惯。根据以上内容，才能使篮球教学获得较好的效果，并且在促进学生智力发挥方面起到积极的推动作用。

学校应当对篮球运动训练课程的组织给予高度重视，因为训练课是一种相对集中的训练方式，学生能够借助训练课更好地实现每天的训练目标，使自身的训练水平得到提高。通过贯彻科学系统的训练原则，实现教师对教学大纲内容的掌握，妥善合理地安排训练进度、要求与内容等，并且要遵循学生的生理与心理发展规律，从学生的运动特点出发，进行有针对性、有目的性的训练。

1.篮球训练课的结构安排

篮球训练课结构安排的对象主要包括准备部分、基本部分和结束部分，下面对这三个部分的具体内容做简单阐述。

（1）准备部分

主要目的：为了避免在训练中出现超负荷和运动损伤的情况。

主要任务：为了确保教学质量，组织训练课的同时需要集中学生的注意力；为了增强学习氛围，需要刺激学生的神经系统及各肌肉群的活动，从而提高学生的兴奋性。

主要内容：由队长进行整队，清算好人数，向教师报备，教师做考勤统计之后安排课程训练任务；准备部分安排的训练内容主要是由基本的教学和训练内容决定的，根据基本内容及训练内容进行诸如跑步、跳高、拍球、投篮等针对性练习；除此之外，还要根据实际情况安排专门性的准备活动。

组织方法：以集体形式为主，但不是唯一的方法，具体情况具体分析，可根据实际情况而定。

时间安排：准备部分主要是为了让学生尽快进入状态，一堂训练课中，训练前的准备活动是少不了的，一般为15分钟左右。

（2）基本部分

主要目的：提高学生的比赛能力和适应能力，同时要以教学为目的。

主要任务：根据篮球运动教学大纲的要求做出具体安排；为了使学生的运动能力得到相对提升，需要不断创造有利的训练条件，使学生在训练中掌握和提高篮球技战术水平；与此同时，为了使学生的运动素质得到全面发展，需要有一个循序渐进的过程，合理安排训练内容；另外，还需要培养学生的拼搏精神以及良好作风，以加强学生思想道德教学为主要手段。

主要内容：为了全面提高学生的实践能力，可以根据篮球训练课的具体实施计划，采取多种练习手段以及比赛方法来促进学生的各项素质及能力的全面发展，例如小组赛、个人赛、技战术比赛以及对外赛，等等；同时，还要根据不同阶段的具体训练任务，循序渐进地增加运动量，从而更快地提升学生的各项素质和能力。

组织方法：将教材内容合理安排好，并开展相对应的教学活动是主要的组织方法；一般是先传授新的内容，再复习老内容，将两者结合在一起进行巩固和强化，最后可以安排一些提高学生身体素质的专门练习；当然，开展活动之前，要根据学生身体素质的具体情况和课时内容进行相对应的、合理的、有针对性的安排；还有非常重要的一点，不管是传授篮球运动技术还是战术，要始终坚持贯彻循序渐进的原则，这样才能让学生更好地吸收教学内容。

时间安排：如果按照高职院校目前的篮球运动课时间，就是两节课一起上，而训练课占时为70%，时间大约为70分钟。

（3）结束部分

主要目的：为了快速消除学生体内存积的乳酸，需要适当安排一些活动，让学生在运动时缺失的氧气得到一定补充，促使学生运动肌肉能够迅速恢复到运动开始前的形态，同时让学生的生理及心理逐渐恢复平静。

主要内容：为了使学生身体状况恢复到运动前的状态，需要安排相应的整理活动，主要包括游戏、放松练习以及转移注意力的练习，或者采用运动量小的投篮、罚球等练习；训练课结束之前，教师还需要组织学生进行讲评，主要形式是教师自己针对本次课堂内容做出总结，或者是教师与学生一起对这次教学课程做总结；为了不给学生参与训练课带来消极影响，小结内容要简洁明确并有针对性，以表扬为主，批评为辅，主要是积极正面的教育，减少消极负面的教育。

时间安排：篮球教学训练课的结束部分一般占时15分钟左右，在具体实施过程中要做好以下两点。

第一，针对训练负荷做出合理安排，大运动负荷训练对提高学生身体素质和战术水平有着很大的意义，训练能否成功主要看内容安排是否科学、运动规律是否合理，运动负荷的控制也不例外。

第二，要保证充足的训练时间，篮球运动课程一般是 1.5 小时左右，在这个有限的时间里既要安排文化课学习，又要安排训练课学习，所以想使训练达到最佳效果并让训练任务顺利完成，合理安排好时间是非常有必要的。

2. 篮球训练课的内容安排

篮球训练课的内容安排主要有学生组织方面、练习组织方面以及课程的安排、运动负荷的安排，下面针对这四个内容的安排做详细的分析：

（1）学生组织的安排

一般而言，可以将学生的组织分为集体训练和个人训练两种形式，而且这两种训练形式在实践中都是综合运用的。

（2）练习的组织

练习的组织是指在训练过程中训练步骤的安排，其主要内容是训练程序和训练课布置的作业。

训练步骤如下：第一步是对基本技术的锻炼；第二步是练习战术间的配合；当前两个步骤完成得差不多的时候，接下来就是把整队作为一个学习的整体进行集体练习；最后一步是根据教学开展比赛的训练。

（3）课程该如何合理安排

篮球课和普通的课程时长差别不大，按一节课 45 分钟来算，两节连在一起是 90 分钟。为了能够顺利地完成教学任务，并使之达到预期效果，就需要将有限的时间合理地利用起来。一般的时间安排是，60% 的时间学习新内容，剩余的时间用来巩固复习，加深印象。

（4）运动负荷的安排

运动负荷的合理安排在篮球运动训练课中是十分重要的环节，且合理安排运动负荷和怎样组织大运动负荷训练在篮球运动训练课中是无法避免的重要问题。一堂篮球训练课是否成功主要看它的训练内容安排得是否合理，而其中能否合理控制运动负荷是极其重要的，把这个问题处理得当，才能够最大限度地将学生的身体素质及战术水平提高起来，同时这也需要与具体实践相符合。

学生的身体素质决定了他的运动负荷量，在运动负荷提升的过程中，需要始终贯彻循序渐进的原则，由易到难，由小到大。除此之外，训练课的负荷强度及频率要根据不同时期和不同训练阶段来安排。一般情况下，第一个高峰是在进入基本部分之前，而第二个高峰则是基本部分之后那段时间。与此同时，需要注意保持训练的统一性和系统性。

（三）篮球观摩讨论课的具体实施

篮球观摩讨论课是在进行篮球运动规则、裁判法、篮球运动技术和战术分析等教学的时候才会使用。它的形式较为灵活，不呆板，其最主要目的是能加强学生的观察与分析能力，同时能够极大地提升学生的表达能力，促使学生的思维模式得到超强发挥。

观摩的对象不受局限，可以是篮球比赛，也可以是关于篮球运动战术的录像带或者电影等。在组织观摩课之前，教师要告诉学生观摩的内容，以及所需要解决的问题，同时要告诉他们在这个过程当中需要遵守的纪律。在观摩时，学生要根据教师的要求做好相应的笔记，并在观摩之后提出相应的疑问，为接下来的探讨做好相关准备。

观摩过程中，教师要围绕本次主题引导学生发言，对于不同的意见要给予相应鼓励，以此开展更激烈的讨论。

待到观摩讨论课结束后，教师要对此次观摩课做出总结，并把讨论的问题和学生讨论的情况进行评估，如果问题没有解决，可等到下一次上课再继续讨论。

（四）篮球实习课的具体实施

为什么要开展篮球实习课呢？其目的是提升学生的篮球运动技术，提高各项训练的能力与竞赛能力，以及裁判的水平。

为了更好地开展篮球实习课，教师要对实习人数进行确定，对学生做好相关指导。教师在开展实习课的过程中需要做到以下几点：其一，是做好相关的笔记；其二，是观察学生的具体情况；其三，是要用鼓励的方式激起学生参与实习课探讨与讲评的积极性；其四，是实习课完成之后教师需要针对不同学生的实际情况进行相对应的评价。另外，学生自己也要将此次实习课中的总结和感悟写出来，为提高自身学习能力奠定基础。

第三章　夯基有法：高校篮球运动的教学理论

第一节　哲学基础

一、篮球教学的哲学依据

（一）教育哲学立场的提出

1. 柏拉图及其教育哲学思想

以对话的形式将自己的学说阐述出来，是柏拉图（Plato）经常采用的方式，客观唯心主义"理念论"是其本体论的哲学立场，而"回忆说"则是其认识论。

"理念论"指经过人的理性思考，使个体纷然杂陈的感官知觉得以构成一个整体，进而形成人们的认识理念。在该理念的指导下，理性主义教学论专家、之后的西方教育家以及柏拉图均认为，与经验相比，理念更为重要。他们强调从系统的知识传授中，对永恒不变的本体加以认识与把握。时至今日，理性主义教学流派的指导思想仍然是该教学理念。

2. 赫尔巴特及其教育哲学思想

约翰·弗里德里希·赫尔巴特（Johann Friedrich Herbart）是康德哲学的教育教学代言人，是近现代西方理性主义教学派别的集大成者。赫尔巴特指出，人们的"精神生活的核心不能卓有成效地通过经验与交际来培养，而教学一定能较深入地渗透到思维工场中。试想每一种宗教教义的威力，试想一种哲学讲演的支配力，它是这样轻而易举地甚至不知不觉地掌握一个聚精会神的听众的！此外，还可想一想小说读物的惊人力量——因为这一切都属于教学，不管是好的，还是坏的教学。"❶

从上述内容不难看出，将教学过程与教育活动紧密联系在一起，是赫尔巴特的教育哲学思想所倡导的内容。将精神建设与教学活动相联系，进而促使教学地位得到不断提高，也对教育者提出了更高的要求。

（二）教育哲学理念的分析

西方理性主义思想，与以卢梭、杜威为代表的教育思想是同一时期诞生的，并且二者经过长期的发展，逐渐形成了教育哲学体系。该体系具体内容包括实用主义、经验主义、自然主义等不同方面。以下内容是对卢梭与杜威教育哲学理念的详尽阐述。

1. 卢梭的教育哲学理念

让-雅克·卢梭（Jean-Jacques Rousseau）是一名自然神论者，他认为神是存在的，就寄居在人内心深处，所以使用理性的方法来验证神存在的行为的绝不可取的，人们应该从自身情感和良心出发来认识神。这种教育哲学立场在某种意义上对西方理性主义教育哲学进行了较为深刻的批判。卢梭对自然的教育较为提倡，对儿童在美好的自然状态中学习与成长的过程非常重视，可以说，这是一种全新的教育教学理想。❷

2. 杜威的教育哲学理念

约翰·杜威（John Dewey）不仅继承了卢梭提出的教育哲学观点，更是以此为基础进行了拓展，提出了新的理念——自然主义理念。他不仅是自然主义理念的开创者，也是自然主义理念的实践推行者。杜威将教育和教学的

---

❶ 赫尔巴特.普通教育学[M].李其龙，译.北京：人民教育出版社，2015：27-40.
❷ 卢梭.爱弥儿：论教育（下）[M].北京：商务印书馆，2017：415-421.

实验视作对哲学真伪及有效性的鉴别试验，他指出，如果"把教育看作塑造人们对于自然和人类的基本理智的和情感的倾向的过程，哲学甚至可以解释为教育的一般理论"，如果"从和哲学上的争论相应的心理倾向出发，或者从这些争论在教育实践中所引起的分歧出发来研究哲学问题，那就不难看到哲学问题所表述的生活情境。如果一种哲学理论对教育上的努力毫无影响，这种理论必然是矫揉造作的。这种教育观点使我们能够做到：哲学问题在哪里产生和泛滥，就在哪里研究它们；哲学问题在哪里立足安家，就在哪里研究它们；对哲学问题的承认或否认在哪里产生了实际影响，就在哪里研究它们"❶。

杜威指出：教学是一个实实在在的过程，是"行动—经验—效果"这一理性过程的实用主义哲学；哲学既然在教育中"立足安家"，就可以在教育中对其进行深入研究，所以教学就变成了检验、研究哲学问题的有效途径。对各种问题明确地表述培养正确的理智习惯和道德习惯的问题，就是教育哲学的本质所在。可以说，哲学是教育的一般理论❷。

二、哲学对篮球教学的指导作用

（一）哲学思想对篮球教学的指导

教学哲学理论离不开一定的哲学理论作为支撑，而教师本人的教育哲学观念会对教师的教学行为、议论与意见产生一定的影响，具体包括如下几方面内容：

第一，若是教师认可柏拉图的哲学立场，那么该教师会将人的认识视为对潜藏在心中固有观念的回忆，在教学方法上，必然也会注重通过对话与提问的方式，对学生的意识加以激发。

第二，若是教师对亚里士多德的唯实论哲学予以接受，那么从认识论角度出发，该教师必然认为认识源于大众对物体的感觉，要想形成与现实物体相应的概念，就要通过对感觉材料的抽象。在实际的篮球教学实践中，该教师也会严格遵守、强调、重视直观性原则，同时尽可能使用多种方法刺激学

---

❶ 杜威.教育中的兴趣及努力[M].北京：中国传媒大学出版社，2018：1-65.
❷ 杜威.儿童与课程[M].北京：中国传媒大学出版社，2018：23-32.

生产生感官活动。

第三，若是教师深受杜威实用主义哲学影响，那么该教师一定会认为任何知识和经验都是人与环境相互作用的产物。所以，该教师在篮球教学中会让学生主动加入解决各种实际问题的活动当中，同时将学校教学与整个社会生活联系在一起。

（二）哲学价值论对篮球教学的指导

教学论中不同教师哲学立场的分析与不同层面价值追求的哲学解释，均属于篮球的哲学基础。从教学内容选择的角度出发，"什么知识最有价值"便是其哲学问题。也就是说，篮球教学作为学生与教师之间的生活，其哲学问题为"什么样的生活最有价值，最值得师生追求"。基于此，具有不同哲学价值论的教学在认知上也会存在一定差别，详见表3-1。

表3-1 代表性哲学价值论对篮球教学的典型指导

价值论	唯名论或永恒主义立场的教学论	唯实论或经验主义立场的教学论
教学论内容	经典作品最有价值，即使失去了实用功能的古典学科，仍然具有训练思维的价值，而训练思维的价值是至高无上的	经过系统组织的科学知识和学生的经验最有价值。传统形而上学的前提和假设像宗教前提与假设一样，不能证明为真，也不能证明为假，不具有教学上为真的意义，而系统的科学知识是经过确证的知识，而且被证明能够切实改善人类社会的知识，学生经验除了教育学上的特殊意义外，还是前科学的"生活世界"
教学指导	"为将来做准备"的篮球教学应该是师生间持久而充满活力的精神生活	基于学生经验的科学知识的传授和探究是师生间最重要的也是最必要的生活

从哲学认识论视角出发，哲学能够有效提升篮球教学创新的理论思维层次。哲学提供的"思维"能够解决篮球教学中的一切问题，具体包括创新、体系、命题、概念、教学事实等。

第二节 科技基础

一、现代信息技术特点及其对篮球教学的影响

随着时代的发展,现代信息技术已经在人类社会大规模应用,并逐步实现普及,如今更是成为信息社会生产流程中不可或缺的基本生产工具,对整个世界的基本面貌做出了深刻改变。不难发现,如今的教育领域随着现代信息技术的蓬勃发展也重新焕发出勃勃生机,它对教育领域的影响力远远超出预期。当今社会,信息技术蓬勃发展,促使教育领域各个方面都发生变化,如环境评价、目标方法、教育思想、教育内容等。现代技术中的网络技术凭借其即时性、互动性、便利性、高效性特点受到无数师生的追捧,可以说现代信息技术使教育有了更为广阔的平台和更加丰富的资源,其公平性有所提高。在较短时间内,远程教学、多媒体辅助教学等融入现代技术的新兴教学方式,以前所未有的方式迅速融入学生学习过程中,已成为一种无可逆转的全新教学趋势。

想要确定现代信息技术对大学篮球教学活动的影响,首先要清楚现代信息技术发展的特点,主要包含以下几方面:

(一)社会环境高度信息化

电子技术以及现代通信技术迅猛进步推动了人类社会向着信息化时代飞速发展。诸如可视电话、全球定位系统以及国际互联网、复印机传真机等的发明使电子办公逐渐得到了普及应用。全球化信息高速通道使社会成员的交往、学习工作、娱乐购物等各种活动向数字化方向转变成了现实。在信息化程度较高的社会环境下,信息量逐渐增加、信息传播速度逐渐加快、信息传播方式更加多样,这使如今社会成员获得信息和处理信息的方式与过去相比发生了巨大改变。这些内容都对传统的学校教育教学产生强力冲击,使其创新改革进程需要直面更多的新挑战。

当前，以网络信息技术为代表的现代科技已经融入社会经济的各个方面，执行着信息管理、生产过程管理及设计等基本职能，成为各个行业的重要生产工具。在以邮电、建筑、传媒、交通、机械制造等为代表的众多行业中，网络信息技术占据着不可取代的作用。由此可见，信息技术已经深入人类社会的多个主要行业及各部门团体当中，其影响力越来越广、越来越深。对于大学篮球的教学来说，信息技术的影响主要有如下方面的表现：

首先，学生要真正加入社会劳动就必须先将信息技术作为其掌握的基础知识技能，所以高等教育必须将信息技术的相关知识作为重点教学内容，这使学校及一线篮球教师在制订教学计划、分配教学内容时不得不进行调整。与此同时，学校、教育机构以及相关教师也会借此机会通过内部改革的方式实现传统篮球教育教学改革，以确保其适应信息时代社会变化。

其次，现代化信息技术的发展势必在全球范围内引发各个行业的变革。行业变革将会导致市场竞争方式改变，进而对高校分化重组产生影响。信息技术在我国各个高校中的普及将引发教学内容及方式等的多种变化。

（二）实用软件大量涌现

大量实用软件的开发受到计算机硬件技术进步的影响，在各个社会领域中发挥着积极效用，推动着人类社会不断向前发展。现如今，网络信息技术在传统文化的基础上创建并发展了一种新文化，这种新文化会随着时代的发展逐渐成为人类文明发展史的关键组成。

在实际教学中，适用软件的应用与创造使篮球教育教学工作拥有了更加先进的教学工具，大学体育篮球教学应当紧随时代步伐，顺应时代发展需求，把握发展机遇。在如今的形势下，只要具备将网络信息技术、科研与教学相结合的能力，便拥有了时下最先进生产力的助推与支持，才可能促使自身向着更高的目标迈进。

从教学改革的视角出发，大量实用软件的出现，为教学改革提供了源源不断的资源。早在1980年，当时绝大多数师生教学中应用的重要软件便是Basic语言，目前，与Basic软件相比，更具优势的软件不断涌现。无论是哪种学科、哪一层级的学校，均可以通过轻松简便的方式，获取与自身相匹配的信息技术资源。

（三）多媒体的广泛应用

动画声音、视频信息、文字图像等不同性质的信息之所以能够实现有机融合，均源于多媒体技术的出现。现代信息技术推动了众多技术的进步，其中包括语音识别技术、触摸屏技术、大规模集成电路、声音信息压缩技术等，可以说，学校教育的深刻变革得益于多媒体技术的出现。通过多媒体技术，可以在传统教学中实现投影、幻灯、录像、录音等技术的使用，与此同时，制作演示、设计加工等均可通过多媒体技术轻松实现。

在大学篮球教学中运用多媒体技术，一方面可以使不同学科（诸如社会科学、自然科学等）有机融合在一起，另一方面还可以实现声画、图文的完美结合。从更高一层分析，多媒体技术还可以使不同的社会行业实现有机融合，包括出版印刷、影视娱乐、通信等，为学生、一线教师以及广大教育科研工作者提供了全新的发展机遇，以及无限的创造空间。

（四）虚拟现实技术构建科幻世界

在教育变革中，不仅多媒体技术发挥着重要作用，同样地，虚拟现实技术也是关键因素之一。

在传感器与计算机硬件的共同支持下构建出的多维信息交互系统，便是今天的"虚拟现实"。参与者投入虚拟现实技术之中，犹如身临其境一般。该项技术具有模拟真实环境的功能，使人与事、人与人之间的信息交流得以实现。学习者通过特定的工具，可以进入虚拟现实世界，对人类创造的各种虚拟对象进行观察，并基于工具的使用，感知与操作虚拟世界中各类物体。

通过对现实环境的虚拟，学习者可以对现实世界中不存在的事物加以观察、感知。例如，热带丛林中不同动植物的生长变化、蔚蓝地球的壮丽景观、高分子结构变化。学校教育内的某一领域中，要想产生较为理想的教学成效，就需要借助虚拟现实技术将其变为现实。例如，由美国国家航空航天局与休斯顿大学共同开发的"虚拟物理实验室系统"，研究者们可以通过较为直观的方式，感知现实世界中不可能感知到的物理现象，由此产生较为深刻的认知与理解，研究者们在这一系统中，实现了对某些抽象物理现象的观察与探讨，诸如惯性、重力等。由北卡罗来纳大学研发设计的虚拟现实系统，让使用者可以通过手动操作控制分子运动，使分子结构的研究以一种相对简便的方式进行。与此同时，我国也在研发设计虚拟篮球游戏，使用者可以在游戏当中选择不同的角色进行扮演，并在这一过程中，充分享受篮球运动带来的无限乐趣。

（五）现代教学开始进入网络时代

当今社会，网络已经基本实现普及，这一点可以从相关数据的统计结果看出。有数据表明，全球范围内上网人口已超过20亿，各式各样的互联网活动网页痕迹高达1万亿页，且在按照日平均300万页的速度不断增加。网络教育卓然兴起，数据显示，当前网上教育相关的网址数量超过5000万，网络发布的教师教案超过100万例。数据表明，信息技术使多媒体教学、虚拟大学及远程教育等新兴教学方式得到了蓬勃发展。

如今，人类社会已经步入网络信息时代，人们在全球范围内的信息交流越发频繁，交流数量也越来越多，这使无数民众的生活方式、学习方式产生了根本性的改变。众所周知，人类文明的诞生离不开沟通，如今的网络科技可以让分处世界两端的人进行面对面交流，这一举动必将刺激人类世界诞生新的现代文明。所以说互联网必将对未来文明起主导作用。

网络平台上的海量、无限增长信息资源都会成为教学和科研资源。以学校、社会机构等为来源构建的信息库，将高校教学活动纳入电子信息空间，使跨地区、跨国家的合作性教学研究活动成为易事。现代信息技术的价值不仅在于其能够作教学辅助工具或手段，还是构建良好学习环境必不可少的信息来源。可以明确，在未来教育教学中，任何课程只要没有互联网技术的支持和参与，都意味着失去了基础信息资源的动力。

二、未来篮球教学的发展趋势

科学技术的迅猛发展给教育带来了大量潜在可能性，极大增加了对未来篮球教学发展趋势的预测难度。过去数十年中，出版的与教育相关的书籍很多，有的涉及电化教育，有的与教学论、教育学有关。大众也曾对未来进行过预测，猜想未来科技对教育的影响及可能引发的改变等。但事实表明，当前信息技术的发展未能被预测，信息时代环境中教育发生的各种新变化更是没有人能够准确预料。

基于当前发展形势可以预测，在未来的十年时间里，网络信息技术的发展将直接改变当代的教育信息化环境，该技术也会成为学校教学的基本要素。以数字化电视、互联网为基础开展的各种现代化教学活动将成为校园的日常活动，智能 Agent、机器翻译、传感器技术、IC 录音、语音术等先进技术将用于教育实践，社会会根据每个学生的具体情况为其构建更自由、更便捷、更恰当的学习环境，终身学习成为普遍现象。未来的篮球教学也会因信息技术的发展向"按需教学"的方向转变，换言之，篮球教学将会结合学生的个人情况因材施教，最大限度地推动个体全面发展。未来的篮球教学可能会完全通过网络虚拟世界开展，不必再受时空的约束。以"按需教学"为宗旨构建的网络教育系统能够为学习者量身定制各种必要的学习服务。

第三节 心理学基础

一、个体的动机与篮球教学

（一）动机概述

1. 动机的作用

动机是促使个体出现某种行为、开展某种活动的内部动力或心理动因，它能够引起并维持人的各种思维活动，并将该活动导向一定目标。显然，动机是存在于个体内部的的特殊过程，它一旦发挥作用就会促使个体产生相对应的行动。动机的作用主要包含以下三方面：

（1）始发作用

动机可以引起和发动个体的活动，促使个体产生行动。

（2）强化作用

动机可以使个体维持、增加或制止、减弱某一活动。动机产生的刺激强度与一个人激活的程度有直接关系，即个体为实现某一目标付出的努力程度。

（3）指向或选择作用

动机可以引导个体活动的具体方向。方向与个体对行动目标的选择有关，即人为什么进行某一活动或为什么要做某事。

2. 动机的分类

从不同的标准出发，动机可以有不同的分类。

（1）根据兴趣的特点分类

动机根据兴趣特点不同可以分为两类，分别是直接动机和间接动机。所谓的直接动机是以直接兴趣为基础的动机，它指向的是活动过程。比如，有些人从事篮球运动是运动兴趣使然，在他们看来，篮球运动不仅能够充分挖掘自身内在潜能，激发自己的全部力量，还能让自己在运动过程中收获满足感。这种动机就属于直接动机。

而间接动机是以间接兴趣为基础的动机，它指向的是活动结果。比如，有些人十分厌烦单调的训练，但通过训练能增强自身技术水平，可以帮助自己战胜对手，所以会主动开展训练。这种动机就属于间接动机。

（2）根据动机来源分类

动机根据来源不同也可以分为两类。第一类是外部动机，指的是由客观外部原因产生的动机，或者说是汲取外部力量支撑行动的动机，它的基础是社会性需求，即个体通过行动或活动来获取对应的外部奖励，从而满足自己的社会性需求。比如，有的同学参加篮球运动并取得成功，可能是为了赢得同学的认可和教师的表扬，也可能是为了比赛奖金和奖杯等。这种动机就属于外部动机。

第二类是内部动机，指的是由主观内部原因产生的动机，或者说是汲取内部力量支撑行动的动机，它的基础是生物性需求，即个体主动参与行动或活动获得对应的成功，活动成功就是最好的内部奖励，能激发人的进取心。比如，有的同学主动参加乒乓球训练，克服重重困难，不断展现自己的价值，收获荣誉和成功。这种动机就属于内部动机。

（3）根据需要的性质分类

动机根据需要的性质也可以分为两大类：第一类是生物性动机，指的是以个体的饥饿、口渴等生物性需要为基础的动机；第二类是社会性动机，指的是以实现交往、获取成就等社会性需求为基础的动机，如很多人是为了健身、扩大交际范围而参与篮球运动的。

（4）根据情感体验分类

按照情感体验，可以将动机分为丰富性动机和缺乏性动机两类。丰富性动机指的是以经验享乐、获得满足、寻找新奇、有所成就和创造等欲望为特征的动机，所以也被称为"欲望的动机"。丰富性动机追求刺激，一旦目标达成，动机会得到加强。例如，参加运动能获得兴奋、愉快、赏识和威望等，能满足自我，这种运动动机就是丰富性动机。

缺乏性动机指的是以排除缺乏、破坏、避免威胁、逃避危险等需要为特征，以生存和安全为目的的动机，所以又被称为"厌恶的动机"。一旦目标实现，缺乏性动机就会减弱。例如，为了保住自己的荣誉和地位而被迫刻苦训练，因为健康状况不佳而被迫进行健身。

（二）动机理论在篮球教学中的应用

在篮球教学过程中，教师通过对学生不同动机的分析，采取不同的教学方法来强化学生的动机，并为这种学习动机的达成积极创造条件，使学生完成篮球学习任务。

具体来说，影响学生动机的条件主要有两种：一种是内部条件，另一种是外部条件。其中，内部条件——"需要"是引起动机的根本条件，它是指个体因对某种东西的缺乏而引起的内部紧张状态和不舒服感，能产生强烈的愿望和推动行为的力量，从而引起人的活动。外在条件——"环境"是引起动机的外在条件，是指个体之外的各种刺激，包括各种生物性和社会性因素的刺激，这种刺激能对人产生重要的影响作用。

针对不同学生的动机形成，教师应结合动机形成的具体条件，在充分了解学生的基础上，通过引导的方式"对症下药"，积极创设动机条件产生的环境，使学生产生学习篮球的兴趣，调动学生学习篮球的积极性。

二、个体的心理因素与篮球教学

（一）心理因素概述

个体心智包含的内容有很多，这里主要对情绪、意志品质以及智力能力三个方面进行分析和阐述。

1. 情绪

情绪内涵包括两方面内容，具体来说：其一，是人对客观事物的行为反应以及态度体验，即情感体验；其二，是在心理过程中情感体验的具体表现形式。在个体及其生理活动中，情绪起到至关重要的作用。通常而言，当运动员情绪较为低落、消极时，那么运动员便会时常犯错，发挥失常，无法将自身的真实实力展现出来；而当运动员情绪处于积极良好的状态时，他才有可能展现出令人惊叹的水平与实力。

2. 意志品质

一般来说，意志指的是人在运动过程中，努力克服困难，为了实现目标而对自身行为加以支配的心理过程。从心理活动角度出发，意志作为一种巨大的精神力量，是基于对事物的认识，以及在情感的激励下而产生的，对运动成绩的提高具有积极的促进作用。所谓意志品质，主要是指个体的主动独立、勇敢顽强的精神，以及自制力、坚韧性与果断性。从某种意义上而言，意志品质一方面需要在克服困难的过程中培养起来，另一方面还可以在克服困难的过程中表现出来。

3. 智力能力

智力通常指的是个体各种认识能力的总和，是想象力、记忆力、逻辑思维能力以及高度的观察力的总和，是认识事物、理解事物、解决问题的一种能力。学生智力所能达到的程度便是智力水平。研究发现，在学生的学习活动中，智力水平发挥着尤为重要的作用。

智力与能力的结合便是智力能力，换句话说，就是确保人们可以成功地进行实践活动与有效地认识客观事物的相对稳定的心理特点的结合体。智能包括两方面内容：其一是智力能力，其二是智力潜能。二者既相互联系，又相对独立。

智力潜能主要包括五种基本潜能：注意力、思维力、想象力、记忆力、观察力，是保障人们有效开展认识活动的稳定心理特征的结合。创造能力、适应能力、操作能力、计划能力、组织能力等基本因素共同构成了智力能力，该能力是可以确保人们成功地进行某种实践活动的相对稳定的心理特点的结合。

（二）心理因素对篮球教学的影响

在进行篮球教学过程中，学生的心理因素起到至关重要的作用。下面就对上述三个方面在篮球教学课程中产生的影响加以阐述。

1.情绪对篮球教学的影响

从心理学视角出发，在篮球教学中，情绪发挥的作用至关重要。良好的情绪可以促使篮球教学取得事半功倍的效果，如使人能够持之以恒、坚韧不拔、积极主动、干劲倍增、精神焕发，提高人体运动能力，使人的活动能力得到明显提高。不良的情绪会导致教学效果减半，如注意力不集中、心灰意冷、无精打采、精神不振等。

在篮球教学活动中，如果学生难以掌握动作技能，则说明其正处于不良的情绪状态中，如忧心忡忡、心慌意乱、自控能力差、情绪不稳定。反之，若是学生能够获得较为理想的教学效果，则说明其正处于良好的情绪状态中，如斗志昂扬、注意力集中、精神饱满、情绪稳定。

2.意志品质对篮球教学的影响

要想培养学生坚强的意志品质，就要多多鼓励他们参加篮球运动。具体来说，篮球在培养学生意志品质方面的作用，主要体现在如下几个方面：

第一，在篮球教学活动中，肌肉紧张程度与日常生活中相比显得更加强烈，而且要求运动员能够在篮球运动中，克服各种困难，通过自身顽强的意志品质，以及高超的运球技巧与投球技巧，顺利完成各种动作。

第二，学生在篮球教学活动中，需要使自身的注意力高度集中，通过自身顽强的意志力，克服各种来自内部与外部的刺激所带来的负面影响。

第三，学生参加篮球教学课程时，机体极易产生各种疲劳感。而具有坚强意志品质的学生或者运动员，能够很好地克服运动损伤与疲劳而带来的一系列负面情绪，并将篮球运动坚持到底。

3.智力对篮球教学的影响

人的身体活动与智力有着紧密联系。一方面，随着个体年龄的不断增长，人的智力发展与其身体活动能力的发展逐渐分开，身体活动能力与人的智力发展之间的关联性越来越小。另一方面，人体活动能力的发展又与智力发展存在着一定的密切联系。例如，在进行篮球教学活动时，需要学习者具备一系列的智力素质,包括快速的思维能力、丰富的想象能力、敏锐的观察能力、精确的记忆能力,只有这样,才能实现教学效果最优化。

三、认知心理学与篮球教学

(一)认知理论概述

人的认知能力是与生俱来的,同时受多种因素的影响,如年龄、环境、心理等,而篮球运动对人的认知能力的促进作用是十分显著的。篮球运动的学习能够有效提高学生的智力,使学生的注意、记忆、反应、思维和想象等能力得到提高,还可以使其情绪稳定、性格开朗、疲劳感下降等,这些非智力成分对人的智力功能具有促进作用。

(二)认知理论在篮球教学中的应用

篮球教学不仅是组织学生进行身体运动,而且要传授大量与篮球运动相对应的操作性知识。因此,从某种程度上来讲,篮球运动的教学过程就是促进学生认知能力发展和提高的过程。

在具体的教学实践中,学生对篮球教材的感知、理解、体会、巩固、运用以及评价等认知活动有其固有的规律。教师在篮球教学中必须遵循这些规律,特别注意使篮球知识与篮球运动技术表象之间建立起巩固的联系,同时通过认知活动不断地激发学生学习篮球运动的兴趣和动机。

第四节 社会学基础

一、体育教育的社会作用及意义

人的社会化在社会的生存与发展中发挥着至关重要的作用。很多学者对人的社会化进行了相应的探索与研究,却并没有形成统一的重点与研究角度。故此,人的社会化也可以理解为:人由"自然人"向"社会人"进行转变的过程。

体育教育在现代社会中占据重要地位，具体表现为如下两个方面：

（一）对个体社会化起到积极的促进作用

人的社会化可以理解为个体社会化。所谓社会化，指的是个体学习他所属的社会中人们应当掌握的价值体系、行为规范与生活技能，以适应现实社会生活的过程。从本质上来看，社会化也可以理解为由生物人向社会人转变的过程，同时是个体融入群体、与群体趋同的过程。体育教育在人的社会化过程中发挥着至关重要的作用，而体育教育实施的重要途径与内容便是体育运动。特定的社会规范、社会活动、社会角色、社会组织通过体育课堂得以体现。故此，学生与学生之间、教师与学生之间，在篮球教学中会产生一系列的行为，如竞争与合作、对抗与磋商、自控与控制等。而学习者在这一过程中，无时无刻不体验着失败、成功、展示、合作、竞争、服从等，并在各种体验中不断进行自我调整，使个体能够与社会发展相适应，在不断调适与学习的过程中，逐渐提高自己的社会适应能力。

在青少年社会化的进程及人际关系的协调方面，体育教育发挥着积极的促进作用。体育活动能够起到加深友谊，沟通情感，协调人际关系，促使学习者集体的智慧、力量的价值观念得以形成，从而起到加快学生个体社会化的进程的作用。

（二）能够使学生的个性发展得到完善

不同学科对个性的理解也会存在一定的差异。例如，人的个体性是哲学对个性的理解，主要指的是人与人的不同特征，涉及社会、心理与生理的特征总和。个人具有的一定倾向性的、相对稳定的特征总和，即心理学对个性的理解，涉及情绪、意志、兴趣、动机、性格、能力等。总而言之，个体独特的社会性就是人的个性。

尊重学生的自主性、独立性、差异性，可以在一定程度上促进学生个性的发展与完善。通常来说，个性可以分为两种，即不健康的个性与健康的个性，学生健康的个性是教育所提倡发展的类型。健康的个性需要经过教育的塑造、培植与引导，它并非天生的。参与体育运动本身就是个性的展示，在知识经济社会中,特别需要具有独特个性的个体。学生个性的展示,可以通过参与体育运动实现。知识经济社会,强调学生个性化的发展。学生可以通过体育运动这一舞台张扬个性,发挥特长。作为个性教育的体育教育,既要给学习者提供一定的自主运动的空间与时间,促使他们尽可能地将自己的自主性与独立性展现出来,在轻松自由的状态下磨炼自身;又要基于对学生个体差异性的尊重,借助各种精心设计的场景,使学生的个性得以彰显。

在人的心理素质、良好品质的培养以及个性的完善方面,体育教育具有积极的促进作用。对学习者进行有计划、有组织的个性完善与培养的过程,就是学校体育教育。实践表明,要想使青少年的个性得到完善,以及部分群体的不良心理素质得到改善,离不开体育教育活动的开展。

二、篮球教学的基本社会价值

(一)促进学生生活技能的掌握

谋求生活、参加生产的技能以及日常生活技能,共同组成了个体的生活技能。当个体处于不同的发展阶段时,其学习与掌握生活技能的关注点也会发生改变。

身体练习既是生活技能的学习途径,也是篮球教学的基本手段,还是体育教学的一种。故此,对于生活技能的掌握而言,学生的身体练习在篮球运动教学中发挥着至关重要的作用。此外,篮球教学还可以提供一定的精神保障与物质保障,即专门技能的训练、体质的增强,并为学生掌握生活技能提供坚实保障。

(二)有利于培养学生的社会角色

通常来说,个体在社会中拥有多重身份,在一定程度上促进了个体的社会化。同样,在学生社会角色的培养方面,篮球教学起到了积极的推动作用,具体而言,主要体现为如下几方面:

1. 具有一定的约束作用

篮球教学对学生的行为起到一定的约束作用,可以促使学生严格遵守社会规则。在篮球运动教学中,每一位参与者均会不同程度地受到团队活动的激励、督促、限制、约束,从而帮助每一位学生更好地融入团队。

2.增强情感体验

学生的情感体验可以通过篮球教学得以有效增强。在篮球教学当中,学生有可能会扮演不同的角色,诸如教练员、裁判员或是运动员等。通过在教学过程中扮演不同的角色,使学生对不同角色的任务有所了解与掌握,能够对角色稳定性与多样性加深理解,对不同角色的技能加以锻炼,使不同角色的社会习惯、心理习惯、情感与态度得以养成。

3.通过学生的模仿与教师的示范,使篮球教学任务得以完成

学生通过在教学中对不同角色的模仿与扮演,可以增强对角色体验的感受,不断强化自己以及自己与集体、社会关系的意识,这对于学生日后深入认识自己的社会角色地位、理解与控制自己的社会行为均较为有利。

(三)有利于学生学习社会文化

通常来说,社会规范与价值体系两大部分共同构成了社会文化的核心。

1.篮球教学对社会规范产生一定的影响

例如,篮球教学中的篮球游戏教学,在社会文化学习中,起到至关重要的作用与影响。体育游戏能够让学生认识到游戏规则,养成遵守规则的好习惯,并不断加深对社会约束力的理解。而此类体验,则在一定程度上反映与迁移到现实生活中,并对他们在现实生活中的社会行为规范意识起到潜移默化或者较为直接的影响,使学生的社会行为规范掌握过程不断缩短,并逐渐转化为实际行为,形成习惯,以及行为的社会定势。

2.篮球教学对价值体系产生一定的影响

篮球教学对学生价值体系的形成发挥着至关重要的作用。与体育游戏的学习与教学相比,篮球教学的作用体现在如下几方面:其一,有利于个体文化知识体系的形成;其二,有利于个体一般智能的开发,以及个体系统化价值观念、道德概念体系的形成;其三,对学生认知与服从社会规范,形成与主流方向保持一致的个体价值观念,发挥着至关重要的作用与影响。

(四)有助于培养学生良好的个性

个性是指一个人在其生理素质和个性心理特征的基础上,在一定的社会

历史条件下,通过社会生活的实践锻炼与陶冶逐步形成的观念、态度、习惯与行为。个性主要包括动机、兴趣、理想、信念、气质、能力、性格等。个性形成的影响因素主要有两个方面:一个是遗传生物因素,另一个是包括家庭、学校、社会实践等在内的社会环境因素。

　　促进学生形成社会需要的个性并胜任相应的社会角色,是体育的重要功能之一。篮球教学对于学生良好个性的形成具有积极的促进作用。因此,相较于其他学科来说,篮球教学对学生良好个性的形成起到的作用,主要体现在教学的主动性、实践趣味性、直接参与性等方面。通过篮球教学,可使学生提高学习自主性,培养良好的意志品质和集体主义精神。

第五节　教育学基础

一、现代教学论思想

　　随着时代的变迁与社会的不断发展与进步,教学理论也随之发生着一系列的变化。经过长期的发展与探索,我国现代篮球发展型(开拓型)的教学观已经基本形成,要求教师做到将知识的传授与学生的全面发展完美地结合起来:一方面要通过篮球教学使学习者的心理品质得以发展,包括个性、意志、情感等方面;另一方面又要借助篮球教学使学生智力得以发展。

　　发展是现代化篮球教学的核心观念,学生的全面发展需要以智能为中心,促使学习者对知识充分地掌握。此类教育观念就是以"发展为中心""学生为主体",用开拓型教学取代传授型教学。对于解决传统篮球教学中高分低能、呆板的模仿、满堂灌、死记硬背等方面的问题具有极为重要的意义。

二、道德教育及篮球教学

（一）篮球教学与道德教育的关系

1.道德的实现要以篮球教学为主要途径

篮球教学的根本目标是使学生体质不断增强，身心得到全面发展，培养德、智、体全面发展的社会主义建设者。由此可见，篮球教学的重要内容之一便是道德教育。此外，篮球教学的形式多种多样，教师能够借助不同方式的活动与身体训练开展教学活动，而道德教育就渗透在教学活动的各个环节中，在一定程度上，取得了事半功倍的教学效果。

2.篮球教学质量的提高在一定程度上得益于道德教育

道德教学的有效渠道是篮球教学，与此同时，提高篮球教学质量的关键渠道是道德教育。究其原因，学习者对篮球学习的结果形成一定的认知与理解，可以在一定程度上激发学习者参与篮球体育课的热情与主动性。借助道德教育，可以端正学习者的学习态度，提高学习者的思想认识水平，并提高学习者对篮球学习的认识等，进而促使他们在篮球练习中可以达到克服困难、完成教学任务的目的，从而提高教师的教学质量。

（二）道德教育对篮球教学的影响

道德教育在篮球教学过程中，产生的实际影响主要体现在两个方面：

第一，学生全面发展的实现得益于道德教育。通过道德教育的理论与实践相结合的教学方式，可以将思维与动作、理论与实践、学生的身心活动有效地统一起来，不断对理想信念教育加以强化，进一步深化与增强学习者的知、学、行的统一性，进而促使学习者的篮球运动思想意识与运动能力等相统一，最终发展成为全面的优秀人才。

第二，如今文化的多元化以及社会与经济的不断发展，对篮球学习者的综合素质提出了全新的要求。学生时期是人生发展中的一个关键时期，在这一阶段，学生能够拓展道德实践空间、树立理性的道德观念、学习系统的道德知识。在篮球教学中渗透道德教育，可以促使学生具备良好的道德品质，并为日后的社会建设与发展贡献力量。

三、多元智能教学理论与篮球教学

（一）多元智能教学理论概述

1983年，美国哈佛大学心理学教授霍华德·加德纳（Howard Gardner）博士提出了多元智能理论。每个个体都具有多元智能，这是加德纳对多元智能理论的理解。将身体运动智能纳入人类智能范畴，也是由加德纳率先提出的。多元智能理论在很大程度上，为世界各国的教育教学实践改革提供了一定的理论依据，具有划时代的非凡意义。他还认为："一个学生存在着许多不同的、相互独立的认知能力，不同学生具有不同的认知能力和认知方式。当一个人中风或脑受伤后，有些能力可能受损，有些能力可能因为与受损能力没有联系而保留下来。从脑伤病人得到的有力证据说明，人类的神经系统经过一百多万年的演变，已经形成了互不干扰的多种智能。"[1]

具体而言，自我认识智能、人际智能、音乐智能、身体运动智能、空间智能、逻辑—数学智能、语言智能等，共同构成了多元智能。该理论的出现，使教师对学生的评价标准发生改变，由以往的单一评价标准发展为多元的评价标准，使学生的能力得到了更加多维与全面的评价。

目前，教师的教与学生的学在一定程度上，受到传统教学模式的束缚。基于此，我国将培养个性化的学生，以及提倡素质教育作为教育改革的主题。此外，多元化的教育手段与模式的运用，促使学生的发展潜能与特质被最大限度地挖掘出来，就是今后体育教学改革的一个方向，这不仅要求学生具有强健的体魄，同时要求学生拥有健全的人格，使其能够得到全方位的发展。

通过对多元智能理论进行深入了解，可以发现，不同个体的认知方式具有个性化的特点，也就是说，每个个体与其他个体相比，在智能强项方面存在一定的差异性。

因此，这就要求在开发学生智能时，要尽可能地遵循个体差异性原则，在此基础之上，真正做到因材施教。故此，运用可以激发学生学习兴趣、有

---

[1] 加德纳.多元智能新视野[M].沈致隆，译.杭州：浙江教育出版社有限公司，2021：3-27.

创意的各类教学方法与形式，从不同维度出发，为学生搭建起可以发挥其智能强项的平台显得至关重要。

（二）体育多元智能教学的模式

在多元智能教学理论的指导下，体育教学的多元智能教学模式要将多元化的特点体现出来，具体来说，主要表现在以下几个方面：

1. 体育教学形式的多元化

突出体育教学形式在教学中的引导性，包括多个方面的有机结合，如教师与学生、理论与实践、示范与指导和分组与合组。

2. 体育学习形式的多元化

突出学生在体育学习过程中的自主性，包含学生的创新能力、教学实践能力、语言表达能力和思维能力。

3. 体育教学内容的多元化

突出体育教学内容的综合性，包含教学内容针对性、创新性、现代性和丰富性。

4. 体育教学方法的多元化

突出体育教学方法的科学性，包含教师带领法、小组合作法、教学比赛法和角色置换法。

5. 体育考核评价的多元化

突出考核与评价方式方法及内容的合理性，包含平时成绩、技术考试成绩、理论考试成绩和教学实践成绩。

（三）体育多元智能教学的实施

体育多元智能教学的实施方法有很多，表3-2将现代化体育教学的智能化及其教学设计和具体实施方法展示了出来。

表3-2　体育多元智能教学的实施方法

多元智能	教学设计	具体实施方法
语言智能	1.创造语言学习环境，让学生学会有效地说话 2.帮助学生在聆听中学习 3.让学生撰写学习心得	1.教学中学生互评，锻炼语言表达能力 2.授课过程中鼓励学生勇于提问 3.课后撰写心得，培养写作语言能力 4.在学生与学生、教师与学生的教学形式中，有效地沟通，培养语言交流能力 5.在角色置换中，以老师的角色在教学实践中培养和发展学生的语言组织能力
逻辑—数学智能	1.采用不同的提问策略，提出问题让学生解答 2.要求学生陈述他的判断和观点	1.技战术教学，让学生发挥想象力，鼓励用开放式思维思考问题并判断正误 2.运用物理学、生物力学、解剖学等理论知识分析技术动作要领
音乐智能	1.让音乐成为学习的一部分 2.通过音乐进行学习 3.用音乐激发学生的创造力	1.准备活动采用伴随音乐的活动操，培养学生身体的协调性和节奏感 2.鼓励学生自选音乐创编活动操 3.利用角色置换法，带领大家进行活动操
身体运动智能	1.创造身体的学习环境 2.通过表演的方式进行教学 3.通过体育活动促进智能发展	1.教学中以学生实践为主，增加练习时间 2.通过效果展示和比赛，让学生展现自我 3.通过学习街球，球类操等促进智能发展
空间智能	1.为学生创造视觉化的学习环境 2.采用多媒体分解技术动作成因	1.采用直观教学方法，增强学生观察能力 2.鼓励学生多看体育教学，比赛录像

续表

多元智能	教学设计	具体实施方法
人际智能	1. 实现真正的合作学习 2. 在与他人接触中学会成长 3. 学会解决矛盾和冲突	1. 教学中，培养团队精神，集体主义精神 2. 学会处理学生与学生及老师间的关系 3. 培养学生的组织能力
自我认识智能	1. 引导学生树立并实现自己的目标 2. 有效地运用各种积极的评价 3. 注重情绪学习，促进学会反思	1. 采用阶段性目标教学，鼓励学生树立学习目标，并逐步实现 2. 学会自我评价，发现优势潜能和不足

（四）多元智能教学理论对篮球教学的影响

多元智能理论在体育教学中的应用，可以将体育教学与多元智能理论有机结合在一起，并将最佳结合点找出来，进而为体育教学提供一定的理论依据与支持。具体而言，在篮球教学中，多元智能教学理论的作用与影响，主要体现在如下三个方面：

第一，多元智能教学模式的构成因素众多，其中，最为重要的内容涉及多维化考核评价、主体化教学形式、多元化教学方法、多元化教学内容、多元化教学形式等。这些方面均可以在篮球运动教学中得到充分彰显。

第二，多元智能教学在篮球教学中的应用，在一定程度上起到至关重要的促进作用。具体来说，多元智能教学一方面可以使学生的思维能力与语言表达能力得到有效提高；另一方面还可以使学生对篮球运动基本知识与运动技术熟练与牢固地掌握，并在一定程度上对教学活动发挥积极的影响。

第三，在篮球教学中对多元智能教学理论加以运用，可以使智能培养特点与教学模式相契合，对学生的全面发展起到积极的促进作用，还能避免一些弊端并使矛盾得到有效的解决，诸如传统的教学模式，难以培养学生的综合能力与素质等问题。

四、现代教育思想在篮球教学中的应用

(一) 以人为本的教育思想

作为人类社会特有的现象,教育有着极为深远的社会学理论来源。据史料记载,早在商周时期,古人便已提出了民本的思想,认为国家的基础是人民。西方人本主义思想最早形成于古希腊时期,而正式形成则在意大利文艺复兴时期。19世纪初,哲学家费尔巴哈首次提出了"人本主义"口号。

以人为本中的"人"具有两种含义,一是群体,二是个体,既拥有社会属性,又具有自然属性。进入21世纪,我国提倡以人为本的教育理念,坚定不移地实施人才强国战略与科教兴国战略,使日益增长的人民群众的教育需要得到满足。在教育中,教师与学生便是指以人为本中的"人"。我国教育思想是在马克思主义关于人的全面发展的理论基础上,与中国实际和时代特点有机结合起来,而逐渐形成的完整而科学的以人为本的教育价值取向。在社会主义制度下要实现人的全面发展,就必须大力实施"科教兴国"战略,优先发展教育。

人的发展是以人为本发展观所强调的内容。人一方面是教育的中心、教育的出发点,另一方面又是教育的最终归宿。教育的终极目标就是人的发展。除此之外,教育也是以人为根本,以人为基础的活动。现代教育发展的基本要求就是贯彻以人为本的理念。

具体来说,在教育中以人为本的发展观,强调的是人的终极价值,和谐全面发展,幸福、自由的实现,要求教育改变传统呆板的教育模式,实现以人为本的教育。必须以现代人的视野培养现代人,以全面发展的观念培养全面型人才。

通常而言,体育教育改革、可持续发展、人类社会协调的基本要求是体育教学中贯彻以人为本的教育理念。体育教学指导离不开以人为本的教育理念,要求在整个教学过程中,最大限度地对学习者的价值、人权及人性给予重视与尊重。学习者作为体育教学的对象,首先作为一个人而存在,因此,教师应当在教学过程中,确保学生拥有自我价值与人权。体育教学工作者应当最大限度地对学习者的个性发展给予关注,使其能够在体育活动中自由地

展现自我，张扬个性。在体育教学过程中，教师应当使学生的天性与个性得到充分释放与彰显，同时促使学生的身心健康素质得以培养。

通过体育教学的人文关怀，可以将以人为本的发展观充分反映出来，因为在体育教学中始终贯彻以人为本的教育理念。人作为体育教育的对象，是有情感、有理性的，由情感来决定思考的方向，理性来决定思考的结果。体育教学过程中，应当将情感摆在首位，只有这样，才能真正做到以理服人。体育教学要有人情味，以"人"为核心，以"人"为出发点。

要想在篮球教学中体现以人为本教育思想，就要充分展现学生的主体作用，使教师在教学中的主导地位得以彰显。具体而言，就是要求教师结合学生的实际情况，真正做到因材施教，避免出现"一刀切"的情况。此外，在篮球教学中，教师应当改变教学模式，充分调动学生的学习积极性与主动性，并在教学中完成身份转换，将课堂还给学生，使教师的教学效果得到提升，同时使学生的学习主观能动性被充分调动起来。

（二）"健康第一"的教育思想

"健康第一"的教育思想的产生主要有两个方面的依据：一个是健康教育思想与世界发展潮流相符，另一个是健康教育思想与社会发展的需求相适应。

1. "健康第一"理念符合世界发展潮流

1948年，世界卫生组织提出，免于疾病并保持身体、精神和社会的良好适应才是真正的健康状态。之后，世界各地广泛开展与流行健康教育。

我国为与世界卫生组织提出的健康指导思想保持一致，提出了"健康第一"的指导思想。1990年6月，我国教育部和卫生部首次联合颁发《学校卫生工作条例》，正式以法规的形式将健康教育纳入学校教学计划，试图改变占据着统治地位的、发展相对滞后的、培养技能式的体育教育和健康教育，冲破单一的竞技体育和片面追求金牌的模式，进一步促进群众性体育活动领域的拓展，关注学生身心健康，力争使全体学生都能够参与体育锻炼和体育健身，促进健康教育的进一步发展。

第三次全国教育工作会议明确指出青少年拥有良好的身体素质是为祖国、为人民服务的基本前提。因此，各校开始高度重视体育课程教育，中小学基础教育、高等教育都对体育教育工作进行了改革与调整。

党中央国务院公布的《关于深化教育改革全面推进素质教育的决定》要求学校教育要以"健康第一"为指导思想,关注学生的身心健康。

2."健康第一"理念适应社会发展的需求

21世纪的今天,科技迅速发展,国家之间的竞争日益激烈,各国之间的竞争从根本上来看是专门人才和劳动者素质的竞争。

对于我国而言,这是发展教育的大好时机,与此同时我国也面临着艰巨的挑战。要想从竞争中脱颖而出,必须培养拥有正确政治思想、具备扎实科学知识和能力、拥有强健体魄的高质量专门人才。所以,在学校教育中,应注重培养学生的良好身心素质,促进学生的健康发展,树立"健康第一"思想,适应21世纪的要求。

学校要总结经验与教训,全面贯彻党的教育方针,加大体育工作力度,普及全民健身和卫生保健等科普知识,对学生健康和体育卫生给予广泛关注。

总之,"健康第一"的思想应该始终贯穿于篮球教学课程之中,成为篮球教学的灵魂之一,所开展的一切教学活动都要以此为基础。另外,还可以将其与终身体育理念有机结合起来,共同达到让学生拥有健康体魄的目标。要想达到这一目标,在篮球教学中,需要从以下几个方面来加以实施:一是要大力提高教师的综合水平;二是要将体育、卫生、美育有机结合起来,从而使篮球教学课程的顺利开展得到有力的保障;三是要加强篮球教学课程的实用性,使学生在以后走向社会也能够继续通过这些知识和技术进行身体锻炼,从而促进健康;四是教师要将篮球知识和技能方法通过正确的方式传授给学生。

(三)终身体育的教育思想

所谓终身体育主要指的是个体终身接受体育教育与从事身体锻炼的过程。它主要包括两个方面的内容:其一,人们基于对终身体育锻炼的正确认识与理解而产生一定的内在需求,形成强烈的锻炼意识,进而不断调动大众参与体育锻炼的积极性与主动性,使终身体育锻炼思想得以逐渐形成;其二,人的一生需要经历不同的发展历程与阶段,作为个体而言,无论处于何种阶段,都需要将体育锻炼作为一种习惯,持之以恒地坚持下来。

我们可以通过几个方面对终身体育的概念加以理解：首先，从时间角度出发，终身体育应当贯穿于人的一生；其次，从人员角度出发，终身体育应当面向所有社会成员，特别是青少年群体；再次，从活动内容角度出发，终身体育运动项目种类繁多，不同的个体可以根据自己的喜好，进行运动项目的选择；最后，从教育角度出发，终身体育是促进国家繁荣富强，公民整体素质提升的重要途径与手段。

人们自觉主动地参与体育锻炼，实现身心健康的全面发展，是终身体育教育的最终目的。要使人们养成终身体育锻炼的习惯，首先应当培养人们的体育锻炼意识，使人们形成一种内在动机，并在此基础之上，使养成的锻炼习惯能够更加持久，更加牢固。

将终身教育纳入篮球教学中，可以促使学生对篮球教学更加重视，进而有效地激发学生对学习篮球运动的热情，以及参与篮球教学课程与活动的主动性与积极性，从而最大限度地提高教学活动质量与水平。

第四章 高校篮球运动技术教学与训练实践研究

第一节 高校篮球运动技术概论

一、篮球运动技术的定义

篮球战术的基础是篮球运动技术，任何战术意图的创新与实施，均必须是单个技术或是多个技术的组合。故此，运动员要想使战术得以实现，就必须掌握一定质量与数量的技术。而处于不同位置的运动员，因与篮筐的距离有所不同，所采取防守或进攻的方式也会存在差异，故此，在比赛中处于不同位置的运动员，采用的技术也存在一定的差异性。

要想在比赛中更好地执行战术意图，取得更多的战术变化，就必须对先进的、全面的、熟练的、扎实的技术加以掌握。同样，技术的创新与发展有利于战术的创新与发展，而战术的发展与变化得益于技术的创新与发展。

对篮球运动员基本技术的掌握程度进行衡量的标准如下：一方面，需要对运动员技术动作的熟练程度加以衡量；另一方面，不仅需要达到自动化，同时需要对技术动作的实际效果、准确性进行衡量，还需要在困难、复杂的条件下，确保技术动作完成的稳定性，并在干扰条件下，对技术动作的幅度、节奏等有着较强的应变能力与控制能力。

但应当注意的是，虽然篮球运动技术是依据某一特定标准规格要求的某一个或者一系列动作，其每个动作的设计都是以复杂的动作结合为基础的不固定动作，是按照一定顺序组合进行的运动，是人体不同关节的运动动作；然而，因运动员个体存在一定的差异，因此，在运动员完成动作技术时，教师应当充分考虑运动员的差异性，以及技术动作的可变性。

从篮球运动的动作方法与实际应用两个角度出发，对篮球运动技术的基本含义加以理解。篮球运动技术，是我们为了描述在比赛过程中运动员为进攻和防守所采纳的一系列专门动作的集合称谓。这些特殊的动作构成了一个由众多动作组合形成的体系，它包括夺球、控制和移动动作。在具体的表述中，夺球动作包括但不限于抢篮板球、打断对手球权、触球和抢夺球权等方式；控制球权的动作则涵盖投篮、运球、传递和接住篮球等有球的行为；而移动动作指的是转身、急停、跳、跑等无球的动作方法。

篮球运动技术在本质上是一种优化的动作模式。一方面，它在比赛中具有明确的规范，需要与人体运动科学的原则相契合，同时能体现运动员的个性，以此来解决比赛中的具体任务；另一方面，又要适应攻守对抗的需要，严格遵守篮球竞赛规则，从而将动作方法上的合理性与专业性表现出来。

我们将运动员在比赛中的攻防对抗情况下，能够合理运用这些专门动作的能力称为篮球运动技术。它既是队员有意识的动作技巧和行为，也是动作模式的重复。因此，运动员在比赛中应当自主、坚决地通过运用技术动作来配合队友，与对手在比赛场上对抗，力争主动地获取更多的空间和时间。这同样体现了运动员的综合能力，包括创新能力、经验、技能、体能和智力等，这些能力使运动员能够灵活有效地运用专门动作的技术性和实效性。

篮球比赛的核心手段即篮球运动技术，运动员通过运用技术动作来进行比赛对抗。比赛中的运动动作，其过程可以被视作运动过程，这可以看作现象与本质的关系，贯穿在整个比赛过程中。通过运动技术的施展，使攻守之间的互制作用得到体现。因此，篮球运动技术是篮球运动员比赛行为的核心。

二、篮球运动技术的特征

（一）身体动作与控制支配球的结合

篮球运动技术与其他运动项目的技术相比具有其独有的特征，其中最显著的是运动员需通过手部动作对篮球进行有效控制和支配，全身与手部的协调合作形成各种专门的动作。通过手部的控制和配合，实现对篮球的争夺和运行控制，使身体动作与控制篮球的动作融为一体，从而充分展现篮球运动技术的魅力。

（二）动态和对抗的结合

可以说，篮球运动的一切技术均是在对抗与动态中操作的，因此，攻守对抗的动态过程就是篮球竞赛本身。篮球运动在争取时间与空间主动上的创造性与合理性，通过多变、实用、准确、快速等特点得以充分体现，其中，篮球运动技术的一大特征便是篮球运动在时空上的创造性与合理性的完美结合。

（三）相对稳定和随机应变的结合

所有运动技术，包括篮球技术，都存在一些相对稳定的动作环节。但这些环节并非永远不变，其需要随着比赛环境和对手策略的变化进行调整。这就需要开放性的技能，即在最短时间内做出反应和调整。针对攻守对抗等不同的场景，运动员需要进行灵活的动作组合，创新地完成比赛任务。

（四）规范性与个体差异的结合

任何运动技术都必须具有一定的规范性，符合一定的科学原理。篮球的运球效果会因某些动作环节的完成度而受到影响，故此，应当严格按照一定的规律进行操作。但是，运动员的动作风格与特点均因个体的差异性而形成。在实际的运动比赛与练习中，应当注重实效，而不可过于强调动作外形的模式。在竞技运动项目技术中有个共同点便是个体差异与规范性的完美结合，只不过该特征在篮球运动技术中表现更为明显。对于那些具有一定技术特长的运动员而言，他们的动作完成也并非都具有规范性。

三、篮球运动技术的分类

通常来说，防守技术与进攻技术是篮球技术的两大部分（见图4-1）。其中，防守技术包括抢篮板球、移动、抢打断球、防守对手等；而进攻技术包括抢篮板球、移动、持球突破、运球、投篮、传接球等。

近些年，篮球运动技术涌现出了一系列的分类方法，认为篮球技术是以步伐与基本手法为基础，以投篮为中心，由支配球、获得球及一对一技能为主组成的系列。

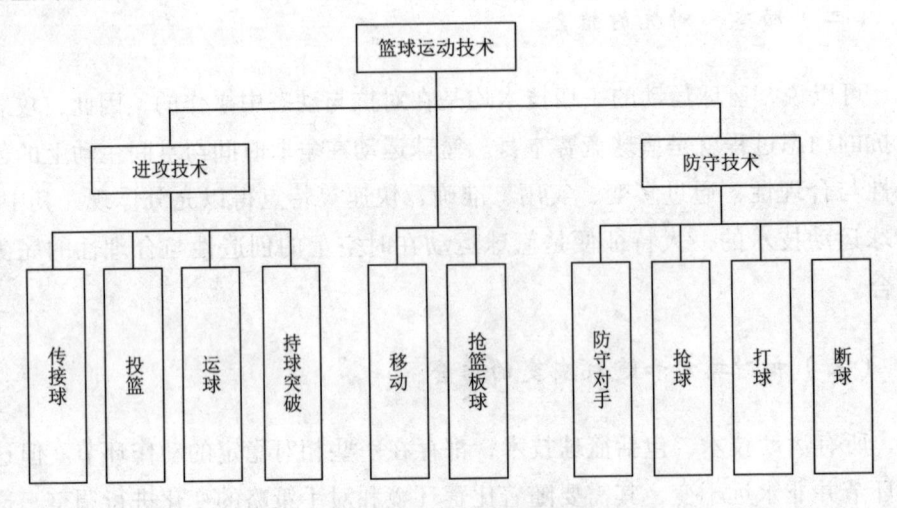

图4-1 篮球运动技术的分类

篮球运动技术中，因技术动作的姿态或方法完成的情况不同，部分技术动作能够通过不同形式完成。以投篮为例，因投篮出手部位不同，而采取单手高手投篮、单手低手投篮、单手肩上投篮等；因身体运动形态不同，可以采取急停跳投、行进间上篮、原地投篮等方法。以传球为例，能够采取诸如背后传球、双手击地传球、单手击地传球、双手传球、单手传球等方法。

第二节　移动、运球技术的教学与训练实践

一、移动技术教学与训练

（一）篮球移动技术教学的内容

1.进攻基本姿势

（1）无球队员的基本姿势

运用篮球技术时，运动员通常需要站立，两脚距离稍大于肩宽，前后或左右分开，两膝稍微弯曲，脚跟微离地面，身体重心放在两脚之间，上身轻微向前倾，保持头部高昂和胸部张开，目光注视全场，两臂弯曲自然地放在身体两侧。

（2）有球队员的基本姿势

在控球时，运动员需用双手将球托在胸前，两脚前后或左右开立，距离略大于肩宽，两膝微弯，脚跟微离地面，身体重心放在两脚之间，上身稍微向前倾，头部高昂，胸部张开，目光注视对手的动作，使得球在投篮、突破或传球时都能方便操作。

2.防守的基本姿势

（1）防无球队员的基本姿势

防守时，运动员需要保持两脚前后或左右开立，距离比肩稍宽，两膝微屈，脚跟微离地，使身体重心降低。上体稍向前倾，抬头含胸，两臂弯曲自然置于体侧。一手指向持球对手，另一只手指向自己防守的对手，两眼观察对手的行动意图，兼顾球和人，处于机动状态。

（2）有球队员的基本姿势

两腿分开，稍宽于肩，两腿稍屈降低重心，身体重量落在两腿及前脚掌上，脚跟提起，两眼注视对手行动与意图，前手抬起，掌心朝向球，干扰对手投篮或传球，另一只手臂自然弯曲置于体侧，掌心向前，防切防过。

3. 起动

起动是攻击队员用于改变静止状态和加快速度（从慢到快）的技巧。准时、突然且快速的起动是摆脱防守的有效策略。

动作方法：在起动前，先确保保持正确的基础站立姿势，然后迅速用与起动方向对应的异侧前脚掌内侧力量推地，以腰部的力量带动身体重心向前快速移动；起动后的前两三步应短小并灵活，配合快速摆臂逐步加快步速，保持身体的各个部位放松，并注意观察球、队友、对手和篮筐的位置关系。

要领：异侧前脚掌用力推地，身体重心向前移动；腰部带动身体快速前进，手臂强劲地摆动。

4. 跑

（1）放松跑

在从防守转换到进攻时，队员根据战术需求，运用中速、有节奏的放松跑动来选择进攻位置。

动作方法：在跑动过程中，两膝要自然弯曲，重心稍下降，用前脚掌或由脚跟过渡到脚掌着地，上体稍微向前倾，双臂自然摆动，目光注视前方同时注意观察场上情况。

要领：两膝弯曲，重心下降，两脚着地稳健，步幅匀称，速度适中，抬头观察场上动态。

（2）变速跑

变速跑是攻击队员在跑动中通过改变速度来摆脱防守，选择有利的位置进攻、接球、投篮等。

动作方法：加速跑时，用前脚掌短小且有力地向后推地，上体稍微向前倾，前两三步短小且快速，双臂加速摆动，注意抬头观察；减速时，用前脚掌有力地抵住地面，上体稍微直立，减慢重心前移，步幅可稍微增大，从而降低跑动速度。

要领：前脚掌向后推地，身体重心前移，加速时步幅小且频率快；前脚掌抵住地面，减少冲力，步幅稍大，上体直立以降低速度。

（3）变向跑

变向跑是攻击队员在跑动中突然改变方向并加快速度，从而摆脱防守的方法。

动作方法：在跑动过程中，如向左变向时，右脚前脚掌着地，脚尖微向左转，同时用前脚掌内侧用力推地，随后腰部向左扭转，左脚突然加速向左前方迈出一小步，同时上体向左侧转，前倾，右脚迅速向左腿的前侧跨出一大步，继续向左加速跑动。

要领：右脚内侧用力推地，左脚向左跨一小步，腰部配合转移重心，上体前倾加快速度。

（4）侧身跑

侧身跑是攻击队员在跑动过程中为了更全面地观察场上的情况和快速摆脱防守而采取的方法。特别在由防守转为攻击时，前锋队员常常采用侧身跑来摆脱和超越防守，从而获得更好的进攻机会。

动作方法：在向前跑动过程中，头和上体自然地向有球方向扭转，上体放松，脚尖朝向跑进方向，要求同时保持跑动的速度和随时接球的准备。

要领：侧身转肩，脚尖向前，跑动中注意球，随时准备接球。

（5）闪躲跑

闪躲跑是攻击队员在跑动过程中合理运用虚晃动作（即假动作）改变跑动的方向和加快跑动的速度，以摆脱防守并获得进攻机会的方法。

动作方法：与变向跑类似，但在变向跑前要做一个假动作，这个假动作需要看起来真实，且变换需要迅速。

5.急停

（1）跳步（一步）急停

动作方法：进攻队员在运动过程中，以单足或双足跳跃（不应离地过高），双足需同步接触地面；落地时，以双足前掌力压地面，双足的距离应与肩宽度一致，上半身稍稍后仰，通过弯曲膝盖使重心下移，保持两臂弯曲在身体两侧，视线平视，维持身体稳定。

要领：首步大，用全脚掌抵地，屈膝减缓向前的冲力；第二步用力抵地，脚内侧扣地，两膝微屈降低重心。

（2）跨步（两步）急停

动作方法：在快步奔跑的攻势队员首先迈出一步，整个足掌稳固地接触地面，膝盖微微弯曲；同时，上半身轻微后仰，以减少前进的动力；在第二步接触地面时，脚尖轻微向内扣（指向第一步的方向），并以前掌内侧着力抵抗地面，膝盖轻微弯曲，重心降低，保持重心位于两脚之间，保持双臂在身侧弯曲，视线平视，保持身体平稳。

要领：首步大，整脚掌接触地面，膝盖弯曲以减缓前进的动力；第二步时，内扣脚用力抵地，双膝轻微弯曲以降低重心。

6.跨步

（1）交叉步（异侧步）

交叉步，也称异侧步，是指以中枢脚的方向作为跨步方向的方法。例如，当左脚作为中枢脚，跨步进行时，双膝需要弯曲，通过前脚掌的力量，使左脚蹬实地面，而右脚则向左前方力量蹬地跨步。这个过程中，上身需要向左转动并倾前，同时保持头部抬高，目光向前方。

（2）顺步（同侧步）

顺步，也称同侧步，其核心在于跨步的方向是朝向移动脚的方向。如果将左脚设为中枢脚，那么在跨步的过程中，同样需要弯曲双膝，以左脚前脚掌的力量碾实地面，然后右脚向右前方用力碾地跨出。在此过程中，上身也要跟随前倾，同时保持头部抬高，目光平视前方。

7.转身

转身是一种改变身体方向的方法，它需要运动员以一只脚为中枢脚，另一只脚蹬地向前或向后跨步转身移动。

动作方法：急停后旋转向前，膝盖轻微弯曲，上半身稍向前倾，重心位于两脚之间，视线平视前方；旋转时以一脚作为中心脚，前掌作为轴心，另一脚（即移动脚）的前掌内侧用力踏地跨步，同时将重心转移到中心脚，用力滚动中心脚前掌，通过腰部的扭转驱动上半身，随着移动脚向前或向后转动，改变身体方向。

要领：在转身过程中，务必保持身体稳定，无任何起伏；转身期间，避免低头或弯曲胸部；在转身后，重心需要依然位于两脚之间；进行持球转身时，需合理利用身体保护球，并顺势进行下一动作的连接。

转身可依据其方向，划分为前转身和后转身两类。

（1）前转身

前转身指向身前方向跨步移动中枢脚，改变身体的运动方向。

要领：先用前脚掌碾地进行中枢脚提踵；再移动脚用力蹬跨，依靠扭转腰部生成的力量带动身体向前转体。

（2）后转身

后转身则是通过向中枢脚后方跨步的移动，达到改变身体方向的目的。

核心技巧：提起中枢脚的踵，前脚掌磨地，膝关节要内扣，并利用腰部的扭转配合带动身体向后转动。

8.跳

（1）双脚起跳

双脚跳跃主要用于跳球、跳起投篮、抢篮板球以及在防守时抢断远处的球。

动作要领：跳跃之前，两脚分开与肩同宽，下肢的所有关节都要弯曲，重心下移，上体稍稍前倾，双臂微微外展；在跳起时，双脚需要迅速用力蹬地，同时两臂也要迅速向上挥摆，并利用提腰的力量，让身体向上跳起，空中时要让身体自然伸展，并保持平衡；落地时，先用前脚掌着地，并屈膝以缓解下落的重力，注意保持身体平衡，并做好进行下一动作的准备。

要领：下肢弯曲蹲下，双脚用力蹬地，双臂挥摆并提腰，身体在空中要充分伸展。

（2）单脚起跳

单脚起跳是做接球、行进间投篮、冲抢篮球板球等动作时需要进行的动作。

动作方法：用很小的幅度进行最后一步的起跳动作，起跳脚微微弯曲向前伸，脚跟先落地制动，迅速屈膝向用全脚掌用力蹬地的动作过渡，同时提腰挥臂，弯曲另一条腿的膝部辅助起跳动作的进行；跳到空中，在身体达到最高点时，伸展腿部，双腿自然并拢，呈现在空中跳起来的姿势，保持全身协调；落地时，应在保持身体平衡的前提下用屈膝的方式缓冲力道，再为下个动作做好准备。

要领：起跳时脚用力蹬向地面，注意步子间的幅度要小；摆动腿，保持腹部、臀部、腰部与腿部、躯干协调配合，相互平衡，使身体协调有力地在空中自然伸展。

（二）篮球移动技术综合训练方法

1. "保持动"的训练

目的：通过专门练习提高运动员的反应速度。

方法：运动员用前脚掌进行高频率的原地跑。

要求：运动员应尽量使脚部贴近地面，教练员观察时可俯在地板上；运动员每次用脚拍向地面时，都应保持地板与前脚掌之间尽可能少的穿过光线；运动员每次进行"保持动"训练的时间都应持续15秒，运动的同时记录拍击地板的次数；全部运动员基本掌握这项训练方式后，可全体组成队列一同进行训练。

2. 跑轮胎训练

目的：通过练习使运动员的脚步动作更加灵活，从而提高运动员的反应判断能力。

方法：将6组废旧轮胎摆放在篮球场上，运动员根据要求从端线跑过去。

要求：将轮胎按照一定的图形结构摆放好，运动员按照摆放位置将脚放进去；达到熟练跑动后不断加快跑步速度；根据训练需要对轮胎的摆放顺序和图形做出调整；如果没有旧轮胎可以用在地上画圈的方式代替，但效果较差。

3. 各种基本步法

训练目的：帮助运动员掌握各种"跑"的基础技术动作。

方法：将高抬大腿跑、直线跑、跨步跑、小步跑、后踢腿跑组合起来练习，每种跑步方式练习的距离为20~70米。

要求：运动员应保持上半身正直，用正确的姿势动作跑步，跑步过程中要注意上下肢协调配合。

4. 加速跑训练

目的：帮助运动员掌握加速跑的动作技术；通过训练运动员中枢神经转换兴奋与抑制的速度使神经的反应更加灵活。

方法：练习加速跑，练习距离为30~50米。

要求：运动员在练习时应逐渐加快步频，稍稍向前倾斜上半身，全身各结构应与之协调配合。

5.变速跑、全速跑训练

目的：通过训练中枢神经系统，使其反应更加灵敏灵活。

方法：根据练习需要，向运动员安排 30 米、60 米、100 米的全速跑、变速跑、折返跑，要求跑步过程中，变速要突然，全身与之配合协调。

6.追逐跑训练

目的：提高运动员的步频速度和反应速度。

方法：2 名运动员组成 1 队，每队之中的 2 人站立在相距 4～5 米的 2 个位置，教练用视觉信号或听觉信号命令 2 人同时开始中速跑，保持距离不变。在第 2 次信号响起后，后者进行加速跑，追赶前者。

要求：在第 2 声信号响起后，后方运动员应加快步频，要先以步伐小速度快的方式跑两三步，将上半身向前倾斜，再追赶前者。

7.起动

目的：结合专项技术提高运动员的反应和起动速度。

方法：原地练习各种步法，也可以练习两三步向不同方向的滑步；教练员站立在球场中线位置，将球向正上方抛起，运动员快速起动，在球落地之前接住篮球，然后快速运球上篮。

要求：对身体重心要有较强的掌控力和调节能力。开始进行起步动作时，前几步应保持又小又快的步幅，迅速前倾上半身。

8.追球跑训练

目的：用新的训练对运动员进行刺激，使运动员更加积极主动地投入训练中。

方法：运动员与持球的教练员都站在端线外，教练员将球向地面贴近再向前方抛（抛球力度因人而异），运动员则需在球抛出去后立即起动追赶篮球，运球上篮。

要求：教练员应控制球在抛飞后的速度比运动员跑步的速度稍快；运动员必须在篮球滚出端线之前将之拿到手中再运球上篮。

9.起动—急停退—起动—急停退训练

目的：通过练习提高起动、起动后急停、急停后再起动的灵敏性与机动性。

方法：运动员站在端线球篮一侧，弯曲膝盖使重心降低，双脚前后分开，间距应比肩略宽；在听见教师或哨音的口令后，运动员应立即运动，先向前方跑3～4步的距离；自行跨步急停，在急停时，双脚应前后分开站立，将左脚伸到前方，用左手接触地面，然后立即向后退两步的距离，之后再向前伸出右脚，用右手接触地面，再次起身运动；整个过程要求运动员先向前跑3～4步远做急停的动作，然后退后，再继续重复前面的动作，要求半场做3次该动作，全场做6次该动作。

要求：保持重心低，在做急停动作时，运动员必须用手接触地面，然后立即退后重新开始运动，要保持动作连贯不卡顿、脱节。

10.侧向8字跑训练

目的：通过训练运动员的脚步，使其髋关节更具协调性与灵活性。

方法：运动员侧身朝向前进方向练习侧向8字跑训练，可以双人一组练习，也可以单人练习；运动员听到口令后，应立即开始练习；以右肩迎合前进方向为例，运动员需要先用左脚向右前方迈进，跨过右脚，右脚顺时向后撤一步，这时右脚会朝向原本前进的方向，然后用左脚向右后方跨步，越过右脚，右脚顺势后撤一步；先保持这种左脚不断在右脚前后跨步的动作前进，然后在用相反的动作返回；返回时，用右脚不断朝向左侧的方向，在左脚的前后方做跨步运动，进行8字跑训练。

运动员进行侧向8字跑的方式有小步高频和大步高抬大腿两种方式。

要求：脚在前后方进行的交叉步大小应一致；后交叉是本训练的难点动作，转动髋关节是做好这一动作的关键；练习大8字侧向跑时，主要练习的是运动员髋关节的灵活性与柔韧性。

11.折线滑三步变向训练

目的：对运动员低重心状态下进行滑步的能力进行训练。

方法：运动员需要正面朝向教师或者教练员，做深度屈膝的动作，要达到手指尖可以碰到地面的深度，然后张开双脚站立，双脚撑起的距离要比肩部宽，之后背对前进方向；练习开始，运动员应向右后方斜滑3步，同时用右手触碰地面，完成后马上转换运动方向，用左脚向后方撤1步，然后向左方快速滑动3步，同时用手触碰地面，再转向右脚后撤1步，向右方滑3步同时用手触碰地面，反复进行这一套动作；该动作在半场、全场都可以进行。

要求：大步时重心较低，进行滑动运动时，运动员应保持手始终能与地面接触，不能在运动3步后用手与地面接触降低重心；应以较快的速度进行变向撤步动作；这项练习有较大的强度，因此需要注意及时进行休息调整。

（三）篮球移动技术教学和训练的建议

篮球移动技术的教学，从某种意义上，严格遵循了运动的教学规律，能为学习其他运动技术奠定良好基础。教师进行篮球移动技术教学时，应按照一定的教学顺序进行，具体来说，其先后顺序应当为起动、跑、急停、转身、滑步等技术，在运动教学中，需要将篮球移动技术教学与其他移动动作结合在一起，进行综合性的训练。

通常来说，体力消耗较大，训练过于单一、枯燥，是篮球移动技术练习的主要特点。因此，在训练中，应不断加强学生的脚步训练，并且通过竞赛性或多样化的训练方法，使学生的训练积极性与兴趣得以提高。

在篮球移动技术教学与训练的过程中，应当注重脚步动作灵活性、快速性、突然性的提高，在各类移动训练中，将重心的转移与稳定作为主要训练内容。

在篮球移动技术教学与训练的过程中，为了使学习者能正确且熟练地掌握动作要领，应当建立正确的动力定型与概念。之后，使难度与速度不断增加。与此同时，应当注重视觉上的练习，通过多种训练方法与手段，使学生的反应能力与观察判断能力得以不断提高。

在进行篮球移动技术的教学与训练时，应当与专项身体素质的提高紧密结合起来，还需要与其他基础配合、攻防技术相结合加以练习。

二、运球技术教学与训练

（一）篮球运球技术动作训练

1. 高运球

高运球指篮球反弹的高度可以达到胸、腰部的运球。做高运球动作是为了在没有防守球员阻拦的时候，调整进攻时的位置与速度或加快带球前进速度，是篮球运动员常用的运球方法之一。

动作方法：运动员在运球时，应保持身体重心在较高位置，抬头保持视线向前，稍微向前方倾斜上半身，将肘关节作为中心轴，用较大的力量用手拍按篮球（原地高运球是在球的正上方拍按的运球方式；进行间高运球是在球的后侧上方拍按球的方式），就会使篮球有较高的反弹高度、较远的反弹距离和较快的反弹速度；进行高运球有利于运动员时刻观察球场上的各种情况。

要领：双腿稍稍弯曲，上半身微微向前倾斜，用手在球的正确位置进行拍按动作，协调配合手、脚与身体的动作。

2. 低运球

低运球指篮球反弹的高度最高只能达到膝关节的运球。在运动员接近防守队员或遇到对手紧逼的情况时，就可以用这种运球方式摆脱防守和保护篮球不被抢走。

动作方法：在运球过程中遇到防守队员时，运动员可以迅速深屈双腿，将重心降低，加大上半身向前倾斜的角度，用身体和更加接近防守队员一侧的腿一同保护篮球；与此同时，运动员可以用手对篮球进行短促拍按，保持运球的反弹高度在膝关节以下，就可以摆脱防守和控制球安全前进。

要领：快速将重心降低，向前倾斜上半身，用手有力、短促地对球进行按拍，控制高度，保持身体、手、脚协调配合。

3. 运球急停急起

运球急停急起是一种依靠突然变速摆脱防守的方法，这种运球方式在对手防守较紧的时候经常使用。在做运球急停急起动作时，运动员会在快速运球的动作中突然停止前进，防守队员也随之被迫减速停下，防守队员在这一过程中重心是不稳的，这时运动员再加速起动运球，就可以顺利摆脱防守。

动作方法：在快速运球时，运动员突然急停，并最后一次在球的前上方用手拍按，同时降低重心，双脚跨步急停，在保持身体平衡的情况下，用手臂、腿部与身体保护篮球不被抢夺；运球急起时，运动员需要用后脚用力蹬向地面，迅速向前倾斜上半身并在球的后侧上方位置上，用合适的力量拍按，再快速起动向前方运球，摆脱防守，就可以获得有利的进攻机会。

要领：急停时控制重心降低，在球的前上方用手拍按；用力蹬地面进行急起，这样就能做出又快又猛的起动，再用手拍按球的后侧上方；运动时运动员应协调配合身体、视觉与手和脚。

4.体前变向换手运球

当运动员运球前进的路线被对手堵截时,运动员可以通过提前变向换手运球的方式突然改变运球方向,以摆脱和突破防守。提前变向换手运球的运球方式常用在对手堵截运球前进路线时。

动作方法:当运球队员想要从对手右侧进行突破时,可先将球运向对手左侧,引导对手向左侧移动,然后立即改变运球方向;变向时,运球队员应使用右手对球的右上方做出拍按动作,将篮球拍向其左前方;同时,运球队员还应向右前方跨出左脚,向左扭转上半身,用侧肩将防守队员挡在后方,然后用左手对球的正后方快速做出拍按动作,保持低运球,再迅速跨出右腿,突破对手的右侧。

要领:变向时抬头目视对手,手拍按球的左侧方,严格控制球的落点,使手、脚、肩、身体协调配合。

(二)篮球运球技术教学和训练的建议

在学习和训练各种运球动作时,教师及教练应注意遵循从简单到复杂、从简易到困难的渐进教学原则,并遵从先进行高、低运球,再进行运球急停急起;先进行体前变向换手运球,再进行运球转身的教学顺序进行篮球运球技术教学活动。

手脚的协调配合与手对球的控制能力是运球的关键。运动员应每天练习手部的运球控制能力,应做到对球的特性非常熟悉,既要提高对球的控制和支配能力,又要提高脚步动作的灵活性与速度。

教练员应严格监督运动员参与运球基本功训练,帮助运动员正确、熟练掌握各种运球技术动作,同时加强对运动员弱手运球能力的训练。每当运动员完成某项技术动作后,教练员都应及时做出点评和打分,对运动员的优点不吝奖励,对其失误耐心指导,帮其分析出错的原因,并采取有效的训练手段和辅助练习帮其纠正。

在学生刚接触和学习运球时,教师或教练员应引导学生养成保持抬头的姿势并时刻关注和快速分析赛场上情况的习惯。在学生初步掌握基础的运球动作后,教师或教练员应指导学生学习如何用身体保护运球行为和达到运球目的。

教师应将运球与投篮、传球和突破等技术训练结合起来教学，同时引导学生养成良好的战术意识，使学生能在赛场紧张时刻掌握良好的运球时机，做出漂亮的运球动作和达到理想的运球结果。

教师可以先后营造消极防守和积极防守两种不同情境，引导学生在这两种情境下分别进行运球练习，直到进行高强度、高速度的对抗练习。教师应培养学生在运球时勇于接近、突破和超越对手的心理素质与生理能力，避免发生对手出场就抢堵造成停球或学生消极躲避对手的情况，导致学生产生畏惧心理。

第三节 传接球、投篮技术的教学与训练实践

一、传接球技术教学与训练

（一）传球技术教学与训练

1. 双手胸前传球

（1）动作技术分析

双手胸前传球是一种非常常用的基本传球方法。这种传球方式具有力量大、速度快的优点，不受传球距离与传球方向限制，且便于与投篮、突破等动作相结合。

动作方法：自然张开两手的手指，两个拇指相互接触，双手摆放呈"八"字型，用指关节以上部位紧扣球的两侧后部，手掌留空；保持手腕、肩部、臂部的肌肉放松，将两个手肘放在体侧，使其自然弯曲，将球摆放到腹部与胸部之间的位置上；之后保持基本的站立姿势，注视传球目标；在传球时，用力向后蹬地面，向前移动身体的中心，同时用前臂向前快速推进，并从下向上旋转、从内向外翻转摇动手腕，拇指用力下压，食指与中指用力弹球；球离手后，运动员应保持手掌与拇指向下，两手其余四个手指向前的姿势；为了实现远距离传球，运动员应做到手臂大幅度伸展与脚用力蹬地，同时保

证全身的力量与腹部、腰部协调配合。

动作要领：应同步进行手臂伸展和后脚蹬地两个动作，手腕的翻转和抖动应结合手指的弹球动作，保证整个动作的协调性，双手的力量应均匀分布，全身的动作要流畅连贯，保持身体的稳定性。

双手胸前传球可在行进间和跳起在空中进行。

（2）双手胸前传球的训练

①原地模仿训练

目的：在原地徒手练习和感受双手胸前传球的出球手法。

方法：将学生分成2组，各自排开成2列横队，每个学生之间相隔2米。教师通过口令引导学生徒手练习双手胸前传球。

要求：身体保持直立，腿部保持不动，将上肢出球手法作为重点感受对象。

②持球原地进行翻腕训练

目的：原地进行双手胸前传球动作，并仔细感受翻腕动作。

方法：将每2个学生组成1组，其中一个学生举篮球练习翻腕动作，另一个学生扶着球帮其练习和感受。

要求：身体保持直立，腿部保持不动，将持球翻腕动作作为重点感受对象。

③对墙原地进行传球训练

目的：原地做双手胸前传球动作，感受传球手法。

方法：向每个学生分发1个球，使学生面向墙，与墙壁之间保持1.5～2.5米的距离，原地练习双手胸前传球动作。

要求：向前微倾身体，将伸臂翻腕拨指的动作作为对象重点感受。

④原地进行自抛自接球训练

目的：原地进行持球动作并体会。

方法：向每个学生分发1个篮球，要求学生用双手向前平举篮球，向上抛球，高度控制在1.5米左右，然后接球，在此过程中检查持球时的手型是否正确。

要求：张开双脚，保持双脚平行，身体直立，伸直手臂接球。接球时检查持球手势、方法是否正确。

⑤原地进行传、接球训练

目的：原地练习完整的双手胸前传球动作并仔细感受动作细节。

方法：将每2个学生组成1组，每组的2个学生相互面对，相隔3～4米，原地做双手胸前传球练习。

要求：学生要保持上下肢体的动作相互协调，用正确、准确的手法传球。

⑥原地进行三角、四角传球训练

目的：原地练习完整的双手胸前传球动作并仔细感受动作细节。

方法：每3～5个学生组成1组，按照正方形或等边三角形的形状排列站立，学生之间相距4～6米，拟定一个学生为起点，按顺或逆时针顺序依次传球。

要求：要达到能连贯完成传接球运动的程度，保持上下肢动作协调配合。

⑦迎面跑动进行传、接球训练

目的：进行双手胸前传、接球的基础技术动作并仔细感受动作细节，帮助学生养成传球后立即、快速起动的运动习惯。

方法：6～8人1组，分成2纵队站立，两队之间距离4～6米，相互传球后跑至对方排尾。

要求：传球手法准确，动作协调，传球后要迅速起动。

⑧全场二人跑动传、接球训练

目的：体会在行进间双手胸前传球的完整动作技术。

方法：2人1组，相距3～5米，进行全场传球接球练习。

要求：采用侧身跑进行传、接球，传球手法准确，全身动作协调配合。

2.双手头上传球

（1）动作技术分析

双手头上传球出手点高，便于与头上投篮相结合，但与突破、运球等技术相结合使用时，却增加了动作的幅度，所以它适于高大队员使用。其多用于中、远距离传高空球，抢篮板球后发动快攻第一传和内外线队员转移球等。

动作方法：持球手法与双手胸前传球相似；双手将球举至头顶，两肘部朝向前方；当进行近距离传球时，前臂向前摆动，手腕前倾并向外旋转，同时使用拇指、食指和中指向前弹动球；若传球距离较远，则需要后脚对地面施力，利用腰部和腹部的力量带动上臂发力，前臂向前甩出，手腕和手指用力前扣,从而将球传出;在进行跳起双手头上传球时,将双手举起,球摆动到头后,当跳跃到最高点时,腰部和腹部发力,双臂向前摆动,利用手腕和手指的力量将球向外传出。

动作要领:持球弯曲手肘,将球举到头上方,腰腹部用力,脚用力蹬地,同时摆动前臂弯曲手腕,用食指、拇指、中指向球施加力量。

(2)训练双手头上传球技术

①原地进行模仿训练

目的:通过在原地徒手练习双手头上传球动作,仔细体会这一出球手法的技术要领。

方法:将学生分组成2列横队,每个学生间隔2米;教师发出口令,学生根据口令徒手进行双手头上传球的动作练习。

要求:保持下肢不动,对上肢的出球手法重点感受,建立相应的动作概念。

②原地对墙进行传球训练

目的:在原地面对墙面,练习双手头上传球的动作,仔细感受这一出球动作的技术要领。

方法:每个学生分发1个篮球,要求学生面向墙面,与墙面之间保持2～3米的距离,在原地练习双手头上传球的动作。

要求:在练习过程中要保持腰部、腿部不动,对原地挥臂、扣腕、拨指动作进行仔细感受。

③原地进行传、接球训练

目的:练习并仔细感受完整的双手头上传球技术动作。

方法:将每2个学生组成1组,分发1个篮球,要求每组的2个学生之间相距4～5米,以面对面的方式站立,在原地练习双手头上传球的动作。

要求:使学生能在练习该动作时协调配合上下肢体,用准确的手法完成传球动作。

④原地进行扇形传球训练

目的:学生练习双手头上传球动作,仔细感受和逐渐强化传球手法与全身动作的协调配合。

方法:将每4个学生划分成1组,要求每组中1个学生持球,另外3个学生围成扇形站立在其周围，相互之间练习传、接球，练习达到一定次数后，依次交换位置练习。

要求：传球动作要保证做得连贯，上下肢应协调配合完成整个动作。

⑤原地进行五角传球训练

目的：练习完整的双手头上传球动作并仔细体会技术要领。

方法：将每5个学生分成1个小组，要求每组学生按照五角布局站立，距离相隔4～6米，拟定某个学生为起点，沿顺或逆时针的方向隔人依次传球。

要求：学生接、传球动作的衔接要达到熟练、连贯的程度，练习期间，学生要用视线的余光对传接球者的行动情况进行观察。

⑥传、接球投篮训练

目的：将双手头上传球与投篮动作结合起来练习，体会这一出球手法结合投篮动作后的技术要领。

方法：将学生分成A、B两组，每组7～8名学生，要求每组学生站在边线与中线的交接处，向其中1组学生每人派发一个篮球，要求A组排头位置的学生用双手头上传球的动作出球，将球传给B组排头后切入篮下，B组排头接下篮球，也做双手头上传球的动作将篮球传回，然后A组排头接球投篮，2个人交替进行。

要求：传、接球的动作要正确、到位，学生在练习时要保证手脚协调配合，达到熟练衔接接球与投篮动作的程度。

3.单手肩上传球、胸前传球、体侧传球

（1）动作技术分析

第一，单手肩上传球：是最基本的传球方法，而且是经常运用的一种远距离传球方法；它的速度快、距离远、准确性高，运动员在长传快攻时运用较多。

动作方法：持球手法与双手胸前传球保持一致；以右手传球为例，双脚平行站立，左脚向传球方向前出半步；接着，双手引导球至右肩的上侧位置，使左肩面向传球方向。右手的上臂与地面大致平行，前臂几乎垂直于地面，手腕向后弯，右手承托球的后下部（单手持球），体重落在右脚上；在传球动作中，右脚对地施力同时身体转动，带动上臂，以肘部为先，前臂迅速向前摆动，手腕快速前倾，最后通过食指、中指和无名指的弹拨和下压动作将球传出。

第二，单手胸前传球：在防守队员距离传球队员很近的时候常用这一技术动作；传球队员在传球时将动作突然改成单手胸前传球，可从防守队员的耳旁或头顶位置传出篮球。

第三，单手体侧传球：这是一种近距离的隐蔽传球，多用于向内线队员传球，传球时与向传球的反方向跨步假动作结合运用效果最好。

动作要领：双手胸前持球，右手持球时，左脚向左跨1步（左手持球时右脚向右跨1步），右手引球至身体右侧，出球瞬间，持球手的拇指向上，手心向前，手腕后屈，出球时小臂稍向前摆，急促用力向前扣腕，手指用力拨球，将球传出；跨步与出球的配合要协调、迅速，腕、指急促用力抖动，小臂摆动幅度要小。

动作要领：将球转移到右肩上，手腕后屈持球的后下方，蹬地、转肩、甩臂，扣腕动作协调有力量。

（2）单手肩上传球、胸前传球、体侧传球的训练

①原地模仿训练

目的：练习单手肩上传球、胸前传球和体侧传球这三种出球手法，并仔细感受动作细节。

方法：将学生划分成2列横队，前后左右间隔2米，根据教师的口令徒手做出相应的练习动作。

要求：徒手由慢到快练习传球动作，对出球手法重点感受。

②原地进行传、接球训练

目的：练习单手肩上传球、胸前传球与体侧传球的技术动作，保持身体动作协调，正确完成出球动作。

方法：将每2个学生分成1组，学生面对面站立，保持3～5米的间距，再进行单手肩上传球、胸前传球、体侧传球的练习。

要求：要在保证手脚协调配合的情况下，准确、连贯地做好传、接球动作。

③进行四角传球训练

目的：练习完整的单手肩上传球动作、胸前传球动作与体侧传球动作。

方法：将学生平均分成4组，按照四角的布局站列，要求学生之间按照顺或逆时针的顺序相互练习传、接球，学生在传球后可以跑到接球队排队。

要求：在不走步的前提下，准确、连贯地做好传、接球动作。

④全场进行传、接球训练

目的：在行进间进行完整的单手肩上传球和单手胸前传球，并仔细体会技术要领。

方法：将每2个学生分成1组，用单手胸前传球或单手肩上传球的出球方式进行全场传、接球练习。

要求：学生要侧身完成传、接球技术动作，手脚要协调配合，在不走步的前提下，连贯、准确地完成传、接球动作。

⑤全场进行传、接球投篮训练

目的：将单手肩上传球、体侧传球与胸前传球动作与投篮动作相互结合起来，在行进间练习，在练习过程中体会动作要领。

方法：将每3个学生划分成1组，后半场练习传、接球，进入前场，两侧队员切入篮下接球投篮。

要求：要在不走步的前提下，做到用准确的手法与连贯的动作练习传、接球，注意全身各部分相互协调。

⑥进行传、接球加防守综合训练

目的：感受在防守队员不断防守的情况下，运用单手体侧传球、单手胸前传球、单手肩上传球的技术动作进行出球的动作要领。

方法：将每5个学生分成1组，要求每组中分配3名学生传球，2名学生防守，一同练习传、接球的出球技术，练习一定时间后交换身份继续练习。

要求：传球者在出球过程中，应用视线的余光时刻关注防守者的动作情况，做出准确预判，实现及时、准确、到位的传球。

4.双手反弹传球

（1）动作技术分析

这种传球方式是通过球击地后反弹作用进行的，也是最基本、最常用的一种传球方式。这种传球运用得当，便于越过防守者，多用于中、近距离快速传球。

动作要领：双手反弹传球的手法与双手胸前传球基本相似，不同的是手臂向前下方伸直；反弹传球的击地点，一般在接球人与传球人之间距离的三分之一处，如果防守人离传球人稍远或防守人后退协防内线队员，则可以在防守人脚侧击地传球。

（2）双手反弹传球训练

①原地进行徒手训练

目的：练习双手反弹传球动作并仔细感受这一出球手法的技术要领。

方法：将学生划分成2列横队，要求每个学生间隔2米，教师下口令，学生跟随口令进行徒手练习。

要求：在双脚不动的情况下，对双手反弹传球的手法进行重点感受，塑造正确的出球动作概念。

②原地进行对墙传球训练

目的：练习双手反弹传球动作中的翻腕拨指动作并仔细感受动作细节。

方法：向每个学生分发1个篮球，要求学生站在距墙面2～3米的位置，面对面练习传、接球。

要求：从慢到快逐步提高传球速度，保证动作协调准确。

③原地传球训练

目的：在练习双手反弹传球动作时，协调配合上下肢体，仔细体会和把控落点。

方法：每2个学生组成1组，每组中的2个学生站在相距3～5米的地方，练习双手反弹传球。

要求：要连贯、协调地做好传、接球动作，准确控制传球落点。

④传、接球跑动训练

目的：体会双手反弹传球的完整技术动作。

方法：6～8人1组，一组拿球，另一组不拿球，2组相对进行双手反弹传球练习，传球后跑至对方排队。

要求：传球的力量要柔和，接传球时不得走步，传球后起动迅速。

⑤二人传球一人防守训练

目的：体会在有防守的情况下，运用双手反弹传球的动作技术。

方法：3人一组，2人进行双手反弹传球，1人进行防守练习，练习一定时间后，进行交换。

要求：防守者积极挥臂封堵传球，传球者要用假动作迷惑对方，迅速传球。

5.单手反弹传球

（1）动作技术分析

这是近距离最常用和效果较好的一种隐蔽传球方式，是小个子队员对高大队员防守时的有效传球方式之一。多用于向内线队员、空切篮下的队员传球，内线策应队员也常用这种传球方法。

动作要领：单手向前反弹传球的手法与单手胸前传球方法基本相同，只是将球向地面击地传出。

单手体侧反弹传球的手法与单手体侧传球基本相同。

单手向后反弹传球时，手腕和食指、中指、无名指、小指向传球方向（击地点）的下压动作要更为有力。

单手反弹传球的击地点与双手反弹传球相同。

弧线侧旋反弹传球的手法是：手腕加大内旋和内翻力量，拇、食、中指用力要大，以加大球的侧旋力量。球的击地点在接球人的体侧，球反弹后，侧旋飞向接球人。

运用反弹传球时，最好向传球方向异侧跨步，诱使防守人移动，以便从容传球。

（2）单手反弹传球的训练

①原地模仿训练

目的：体会单手反弹传球出球手法。

方法：成2列横队，前后左右间隔2米，随教师口令做徒手练习。

要求：徒手传球动作由慢到快，重点体会出球手法。

②原地对墙传球训练

目的：体会单手反弹传球全身动作协调配合及球的落点。

方法：每人1球，面对墙壁1.5～2.5米进行单手反弹传球练习。

要求：传、接球动作连贯协调，传球要准确，注意传球落点。

③原地传、接球训练

目的：体会单手反弹传球的完整技术动作。

方法：2人1组，相距3～5米，进行原地单手反弹传球练习。

要求：手脚配合要协调，传球要准确。

④传、接球投篮训练

目的：将单手反弹传球与投篮动作结合起来练习，并仔细感受这一出球手法和投篮动作结合的动作要领。

方法：将学生划分成2路纵队，一队学生持球站在边线和中线交接处，另一队不持球，站在罚球线延长线的边线上；持球学生运用单手反弹传球的出球手法，迅速切到篮下，接下同伴用同样方式传过来的球，然后投篮，抢到篮板球后，2个学生交换位置。

要求：传球要做到准确、到位、及时，接球与投篮两个动作要有连贯的衔接。

⑤两人传球，一人防守训练

目的：体会在有防守的情况下，运用单手反弹传球动作技术，提高运用能力。

方法：3人1球，2人做单手反弹传球，1人进行防守练习，练习一定时间后进行交换。

要求：传球者要捕捉战机及时传球，传球要准确到位，防守者要积极封堵。

（二）接球技术教学与训练

1. 双手接胸部高度的球

动作方法：接球时，双臂要自然伸出以迎接球，肘关节应微屈，手指要自然分开，而两手的拇指应相对形成八字形状，掌心应微微向前，这样可以使两手形成一个半圆形；接触到球之后，双臂应随球后引，以此来减缓球的速度和冲力，同时双手要牢牢握住球，将球置于胸前。

动作要领：通过目视来判断球的位置，双手臂伸出迎接球，双拇指相对形成一个八字形的半圆；接触到球之后，手臂顺着球的动向后引，然后握住球并将其放置于胸部和腹部之间。

2. 双手接头部高度的球

动作方法、要领与双手接胸部高度的球相同。只是两手臂是向前上方伸出迎球，手指向上。

3. 双手接低于腰部的球

动作方法：接球时，应让双腿深屈，向前跨出1步，上体前倾，同时重心要落在前脚；双手要向前方伸出迎球，五指自然分开，两个小指应形成八字形状，同时掌心要朝向来球的方向；当手接触到球后，双臂顺势屈肘收回，并接住球，将球置于胸部和腹部之间，同时要保持基本的站立姿势。

动作要领：要降低身体重心，向前跨出1步，双手的小指要相对形成1个八字形的半圆，当接触到球后，要顺势将手臂收回，并握住球，将球放在胸前，并保持基本的站立姿势。

4. 双手接反弹球

动作方法：接球时，需要向前迈步迎球，上体前倾，但同时要保持头部抬起，目视来球；在接球过程中，双臂要向前下方伸出迎球，手指自然张开，指向下方；当球弹起时，双手要从侧面接住球，并顺势将球引向胸腹部，保持基本的站立姿势。

动作要领：向前跨步迎球，上体前倾，双臂向前下方伸出迎球，手指张开。在接触球时，要顺势握住球，并将其引至胸腹部。

5. 双手接地滚球

动作方法：接球时，要向球的方向跨出1步，身体下蹲，双手的手指朝下伸出迎球，掌心朝前。触球后，要顺势握住球，置球于胸腹之间，保持身体平衡；注意两脚不要开立，以免漏球。

动作要领：跨步，下蹲，两臂伸出迎接球，掌心向前指朝下，触球顺势握住球。

(三) 篮球传、接球技术综合训练方法

1. 全场侧身弧线跑传、接球训练
目的：体会在行进间单手或双手传、接球的完整动作技术。
方法：3人做固定位置传、接球，其余人每人1球做侧身及弧线跑传、接球练习。
要求：传、接球要快速，动作要连贯、准确，上下肢要配合协调。

2. 三人直线跑动传、接球训练
目的：体会在跑动中传、接球的出球手法，提高学生的运用能力。

方法：3人1组，中间人拿球向两边同伴传球，然后接回传球，依次进行。

要求：保持三角队形，做到快速传球，传球时两边的学生动作要快，传球后要加速跑，中间可以适当减速。传球要准确、到位，用球带动人进行动作。始终坚持斜线传球，传球期间学生应保持用眼睛的余光关注整个场地的运动情况。

3. 全场二攻一传、接球训练

目的：体会在有防守的情况下，如何进行传、接球，提高学生传、接球运用能力。

方法：2人1组，在全场进行传、接球，1人进行防守，然后交换。

要求：传球要隐蔽快速及时到位，防守积极封断。

4. 全场五对五传、接球投篮训练

目的：在对抗的情况下练习传、接球动作，增强学生在动态对抗中运用传、接球技术的能力，并仔细感受技术要领。

方法：全场采取5对5的人员分配方式进行传、接球投篮活动，进攻队员应灵活选择运用各种传、接球技术，投篮后快速抢下篮板球继续练习，如果抢到了篮板球或投中，则攻防双方互换身份继续练习。

要求：进攻队员要做到相互之间熟练配合，传球要及时、到位、准确，在传球时应跑开位置将层次拉开，防守队员可以采取先消极后积极的防守方式，进攻队员完成3次传球后即可投篮，但不允许运球。

（四）篮球传、接球技术教学和训练建议

在篮球传、接球技术教学中，首先应使学生正确认识传、接球技术的重要性。同时注意启发教育学生树立对传、接球的责任感和集体主义观念，培养学生主动配合的意识和习惯。

篮球教学的传接球技巧应从原地练球出发，先确立正确的动作标准。等学生掌握了这些基础后，开始移动传接球的教学，接着是和其他技能的联合练习，最终在有防守的情况下练习，提升学生在实战应用中的技巧。

在这个过程中，我们首先引入平直球的传送方式，其次是折线球，最后才是高吊球。要采用这3种不同的传球路线进行交替练习，以促进正确的传接球技巧的形成。

在传接球教学中，我们要注重技术的训练，传球应迅速、准确、隐秘、及时，接球则应主动、积极、认真。应强调正确的接球技巧，形成一种接球后就开始传球或者进攻的习惯。

应特别强调对学生手腕和手指的灵活性和力量的训练，提升他们控制球的能力。弱手传接球的技巧训练是重点，目标是提升弱手传接球技术，以适应篮球比赛的需求。

对学生的技术动作进行实时评估也是重要的一环，我们要赞扬他们的优点，指出错误及其原因，并及时采取纠正错误动作的辅助练习和方法。

在篮球传、接球技术教学过程中，要特别注意与其他技术相结合的练习，方法手段形式要多样。同时采用竞赛性、游戏性的练习，以提高学生传、接球技术的运用能力。

二、投篮技术教学与训练

（一）投篮技术的作用

在篮球比赛中，投篮是一种得分手段，通过统计参赛双方在整场比赛中的累计得分，得分多的为获胜方，得分少的为失败一方，而得分则取决于各队运动员投中篮的次数。因此，篮球技术的好坏、投中的概率都会直接影响比赛结果。篮球运动员在平时学习和训练的一切战术、技术运用都是为了在比赛中获得更多的球权，创造更多、更好的投篮机会，所以说，在篮球技术中，投篮技术是最重要的技术之一。

（二）投篮技术动作及练习方法

1. 投篮技术动作

（1）原地投篮

原地投篮是最基本的投篮手法，也是行进和跳跃投篮的基础。由于稳定性高，易于协调身体力量，因此它是一个相对容易掌握的投篮技术，常用于中远距离投篮和罚球。

①双手胸前投篮

虽然这种投篮方式的出手点较低，易受到防守干扰，但由于其出手力量大、稳定性好，并且便于与传球、运球、突破等技术结合，因此在比赛中，女运动员往往使用它进行远距离投篮。

动作方法：开始时，双手持球在胸前，两肘关节自然下垂，两脚前后或左右分开站立，两膝微屈，重心在两脚之间，眼睛注视篮筐；投篮时，下肢用力蹬地，腰腹伸展，双臂向前上方伸直，前臂内旋，双手腕同时向内翻转（旋内动作），拇指下压，食指和中指用力拨球，通过指尖将球投出；球出手时，身体随着投篮的方向自然伸展，两脚跟微微提起。

②单手肩上（头上）投篮

单手肩上（头上）投篮是一种广泛运用于篮球比赛中的投篮方法，为运动员在行进间完成跳起单手肩上（头上）投篮与单头肩上（头上）投篮动作奠定了基础。单手肩上（头上）投篮动作有较高的出手点，容易与其他技术动作结合使用，在不同的距离与位置上具有不同的功能特点。

动作方法：例如在进行右手投篮时，运动员应使用右手持球，将球举到头上或右肩上，用左手扶着篮球的左侧，保持上臂略高于肩关节或二者保持水平，弯曲前臂，使其垂直于上臂，两脚分开左右站立或前后站立，微微弯曲双膝，将重心落在双脚之间，注视瞄篮点；在进行投篮动作时，运动员应用下肢用力蹬地，同时伸展腰腹，向前上方伸直右臂，再向前弯曲手腕，用中指、食指拨动篮球，将力量传递到指端，向目标位置投出篮球；球出手时，运动员可随投篮方向伸展身体，稍微抬起双脚。

（2）行进间投篮训练

行进间投篮是比赛中广泛应用的一种投篮方法，主要运用在切入篮下或快攻时，可以近距离运用，也可以中距离运用。

有很多方法可以实现行进间投篮，这些方法有基本相同的动作结构，都包括跨步接球起跳、腾空举球出手、落地这3部分。这些动作在脚步动作上也有很多共同特点：一是跨第一步时同时接住篮球；二是在跨第二步时同时跳起，腾空时出手投篮；三是将篮球投出手掌覆盖范围后，两脚同时落地，用弯曲膝盖的方式减缓冲击力。在实际运用时，应根据投篮的距离、角度以及防守队员所处位置来决定投篮的方法。在投篮时要控制好身体平衡。跨步的步幅、快慢及方向也应根据场上情况的不同而有所变化。

①行进间单手低手投篮

该投篮方式因其迅速和伸展距离远的特点，在超过对手或快速跑动后的篮下被广泛采用。以右手投篮为例，动作包括：接球并跨出一大步，随后左脚跨出一小步并强力起跳，同时提起右腿的屈膝，双手向前上方托起球。在身体接近最高点时，左手离开球，右手托球的掌心向上，并伸直向篮筐的上方，然后弯曲腕部，通过食指和中指将球推出。

②行进间单手肩上投篮

又称行进间单手高手投篮。这种投篮可在篮下和中距离运用。

在右手投篮的动作中，右脚大步跨出同时接球，左脚紧随其后小步跨出并用力跳跃，此时，右腿屈膝上提，双手举起球至右肩的上方。当身体接近最高点时，右手向前上方伸直，手腕向前弯曲，通过食指和中指将球推出。

③反手投篮

这种投篮多在沿底线突破到篮下，人处于篮圈下面时使用。

动作方法：以从球篮的右侧沿端线超越篮下右手投篮为例，右脚跨出一大步的同时接球，左脚跨一小步并制动蹬地向上一起跳，身体向后仰，抬头看球篮，两手向上举球，当身体接近最高点时，左手离球，右手托球向球篮方向伸直，前臂外旋，屈腕，食、中、无名指和小指用力拨球，通过指端将球投出，碰板入篮。

④勾手投篮

这是一种在背向篮筐或接球后斜向篮下时常用的投篮方法。尤其是中锋队员在篮下频繁使用，因其具有能使对手保持距离和出手点高的优势。

动作方法：以右手投篮为例，右脚大步跨出同时接球，然后左脚向篮筐方向小步跨出，并以左脚为轴心向篮筐方向转身，侧面对篮圈，左脚蹬地起跳，同时右腿屈膝上提，双手从胸前将球做弧形摆动举到右上方，此时，左手自然离开球；当球举到头侧上方接近最高点时，注视篮筐，弯曲腕部，通过食指和中指将球推出。

⑤快速高抛投篮

这种投篮方法适用于小个子队员接近篮下时，用于躲避高大队员的封盖，以右手高抛投篮为例，当运动员突破至篮下，即将遭遇高大队员的封盖时，右手迅速单手向前上方伸展，用手指将球以高弧度抛出。

（3）跳起投篮

跳起单手投篮是现在最常见的得分方式。它适应各种距离和角度的投篮，包括高跳投篮、快跳快出手、转身避开对手、后仰、换手、躲闪等多样化的方式，具有极高的实用性。在使用时，需要巧妙地结合移动和假动作，把握好投篮的时机，保证动作的快速连贯和身体的稳定性，使出手时的腕指用力准确而柔和。根据距离的不同，要点也会有所变化。如在篮下投篮时应尽量跳至最高点，使球轻触篮板；近距离投篮时要减少投篮准备时间；中、远距离投篮则要确保接球与起跳的紧密衔接，双肩正对篮筐，注意两脚的间距和膝盖的弯曲，掌握起跳的良好时机。跳投可以在接球行进或运球急停时完成。

急停跳投是一种通过连续的急停和快速起跳，在行进中利用时间差来摆脱防守者投篮的方式。这种方式很好地利用了篮球运动的攻防规律，可以充分体现运动员的速度和灵活性。急停跳投主要分为两种基本形式：接球急停跳投和运球急停跳投。

第一，接球急停跳投的动作包括：在快速移动中接球并急停，使用大跨步或跳步，急停时需要弯曲膝盖降低重心，并突然向上跳起，同时举球投篮。举球投篮的动作与原地单手跳投的动作相同。

第二，运球急停跳投通常和运球突破结合使用，可以在连续运球或推放球（1次运球）突破时进行。在运球或突破运球时，突然使用跨步或跳步急停，然后起跳并举球，当身体稳定悬空后，及时投篮出手。举球投篮的动作与原地单手跳投相同。

这两种跳投方法的关键在于"突然"，要使对手防不胜防。在接球或运球时要保持低重心，急停和起跳的动作要紧密结合，协调一致，快速起跳、快速出手。

（4）补篮

补篮是一种在球未能成功投入篮筐并从篮圈或篮板反弹出来时，队员迅速判断球的反弹方向并及时起跳，在空中直接托球或点拨球入篮的投篮技巧。可以采用双手或单手来补篮。对于原地跳起补篮，双脚起跳比较合适；而在行进中补篮，则最好使用单脚起跳。托球入篮的方式更稳定，不过出手点较低；而点拨球入篮出手快速且高，但准确性稍差。

①双手补篮

当球从篮圈或篮板反弹时，要准确地判断球的反弹方向，迅速起跳，身体向上伸展，两手臂向球的方向伸出，当身体跳至最高点，两手接触球的一刹那，用手指、手腕的力量将球托入篮圈，或用双手点拨球入篮。

②单手补篮

当球从篮圈或篮板反弹时，要准确地判断球的反弹方向，迅速起跳，身体向上伸展，手臂向球的方向伸出，当身体跳至最高点，手臂接触球的一刹那，在空中用单手托球入篮或用单手指尖将球点拨入篮。

（5）扣篮

扣篮是一种较难的投篮方式，需要队员跳起并在空中用双手或单手将球从上往下扣入篮圈。扣篮可以在原地或行进中起跳，也可以在空中抢到篮板球或接球后直接扣篮，甚至可以在空中改变身体位置后反身扣篮。

随着运动员身高和身体素质的提高，空间争夺更为激烈，扣篮技术的应用也日益增多。扣篮的关键是运动员要有良好的身体素质，爆发力要好，跳得高，手指、手腕控球能力强。

动作方法：原地或行进间跳起后，身体在空中充分伸展，双手或单手尽量将球高举超过篮圈，用屈腕动作把球自上而下扣入篮圈。

2. 投篮技术练习方法

（1）基本姿势与投篮手法练习

①持球基本姿势练习

目的：形成正确的持球基本姿势。

方法：队员成体操队形，手持1球，按教练"准备——开始"的口令，队员做持球姿势练习。

要求：持球基本姿势正确。

②投篮手法练习

目的：掌握正确的投篮手法。

方法：队员在完成持球基本姿势的基础上，按教练"准备——投"的口令，同时投篮。

要求：持球正确，体验手腕动作与食、中二指拨球动作。

（2）原地投篮练习

目的：掌握投篮手法、瞄准点、球的飞行弧线，提高动作的连贯性与协调性。

①正面投篮

队员每人 1 球在罚球线上排成单行，自投自抢，依次反复进行。

②各种距离、角度的投篮

队员面对球篮，每人 1 球，离篮 5～7 米站成一个弧形。开始时，篮下有 1 人传球，投中者继续投，直到投不中为止。队员轮流投进后，按顺时针方向移动位置。

（3）行进间上篮

①传切上篮练习

队员分成 2 组在圈顶外站立，一组持球，另一组无球，排头持球队员传给另一组排头无球队员后，切入篮下，接球队员立即回传球给切入篮下队员做行进间上篮，同时插到篮下去抢篮板球，然后 2 人分别排到排尾。

②行进间传、接球上篮练习

分成 2 组，间距 4～5 米，一组持球，另一组不持球，分别在篮下站立，然后 2 人 1 组横传推进，先接近篮下者上篮，另一人冲抢篮板球，然后 2 人分别在篮下排队。

3. 投篮易犯错误与纠正方法

（1）持球手法错误

掌心触球，腕关节后屈不够，五指分不开，控球面积小，稳定性差。

纠正方法：示范、讲解正确的手法；掌握正确的技术动作概念；利用辅助手段（用粉笔灰或水沾手）检查触球部位，增强直观性。

持球部位不正确。持球的部位不合适，不便于控制球和出球手用力。

纠正方法：根据投篮动作要领，结合正确动作示范，反复观察实践；采用正误对比，增强球感练习和腕指关节灵活性练习。

（2）肘关节外展，导致用力不协调

纠正方法：增设障碍物限制投篮手臂外展；徒手体会正确投篮动作；有意识让肘关节对准投篮目标。

（3）投篮球出手时，抬肘伸臂不够，前臂过早前伸，缺乏送球动作，造

成飞行弧线低，动作僵硬

纠正方法：徒手模仿正确动作，体会抬肘伸臂；坐在地上做投篮动作，体会伸臂和腕指用力感觉；篮下投篮。体会抬肘、伸臂和护送球的动作。

（4）上下肢用力不协调，肩、肘、腕关节紧张，身体侧对投篮方向，造成投篮方向偏差，力量和速度不够

纠正方法：运用语言信号刺激，强调正确动作；反复体会投篮用力顺序。

（5）持球点和投篮举球点不一致，球出手时手臂回收，造成投篮力量和方向改变

纠正方法：运用正误动作对比，体会正确动作，强调持球部位，加强上下肢的力量练习。

（6）投篮球出手时，压腕不够，手掌推球，造成球后旋不够，飞行轨道不平稳

纠正方法：体会触球部位，强调压腕和手指用力拨球；徒手做伸臂压腕，投篮手指同扶球手发生摩擦，体会手指用力感觉。

（7）行进间投篮易犯错误

概念不清，造成步法错误。初学者常出现跨步接球与投篮不协调，接球后起跳上步动作脱节等情况。

纠正方法：讲解示范正确动作；徒手模仿跨步接球、上步起跳投篮动作；根据投篮动作，运用语言强调左、右脚的跨步与接球。

跨步接球和上步起跳配合不好，造成高跳，影响第二步起跳，或者第二步过大，前冲过猛。

纠正方法：徒手模仿跑篮练习，在场地上画出左、右脚的跨步点和起跳点。

由于跨第一步接球位置不当，造成接球起跳投篮时远离篮圈。

纠正方法：徒手模仿跑篮练习，在场地上画出左、右脚的跨步点和起跳点。

控球能力差，造成步法与投篮动作不协调（随跳随投）。低手投篮，手臂上伸不够，举球不稳定，腕指用力不柔和。

纠正方法：持球做上步抬腿、伸臂举球、指腕用力拨球练习。

（8）跳起投篮易犯错误

两腿直立，起跳不充分，上下肢配合不协调，身体重心控制不好，造成身体前倾或前冲。

起跳，举球动作不协调，造成未接近最高点球就出手（投篮时出手过早或过晚）。

腾空后过于紧张，身体不平衡，造成举球稳定性差，投篮动作变形。

纠正方法：徒手模仿跳投练习，体会用力顺序；采用辅助器械改变球的重量和体积，体会整体动作；固定障碍物，限制起跳前冲；跳绳练习，提高上下肢的协调配合能力；近距离投篮，运用语言和信号体会最高点球出手和控制身体平衡。

（三）投篮技术的教学与练习建议

初始阶段的学生应首先掌握投篮技术的正确方法和细节，以形成精准的动力模式。在此期间，应着重学习投篮技术的正确运用和全身的协调配合，及时发现并纠正可能出现的错误，从而塑造出规范和准确的投篮动作。

在教学过程中，需强调关键技术，科学规划，相互推动，促进技能普及。以原地单手肩上投篮、行进间单手投篮以及跳起单手肩上投篮为基础教学内容，利用技能迁移的原则，进而推动学生掌握其他投篮技巧。

根据投篮技术动作的内在关联性，遵循逐步深入的原则，进行投篮教学。常规的投篮教学流程应为：首先教授原地单手肩上投篮；其次是行进间单手肩上低手、高手投篮；再次是原地跳起单手肩上投篮；最后是接球急停及运球急停跳投。

投篮技术的教学和训练应与步法、传球、运球等技巧相结合，以此提升学生运用各项技能的能力，增强应对变化的反应。

在教学和训练过程中，必须合理调整练习的频率和强度，加强心理训练，以不断提升学生的投篮命中率。

考虑到现代篮球的"对抗性"特质，教学过程中不仅要让学生掌握正确的投篮技术，还需布置在对抗环境下的投篮练习，以提升学生在防守情况下运用技术的能力。同时，应加强配合投篮和争抢训练，培养学生的团队协作意识，并对配合技术提出明确要求。

第四节 持球突破、防守技术的教学与训练实践

一、持球突破技术教学与训练

（一）持球突破基本技术

1. 持球突破技术分析

持球突破是一种攻击性技术，需要持球队员利用脚步和运球技术超越对手。这是现代篮球进攻技术和战术发展的重要标志。持球突破能够破坏对手的防守部署，为己方创造更多、更好的攻击机会。如果能巧妙地与投篮、传球、假动作等技术动作结合使用，突破技术将更具灵活性和多变性，从而更好地展现出突破技术的攻击性。

持球突破技术需要在极短的时间内完成一系列的组合动作，如蹬跨、转体探肩、推按球和加速。这些动作几乎同时完成，动作间衔接紧密、相互影响。只有精熟掌握这些基础动作并流畅地连贯起来，才能达到快速突破的效果。

2. 持球突破主要技术

（1）交叉步持球突破

假设右脚是中心脚，突破的时候，两脚应以肩宽距离开立，两膝微屈，身体重心平均分配在两腿之间，手持球位于胸腹部。开始突破时，左脚前脚掌内侧向地面施力，同时身体做左右探肩的转动。接近防守者时，将球切换至右手，左脚跨前做交叉步来占据位置，同时向左脚的左斜前方推球，然后用右脚力量蹬地做跨步，加速以超过对手。

（2）原地持球同侧步突破

以左足作为核心脚为例，当防守队员试图从左侧突破时，应使上半身积极向前倾，同时右脚迅速向右前方跨出一大步，上体随即向右转动，左肩积极压低。左脚内侧用力蹬地，在左脚离地前，用右手推动球至右脚外侧前方，

然后左脚迅速跨步抢位，加速运球超越对手。动作启动要快速，跨步和运球要连贯迅速，在核心脚离地前，球应离开手掌。

（二）持球突破技术教学步骤

教师应先教学生原地持球交叉步突破，将其作为教学重点。并指导学生两脚轮换做中枢脚。接着教顺步（同侧步）突破。顺步突破也应作为教学的重点。并指导学生两脚均会做中枢脚。最后教前转身、后转身突破和同伴配合的行进间突破。

（三）持球突破技术与纠正

易犯错误：持球突破时不敢贴近对手切入，而是绕一个弧远离对手。
纠正方法：讲解正确动作方法，并做示范，让学生建立正确动作概念。
易犯错误：持球突破时第一步小，重心高。
纠正方法：教师通过语言诱导，提示动作要点，让学生在消极对抗情况下进行突破练习。
易犯错误：持球突破时，转、探肩不够，不注意保护球。
纠正方法：讲解正确的转、探肩动作，并做示范，使学生建立正确的概念。
易犯错误：持球突破时，中枢脚移动或放球晚造成走步违例。
纠正方法：让学生在脑海里重复正确的蹬地、推拍球动作；在其对动作有了很清晰的了解后再进行实际练习。

（四）持球突破技术教学注意事项

持球突破技术教学中，正确示范动作，要指导学生两脚轮换做中枢脚，以及明确规则对技术动作的要求，并能合理运用。

培养学生勇猛、顽强的作风，要勇于在贴身紧逼中运用突破技术。同时应注意掌握灵活的突破技巧，逐步学会利用位置差、时间差、假动作和节奏变化等方法，发挥突破的威力。

重视培养良好的突破意识，提高观察判断能力，掌握突破时机，不断提高持球突破的能力。

（五）持球突破训练

让每个学生拿 1 个球，做原地持球同侧步和交叉步的动作练习，感受突破动作的技术要点以及全身的协调配合。

将学生两两组成 1 组，每组 1 个球，相对站立，距离 2 米。依次进行同侧步和交叉步突破的练习，互相检查对方的核心脚是否有移动，是否准确做了转体探肩、跨步动作，是否及时完成了推按球。

进行接球急停突破的练习。2 人 1 组 1 球，无球队员向持球队员示意接球方向，接着移动接球急停，进行交叉步或同侧步突破，2 人轮流进行。

突破上篮的练习。将学生列成 1 队，面向篮筐，每人 1 个球，依次进行原地持球交叉步或同侧步突破然后进行行进中投篮。接住篮板球后，持球回到队伍末尾。

实行"一攻一守"的持球突破练习，进行半场的 1 对 1 "斗牛"练习。

进行半场 3 对 3 的进攻和防守练习，防守方需采用人盯人的方式防守，不允许换人。进攻队员不能进行掩护，主要通过结合投篮和突破技术进行进攻。练习一定次数或成功一定次数后，进攻和防守交换位置。

二、防守技术教学与训练

（一）防守基本技术分析

1. 防守技术分析

防守技术是用于阻止对手进攻的技术。当使用防守技术时，需要合理地使用既具有防守效果又具有攻击意图的动作组合。在当代篮球比赛中，均衡的攻防能力被高度重视，对于高级篮球运动员来说，攻防均衡的技能是获胜的关键之一。攻击性防守需要球员展现出强烈的勇气、灵活快速的反应和压倒性的气场，主动去掌控对手的进攻。因此，防守技术对运动员的身体素质和技术能力提出了更高的要求。一个球员的防守技术反映了他的防守能力，个人防守能力构成了团队防守的基石。只有在个人防守成功的前提下，才能有效地实施组合防守，并完成全队的防守任务。

防守技术是一项综合的篮球技术动作，是由手脚动作结合对手和球、篮的位置、距离等因素所构成的。脚步动作是防守时采用的移动步法，是个人防守技术的基础。防守队员运用脚步动作抢占有利的位置，与手臂动作配合，干扰对方传、接球，封盖投篮和抢、打、断球，最大限度地破坏对方进攻，以达到争夺控球权的目的。防守技术主要包括防守无球队员和防守持球队员两种。防无球队员时，防守距离要根据对手与持球人的距离而定。并将球场分为强侧和弱侧。球所在的一侧为强侧，远离球的一侧为弱侧。强侧防守无球队员的位置选择，应站在对手与球篮之间，偏向有球一侧。离球近则近，离球远则远。防守时尽可能干扰对方传递球，形成球、对手与防守者之间的三角形关系。弱侧防守无球队员的位置，应选择在与对手相对远些、靠近球篮一侧的位置。防有球队员，要根据持球者的能力，在其突破技术较强，习惯于右侧突破时，应离持球者稍远，站在对手右侧突破的路线上；当持球者突破能力较差时，要勇敢靠近投篮队员，尽力阻止和干扰其进攻。

2. 防守主要技术

（1）防无球队员

①防接球

对于防守球员来说，当对手没有球时，阻止他们接球，即防接球是首要任务。这需要预见性，防守队员必须在对手接球之前开始防守，并积极采取行动以限制或减少对手的接球机会，特别是在有效攻击区内接球。即使在被动防守的情况下，也需要积极防守、追堵，阻止对手顺利接球，在对手调整攻击动作的时候，也需要调整自己的位置。要始终保持对手和球都在视线范围内，做到人球并重，保持适当的防守姿势，屈膝降低身体重心，以便快速应变。要注意保持起动和移动步法的连贯性和平衡。在比赛中，应形成"球—我—他"的钝角三角形的有利防守形态。在防接球时，绝对不能放松对对手突破或切入的警惕。

②防摆脱

防摆脱是一种用来阻止无球进攻队员摆脱控制的技术策略。通常，进攻队员在后场摆脱，主要是为了快速接球并发动攻击，防守队员则必须紧密追赶以拦截对手的传球。在比赛中，想要完全控制进攻队员在无球时的行动是非常困难的，关键是不能失去防守队员的优势位置。例如，在阵地进攻时，如果对手采取先下后上、先左后右的摆脱策略，即使对手接到了球，防守队员仍然可以继续防守。如果内线队员向外移动，可以采取错位防守或使用绕步、攻击步抢先防守，靠近球的一侧手臂用来干扰接球，另一手臂伸出以防止对手转身或背切，目标就是尽可能地阻止对手传接球。

③防切入

防切入是指防止进攻队员试图切入的防守。在防切入时，必须做到"人球兼顾、以防人为主"，不能只看球而不看人。一旦对手开始行动，就需要采取平步堵截、抢前、凶狠顶挤等防守策略，使其无法及时启动或降低其速度。如果对手试图向球方向切入，则需要主动堵前防守；如果背对球方向，就需要防其后，目标是阻断对手的接球路线。只要对手在切入后没有接球，其威胁就会大大降低。防反切需要后脚作为轴心，快速向内侧转身，迅速阻堵，抢占近球内侧的位置，不让对手接球，同时准备断球和打球。

（2）防守有球队员

进攻队员有球时，对防守队员来说是有威胁的。因此，防守队员必须尽可能地去阻挠和影响持球队员各种进攻技术的运用。

①防投篮

在对手的投篮距离合适的时候，为了阻止他们投篮，应站在对手与篮球之间，靠近对手的位置，双脚前后斜立，直腰屈膝，前脚同侧的手伸向对手的篮球，并积极挥动，以阻止其投篮。身体重心略微偏向前脚，脚后跟稍微抬起，脚下不断地前后移动。另一臂侧张，用来防止对方传球和保持自身平衡，以便随时改变防守动作。

对手在远距离投篮时，防守队员应在对手接球的同时迅速移动到适当的位置。如果对手已接球，而防守队员距离过远，防守队员就应积极挥动前伸的手，并积极移动脚步，逐渐靠近对手，防止其接球后立即投篮。防守队员前进时要保持身体平稳，步伐不应过猛或过大，避免失去平衡，给对手提供突破的机会。如果投篮队员进行投篮，或防守队员上步不及时，应随着对手的出球动作，迅速跟随起跳，单臂上伸封盖，影响其投篮的方向和出手角度。

②防传球

持球队员在距离篮筐较远时，主要目的是传球给中锋或转移球。防守时，应根据对手的视线和位置，判断并控制其攻击性传球。当对手离篮筐较近时，主要防止其突然传球，应注意对手的假动作和眼神：如眼睛向上看，球向下传；眼睛向右看，球向左传等。防守队员要集中精神，随球动而采取打、封、阻动作。打球时以肘关节为轴，前臂上下，左右迅速屈伸。必要时配合脚的动作，尽力破坏其传球。

③防运球

通常情况下，为了防止对手越过自己，不应与对手距离过近，应保持一臂的距离。弯曲双腿，双臂侧张，在积极移动的同时保持正确的防守姿势，准确判断，并随时准备抢球或打球。如果想让防守具有攻击性，也可以采取平步防守的方式，通过贴近对手扩大防守范围，限制对手的动作。

④防突破

防突破根据持球队员离球篮的远近及其特点来选择适当的位置和距离。如果对手距离篮筐远，并且擅长突破，防守队员应以防止突破为主，抢占在篮筐与持球队员之间的位置，靠近对手，并做好防守姿势。

（二）防守技术教学步骤

首先，要先学习对持球队员的防守。强调防守时的姿势、动作方法、防守距离适当，尤其是防守位置的选择。其次，要学习对无球队员的防守。对无球队员的防守要重点强调"人球兼顾"的防守原则，尤其是防守位置、距离的选择尤为重要。最后，向学生讲解抢球、打球、盖帽的动作方法与要点，使其掌握正确的动作方法。

（三）防守技术易犯错误与纠正

易犯错误：防守时身体的基本姿势不正确，防守位置、距离选择不当，没根据对手动作采取相应动作。

纠正方法：通过反复讲解防守的基本理论和方法，使学生明确防守有球队员的基本要求与方法，建立正确的防有球队员概念；给学生分解示范，让其看清防守位置和距离，不同的进攻行动选择不同的位置和运用不同的动作。

易犯错误：防守时两臂下垂，两腿未能合理屈膝，身体重心高，不能及时移动、积极抢位和主动用力，或脚下移动步法混乱难以追堵，造成手臂犯规。

纠正方法：采用多媒体教学对学生的错误动作进行录像并播放，同时对比正确动作促其纠正。

易犯错误：防守时身体各部位的基本姿势不正确，视野狭窄，只看人不看球，或者只看球不看人，不能做到人球兼顾，或移动步法混乱造成漏人或犯规，不能抢占正确防守位置。

纠正方法：让学生看一些高水平比赛中防守无球队员的正确站位方法的录像，强化正确防守位置概念；或者利用正确的选位方法做意念练习，纠正错误的站位。

（四）防守技术教学注意事项

注意学生积极防守意识的培养，强调防守时要始终全神贯注，一丝不苟。纠正重攻轻守的思想。

在教学过程中，按照由简到繁、由易到难的原则，逐渐增加练习的难度和要求。

防守技术是全队防守的基础，无论是防守无球队员还是防守有球队员都很重要。在教学训练时，首先要正确示范防守的位置、距离、姿势和步法，使学生建立明确的概念。

（五）防守技术训练

防投切选位练习。2人1组，进攻队员原地只做投切结合动作。

防守队员快速移动脚部动作，及时调整重心、步法，做好防投防突的选位练习。

2人1组，进攻队员在离篮6米左右，防守队员传球给进攻队员后立即对他进行防守。进攻队员则利用投突结合动作来进攻。练习一定次数或防守成功一定次数后，攻守双方交换。

3人1组，2人相距1米，中间1人持球向两侧摆动，两侧无球队员根据球的部位，及时抢球。然后持球队员逐步改做转身跨步和摆脱护球动作，另外两名队员伺机抢球。完成一定次数后，攻守交换。

抢地滚球。队员在端线两侧站2列横队，面相对。教练员在端线中点向场内抛球，左右对应的2个队员快速冲向球，抢到球的队员向对面篮进。

第五章 高校篮球运动战术教学与训练实践研究

第一节 高校篮球运动战术概论

一、篮球战术的构成与特点

(一) 篮球战术的构成

篮球战术是由一些要素组成的，这表明了战术有着一定的结构，所谓的篮球战术结构就是指战术行动的各个组成部分的搭配。在篮球战术中，技术、阵势和方法是战术的3个基本要素，同时由于人的参与，比赛中战术必然受内在的指导思想和战术意识的支配。可见，技术、阵势、方法、指导思想和战术意识共同构成了篮球战术。

1.技术

篮球战术的确是基于篮球技术的，技术是战术实现的保证。战术是由队员之间有目的、有意识地在球场一定区域、条件和时机运用技术的组合实现的。技术越准确、熟练、全面和实用，就越能保证战术的实现。技术和战术之间的关系非常密切，并常常在比赛中作为同一现象出现。技术是构成战术行动的基本元素，缺少了技术，战术也就不复存在了。

2. 阵势

阵势是战术活动中具有稳定形态和行动方式的表现，它是战术的基本要素之一。战术阵势是战术行动的外部表现，特定的战术内容可以通过特定的战术阵势来反映。理解战术阵势可以从对抗范围、攻守节奏、对抗程度等多个角度出发，例如消极的、积极的、半场的、全场的、速度慢的、松动的、速度快的、紧逼的等。对这些战术阵势的深刻理解使各种攻守战术的特点得到了明显体现。

3. 方法

战术方法就是完成战术行动的要求、原则和程序，是构成战术行动的内在基本要素，包括攻击区域、队员位置的部署、层次变化、配合时机、球和人的移动路线等。战术方法对人、球的移动方向和路线、技术动作的选择和组合，行动的技术运用要求、时间、时机等进行了规定。战术方法是一种活动程序，它被从实践中规范出来，依赖队员的技术运用能力，同时需要一定的阵势为队员发挥技术提供保证。

4. 指导思想

战术指导思想是教练员形成战术特点、确定战术方案、制定战术计划的理想模式和行动准则。对于篮球战术来说，战术指导思想具有核心地位，指导思想是否正确对于战术的对错起到决定性作用。对于篮球这门运动来说，是否能对其规律以及客观实际有一个正确的认识和把握，也是决定战术指导思想对错的关键因素。战术指导思想主要包括两层含义，一是长期性战术指导思想，这是贯穿于整个训练和比赛过程中的长期的指导原则，积极主动、全面准确、勇敢顽强等都是其体现。二是近期的、比较有针对性的、主要是在一个赛季或者一次重大比赛前所提出的战术方法的指导原则，"稳扎稳打、以快制高、以外制内、内外结合"等是其具体体现。确立球队的长期战术指导思想是建设球队的重要任务，它可以使教练员有步骤、有计划地进行战术训练，从而形成球队自己的战术体系和风格。作为战术内容的前提和核心，战术指导思想对形成和运用球队战术具有重要的指导意义。

5. 战术意识

在篮球战术行动中，心理反应的复杂层次由战术意识塑造，这是人对战术活动的心理应答和回应。运动员依据比赛实际状况做出思考和反应，这些反应通过他们的具体行动得以体现。参与篮球比赛的实践活动让运动员们逐步增强和深化了自身的战术意识，使他们在比赛中能够主动和自觉地根据战术意向和比赛现实来指挥和控制比赛动作。在篮球竞赛里，战术意识承担着方向设定、选择决策、反馈信息和控制动作等功能，运动员的战术意识越是深厚，实施战术的可能性就越高，从而在最大限度上展示运动员的战术才能和行动效果。

（二）篮球战术的特点

篮球战术有着自己的特点，这些特点主要体现在四个统一上。

1. 原则性和机动性的统一

篮球比赛中的战术行动是在与对手的相互制约和反制约中进行的。在这个过程中，队员们需要在同一思想的指导下，协调地行动，以充分发挥集体的优势和力量。同时，由于比赛形势的复杂性和不断变化，队员们需要在遵循统一原则的同时，具有足够的机动灵活性，以适应比赛的变化，把握战机，从而取得胜利。这一特征的运用要求可以概括为"阵而后战，兵法之举；运用之妙，存乎一心"。

2. 个体性和整体性的统一

篮球比赛必须将整体性与个体性统一。篮球比赛的战术通常只有在集体行动时才能实现，但其实每一位球员也都有自己独特的战术性行动，第一，篮球战术具有个性化特征，反映了球员运用技术的能力及特长；第二，每一位球员的活动又不是独立完成的，需要与同伴进行配合。比赛战术不仅要依赖球员个体活动的创造性与合理性，还要依赖于球员之间的配合才能做到。所以，不管是怎样的战术行动，都体现了个体性与集体性的统一。要处理好个体和整体间的关系，不仅要注重集体力量的发挥，还要注重培养球员个人的能力。在现代的篮球比赛中，明星球员发挥的作用越来越大，也恰恰体现了这一特征。

3. 多样性和综合性的统一

篮球战术思维特点的重要表现是进攻战术的多元机动以及对防守战术的综合应用。篮球比赛越来越激烈，使相关战术也得到了一定的发展与创新，在内容以及形式上也得到了丰富。为了顺利完成战术任务，应对各种攻守战术以及临场情况，就必须掌握丰富的战术形式和手段，这也是在比赛中能够处于优势的重要前提。战术的综合应用主要体现在两方面：一是战术行动上的统一，也就是在进攻和防守上要统一，简单地说，就是在进攻中要有防守，在防守中同样也要有进攻，同时要做到个人和集体行动上的统一，战术和技术上的统一；二是在战术应用上的综合，也就是说一种进攻战术要能够对付多种防守战术，综合防守要对付多种具有不同特点的战术。所以，对于现代的篮球战术来说，其最基本的特征就是战术行动综合性及多样性的统一。

4.目的性和针对性的统一

不管是组织和运用哪一种战术，都有着清晰的制胜目的，为了顺利达成目的，就要正确选择战术形式与方法，所选择的战术要和本队的实际情况相符，要从篮球队的实际出发，对球员身体素质、技术技巧等进行综合考虑再做选择；另外，还要想办法争夺比赛中的主动权，通过运用战术来确保最终夺得胜利，所选择的战术形式与方法不仅要能够起到有效制约对手的作用，还要能够根据比赛的实际情况便于及时地调整。所以，篮球比赛的一个重要特征就是战术的目的性和针对性的统一。

二、篮球比赛中的攻守

在篮球比赛中，存在着进攻和防守。进攻是得分的手段，没有进攻就不可能取得胜利；防守是对进攻的支持，没有防守，再强的进攻也不能保证比赛的胜利。篮球比赛中的攻守对篮球战术非常重要，在篮球战术中，要处理好攻守的关系，必须把握好攻守的时机。

（一）篮球比赛中的进攻

篮球比赛中的进攻，包括两个阶段，分别为反攻和阵地进攻。

1.反攻

反攻是一个很重要的战术元素，当从防守状态成功转换到进攻状态时，能够给对手造成很大压力，这也是制胜的重要因素之一。反攻的时机可以是在抢到后场篮板球、制造对方失误或犯规掷界外球、抢断对手的球等情况下。

在反攻的时候，不同的队员要采取不同的应对方式。在篮球这项运动中，队员可以被分成2种，即有球队员和无球队员。在反攻时只有获球的队员是有球队员，剩下的4名队员都属于无球队员。对于无球队员而言，要根据战术的需要以及临场的实际情况采取战术。比如有的队员要选位接应，有的队员则要跑向前场。总而言之，无球队员一定要以球的位置为中心，根据同伴以及对手的变化做出行动，所采取的一切行动都要对反攻是有利的。有球队员在反攻中的首要行动就是查看前方有没有处于好位置的队员，如果有，就将球传给那名队员，并且在传球的时候要注意选择合理的路线，对落点精确地控制，从而尽快完成反攻。如果前方没有处于好位置的队员，或者队员的位置不合理，就要快速地完成第一传，将球传给离自己比较近的队员，或者是将球传给提前安排好的接应的队员。如果没有及时进行第一传，所要采取的第三个行动就是快速运球向中路推进，在运球的过程中寻找机会进行传球，从而顺利推进至前场。

2. 阵地进攻

阵地进攻也称为落位，就是按本队既定的进攻战术配合方案各落各的位置。发挥本队的进攻特长，制约对方是落位的目的。如果对方阵地防守布局为"2-3"联防，那么进攻方可以选择"1-3-1"的阵型来落位；如果对手的内线防守能力低下，进攻队伍则可根据"1-2-2"的进攻阵型来落位。依照防守战术需求以及自身队伍的特点来决定落位的布局，这样有利于发挥本队的进攻威力。通常，在落位阶段，球会被外围的队员控制。

（二）篮球比赛中的防守

在篮球比赛中，防守也包括两个阶段，即封堵与退守和阵地防守。

1. 封堵与退守

如果在进攻过程中失球从而不得不进行防守行动时，应采取封堵的方式阻止对方的第一传，使其无法顺利完成传球，首先要做的就是拖延对方使其无法进行快攻。其他防守时没有拿球的队员应该以夹击的方式来支援队友，或者争取占据有利的位置以便快速地进行防守转换。在防守转换过程中，根据对手、球和球篮的距离来选择最佳的位置和适当的速度是非常关键的。如果封堵和防守转换都成功了，就需要及时调整策略，从防守转变为进攻；而如果未能成功，对方把球运到前场，就需要进入防守落位和调整的阶段。

2.阵地防守

阵地防守是落位与调整，指的是按本队已定防守战术配合方案占据各自的防守位置。例如按照对手的进攻特性进行调整，选择采用区域联防或者人盯人防守策略，也可以按照预设的对位防守方案执行。目标是充分利用己方球员的防守优势，对对手实施有效的控制，以阻挠其攻势。

在比赛的某一阶段，防守球员需针对进攻队员的情况进行灵活应变，如对手可能有篮球或无篮球，可能在外线或内线，因此防守位置需视对手的人、球和球篮的关系进行实时调整。重要的防守原则是"人球兼顾，以球为主"，这种主动的防守位置有助于球员更好地控制对手的动态。

（三）篮球比赛中的攻守转换

在篮球比赛中，一支球队既要进攻又要防守，进攻与防守之间的转换，即攻守转换，是非常重要的，对攻守转换时机的把握有时会影响到比赛的最终结果。

从神经生理学上讲，转换最先涉及的就是兴奋和抑制这两大神经。对于进攻球员，他们在攻击过程中会处于激动的优势状态，但当进攻结束后，将转换为六种不同的起始状态。相对地，防守球员在防守过程中的条件反射也会处于一种集中和优势的状态，防守结束后，也将转为另六种起始状态。据此，可以将篮球比赛中的攻防转换大体划分为几种类别。

1.攻转守类型

（1）主动转守

主动转守指的是在投篮投进时的转守。这个时候不管是在心理上还是在神经过程转化上都是最好的状态。在心理上球员因为投中了球得分所以会产生积极的情绪，从而使其在接下来发起进攻挑战时拥有足够的信心，因此只要适当进行诱导，神经过程也会非常容易得到高度集中以及灵活转换。此外，这个时候的攻守态势更加有利于转守，人数上相同，所占位置也适宜，转守时也有足够的时间。上述条件可以为攻转守的时候使用全场攻击性防守带来有利条件。瞬间转守的关键就在于是否可以抓住机会，充分发挥积极因素的作用，使运动员提高积极性，从而转为攻击式的转守。在这一阶段，防守方会积极施加压力，同时有5秒违例的时间限制，这可能导致对手出现失误。

所以，主动转守要求全队同步行动，迅速转换防守态势，找到并占据有利位置，完成阻断和阻拦的任务。

（2）被动转守

所谓被动转守，即在防守转换过程中，己方处在较为被动的位置，这样的情况有很多种。可能是因为投篮未能命中，而对手抓到篮板球，抑或是跳球时对方获得了球，也可能是在进攻中发生了传接球或运球的错误，导致对方抢断后立即进行反击。

如果投篮没有命中或者是跳球的时候球被对方抢走，这时就要将进攻转换成防守。此时对方很可能提前预想了方案与节奏，所以本方球员要尽力去遏制。在面对这样的场景时，需要调整心态，消除心理的被动感受，提高视觉信息的感知速度，迅速做出判断和预判，及时转换为防守，并采取一些合理的措施，以抑制对方的传球速度。虽然本方在篮球的争夺中处于被动状态，但是只要转守反应及时、动作快且协调，就能对对方的快攻起到制约作用。这是因为转守的条件是差不多的，如在人数上是对等的，且位置也相近。

攻方如果在传球、接球以及运球时出现了失误而被对方断球时，就要快速进入反击状态。在此过程中，转守方是处于劣势的，会因为被断球而在心理上发生变化，如出现注意力不集中、产生心理惰性、出现自卑感和无力感，从而陷入自责、后悔的情绪中，这样的情绪变化会对接下来的转守速度产生直接影响。而这个时候正是对手反击的最佳时机，对手会抓住这一机会快速运球，因此也使转守难度加大，对队员有了更高的要求——队员除了要有好的身体素质以及以少防多的高超技能以外，还要具备良好的意志品质以及坚忍的战斗作风。在训练期间，要将这种防守当成重点，由于攻守的结果多是追防，所以在时间上有很高的要求。在日常的强化训练中，要将各种情况的被动转守当作重点去加强训练，锻炼队员的意志品质，使队员不管在怎样的逆境中都不放弃、不气馁，都可以从容应对；要培养队员的应变能力，使其能够在关键时刻做出正确决断，进行快速转守，同时能通过自身以及队友的积极防守提升被动转守的质量。

2.守转攻类型

（1）主动转攻

主动转攻主要出现在我们成功阻断对方攻击，或是抢到后场篮板球、跳球等场景。这些都是在转攻过程中处于有利条件的情况，此时球员的情绪会非常高涨，呈现出一种增力的状态，能迅速产生转攻意识。此时，球员需快速扩散队形，发起快速反攻，在对方人数少、位置不适宜、防守转换时间紧迫等情况下，果断展开攻击，使对方无法有效布防，从而达到主动转攻的攻击效果。

（2）被动转攻

与之对比的是被动转攻，这种情况并非在阻击对方攻势的过程中抢得球权，而是由于对方的失误、违例、进攻犯规或者投篮得分等原因，发生了一种自然的转换。转攻后的策略主要要求球员保持快速进攻，不断追击，尽量在比赛的衔接阶段发起猛烈的进攻并取得成功。

三、篮球比赛中的位置分工

在篮球比赛中，比赛的双方共有 10 名球员，每队 5 名，这 5 名球员在场上所处的区域和所占的位置是不一样的，这是因为每一名球员都有各自的职责。篮球比赛的位置是非常重要的，每一位球员要确保完成好自己的本职任务，这样才能为整队取得良好的发挥提供保障。球员分成中锋、前锋以及后卫三种类型，这是基于球员在前场所处区域以及各自的职责划分的。在防守过程中，也可基于本队战术需要，把进攻及防守时的位置联系在一起，中锋仍然处于内线负责防守对方的中锋，前锋和后卫队员仍然处于外线负责防守对方的外围队员。

（一）前锋

前锋位于攻防前沿，由守转攻时，前锋是攻防第一线的关键角色。当从防守转向攻击时，前锋通常是冲锋陷阵的突击手，是快攻的主要得分手。而在阵地进攻时，前锋除了选择罚球线两侧，篮下或者底线两角位置个人进行攻击，还需要配合队友实施各种进攻战术。同样地，在防守时，前锋作为最前线，除了完成个人防守任务外，还应配合队友进行各种防守战术。因此，前锋队员不仅要具有较高的身高、速度快，弹跳好、良好的时空感等优势，还应具有机智灵活、勇猛顽强的精神，在任何情况下都能自信地投篮、及时地助攻及积极拼抢篮板球的能力。

（二）中锋

中锋队员在攻防过程中，通常落位于内线，即近篮区，处于中枢位置上。同时中锋也是组织战术的中枢。中锋队员的水平代表球队的实力，对比赛的胜负起着举足轻重的作用。所以要求中锋队员身高体壮，反应灵活，技术全面，有较好的战术意识和抢篮板球的能力。中锋由于处于全队的最后一道防线，所以应具备较强的攻防和封盖能力。

（三）后卫

后卫通常位于全队战术阵形后方，担负着临场全面组织和指挥的重任，因此，又称核心后卫。后卫队员要具有良好的身体素质、全面的技术技能、良好的战术意识、能投善突、妙传助攻及熟练地支配和控制球的能力。同时后卫还应具备良好的心理素质，能够沉着处理场上出现的各种情况，善于领会和传达教练员意图，有组织和指挥全队攻守战术的能力。快攻时，后卫应及时接应、推进，将球迅速传给锋线队员。阵地进攻时，后卫一般活动在罚球圈顶外围两侧区域，负责球的转移和点面的联系，要有准确的中远距离投篮和突破能力，创造机会辅助同伴进攻。在防守转换时，后卫球员通常会退守成为第一道防线，他们的职责是有效地封堵对手的快速攻击并尽可能地减缓对方的推进速度。在后卫区域进行防守时，他们不仅需要全力防止对方的突破、外围投篮和传球，同时能及时地援助队友进行夹击和围攻，并积极尝试抢断。

四、组织战术的理论与要求

（一）组织战术的基本理论

把队员组织起来，确保整体实力和个人特长的发挥，制约对方，掌握比赛的主动权，获取比赛的胜利，是组织和运用战术的目的。战术设计是否合理，实践运用是否恰当，主要表现在比赛中能否最大限度地发挥队员的特长，体现本队的独特风格与特点，有效地遏制对方的攻守战术配合和技术特点。战术的组织需要考虑到战术的结构，包括技术、方法和阵势，这些在前面已进行了阐述，在此不再赘述。

(二)组织战术的基本要求

组织战术要有明确的指导思想,从全局出发,考虑双方的实力差别、教练员的业务能力水平,运动员的身体条件、技战术水平及心理素质,通过全面综合分析比赛的时间、地点、气候、场地条件等因素,来决定本队的战略和战术。

组织战术要树立"以我为主"的指导思想,扬长避短,从队员的技术特长出发,组织攻守战术打法。战术是发挥技术的保证,它应最大限度地挖掘和发挥每个队员的特长和潜力。因此,要掌握多种符合本队风格和特点的攻防战术,并能在比赛中灵活运用。

组织攻守战术应简单、实用,要有基本的落位队形、移动路线、攻击点面、防守范围和重点区域,从本队实际出发制订切实可行的攻守战术,不应生搬硬套。

组织战术要注意攻守平衡,要求攻守兼备。攻守对抗是篮球运动的基本规律。因此,组织战术时应在队形变化、队员调动上既要考虑到如何退防,又要考虑到如何反击,做到攻守转换的相对平衡。

根据篮球技术、战术的发展和比赛规律,灵活机动地运用战术,掌握快、慢节奏,不应被预定的阵势所束缚,使队员失去主动性和创造性。所以,既要使队员能正确执行战略与战术,又要能把握比赛的实际,捕捉战机,随机应变,提高战术应用效果。

第二节 高校篮球运动进攻战术的教学与训练实践

一、篮球进攻战术基础配合教学与训练

(一)传切配合教学

传切配合是指通过将传球与切入技术相互结合起来所组成的一种简单的配合。

1.传切配合的目的

队员之间通过利用传球和切入来创造进攻的机会,以达到预定的进攻目的。

2.传切配合的方法

方法一:如图 5-1 所示,⑤摆脱5的防守空切篮下,接④的传球上篮。

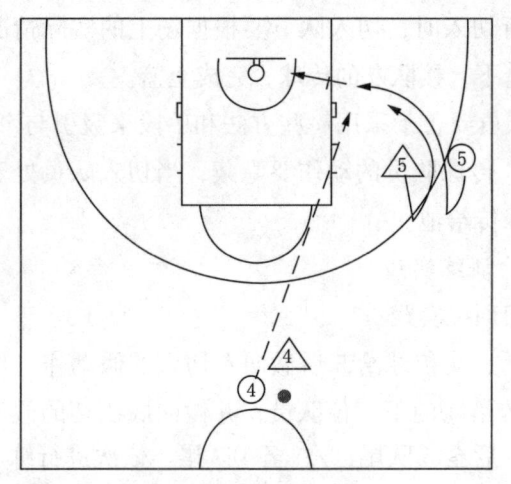

图 5-1 传切配合方法一

方法二:如图 5-2 所示,④传球给⑤,然后摆脱4的防守,切入接⑤的回传球并运球上篮。

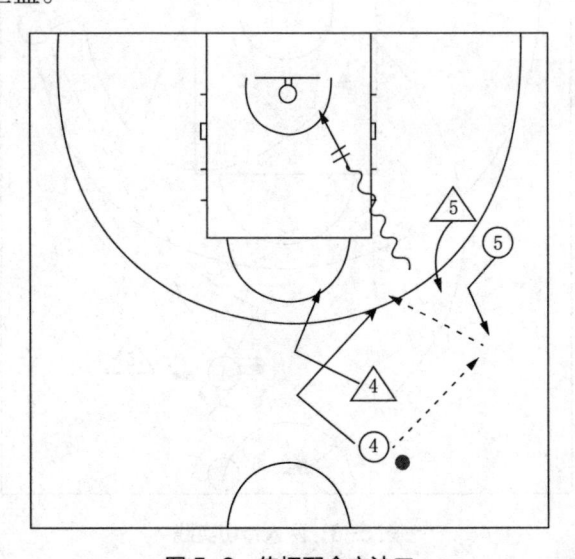

图 5-2 传切配合方法二

3.传切配合的运用时机

在进攻人盯人防守、扩大联防及篮下拉空时都可以运用,配合过程中切入队员要善于掌握时机,传球要准确到位。

4.传切配合教学的基本要求

第一,要选择较为合理的切入路线,并要具备一定的配合空间。

第二,在进行切入时,切入队员要根据场上的实际情况,把握好切入的时机,迅速切入篮下,接队友的传球,完成上篮。

第三,传球队员要善于采用一些方法和手段来吸引与牵制对手,如运球、突破、假动作等。传球队员的动作要隐蔽,当切入队员处于有利位置时,应及时、准确地将球传给他。

5.传切配合的训练实践

(1) 两人传切训练实践

如图5-3所示,④传球给⑤后做向左切入的假动作,然后变向从右侧切入,⑤接球后回传给④的下一位队员,并做向底线切的假动作,然后变向从左侧横切。④切入后至⑤队尾,⑤至④队尾。依次进行练习。变向切入动作要快,切入过程中要侧身看球。

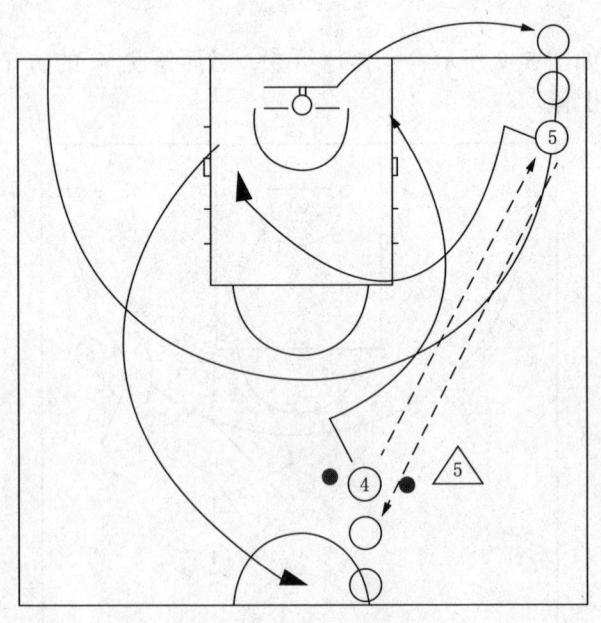

图5-3 两人传切实践

（2）三人传切训练实践

如图 5-4 所示，④与⑤各持一球，④传球给⑥后从右侧切入接⑤传球投篮。⑤传球给④后，横切接⑥传球投篮。④、⑤投篮后自抢篮板球传给本组的另一人。按逆时针方向换位，连续进行练习。

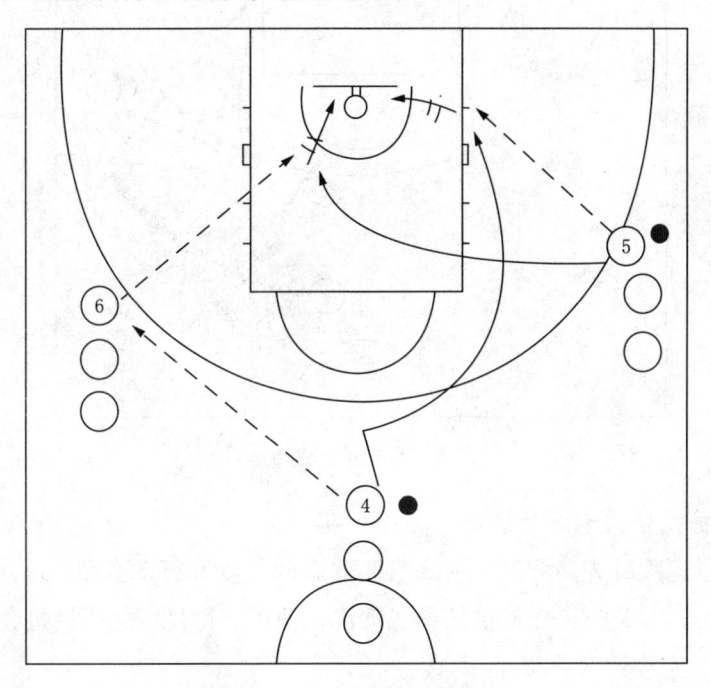

图 5-4　三人传切训练实践

（二）掩护配合教学

掩护配合指进攻者用身体挡住同伴防守者的移动路线，使同伴摆脱防守，获得接球和投篮的机会。

1. 掩护配合的目的

通过进攻队员之间的配合移动造成对方防守局部负担过重，以达到预期的进攻目标。

2. 掩护配合的方法

如图 5-5 所示，根据身体位置和方向的不同，可分为前掩护、侧掩护和后掩护三种。

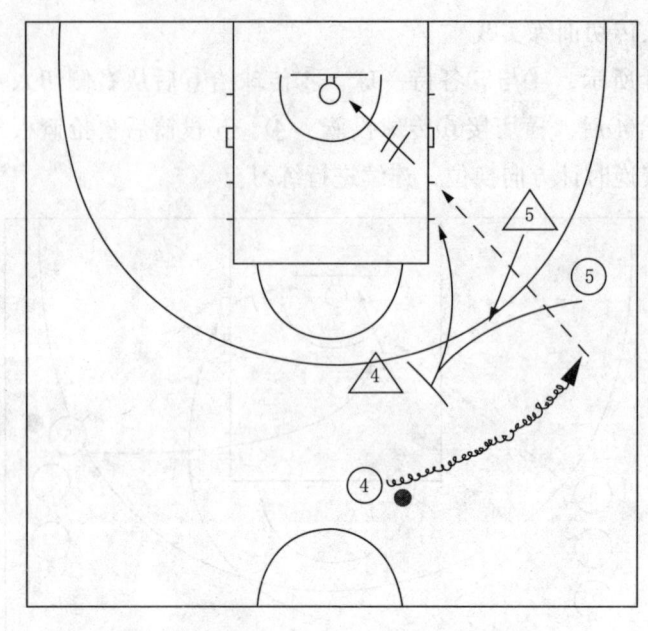

图 5-5 掩护配合方法

3.掩护配合的运用时机

进攻紧逼人盯人防守时,应观察防守者的位置和行动意图,采用前掩护、侧掩护配合,并及时衔接掩护的第二动作,便可获得良好的投篮机会。

4.掩护配合的基本要求

第一,掩护者要有明确的目的性,合理运用动作技术,注意行动的隐蔽,同时应注意避免犯规。

第二,在进行掩护时,被掩护者要主动贴近掩护者,并且两者之间不能留有空隙,避免防守队员挤过。

第三,当防守队员进行换防时,掩护者应采取护送措施,参与进攻。

第四,进攻队员在进行掩护配合时,应做到配合默契,掌握好进攻时机,及时行动,动作果断,节奏分明,并结合场上防守的具体情况,组织突破、中投或内线进攻。

5.掩护配合的训练实践

训练实践方法一:如图 5-6 所示,将练习者分成 2 组,以防守者的身份站在④身前,⑥站在④的侧后方位置,从侧面掩护④,④先切入假动作向左做跨步,在⑥做好掩护后,应向另一侧及时切入,并适当向后转跟进④的动作。之后④与⑥2人交换位置，轮流练习。

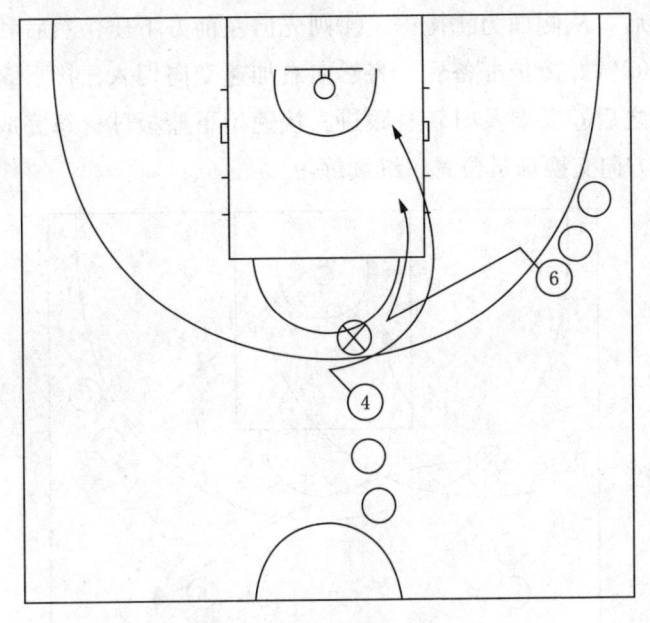

图 5-6 掩护配合训练实践方法一

训练实践方法二：如图 5-7 所示，⑥先向④传球，然后从侧面掩护④，在⑥的掩护下，④运球切入，与⑥换防，将球传给跟进的⑥，由⑥完成投篮动作。

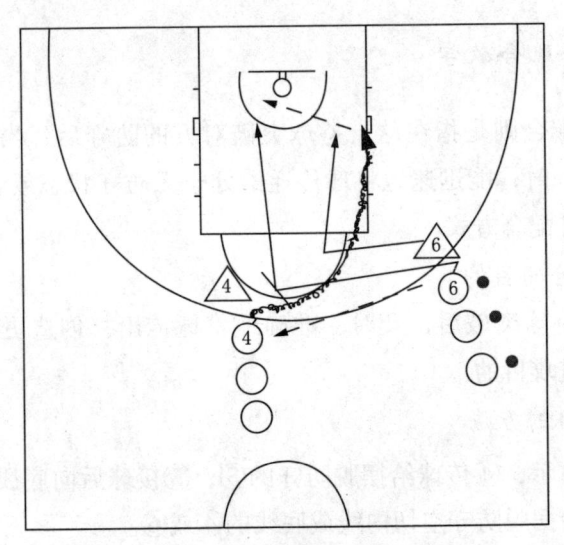

图 5-7 掩护配合训练实践方法二

训练实践方法三：如图5-8所示，⊗以防守者的身份站在④身前，⑥将篮球传给⑤后，从侧面为④掩护，④则先向左前方下压，然后利用假动作向左突破，等⑥做好掩护准备后，突然向右加速变向切入，接下⑤传过来的篮球并投篮；之后⑥需要及时转身跟进，快速抢下篮板球；每完成1次完整练习，顺时针方向交换球员位置，继续练习。

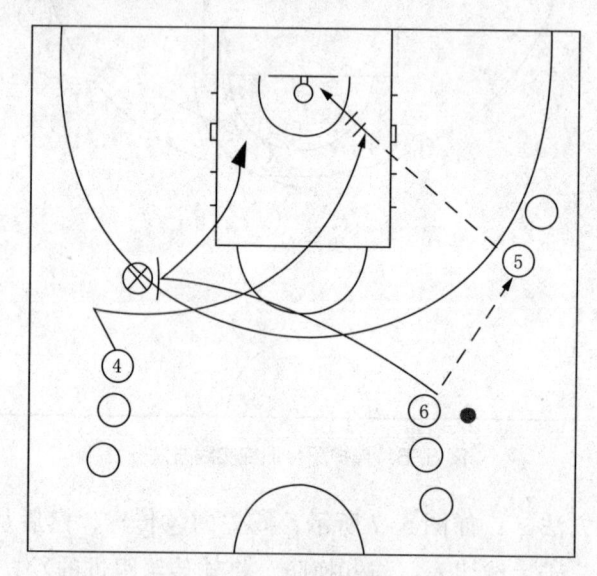

图5-8　掩护配合训练实践方法三

（三）突分配合教学

突破后的配合则是指在球员持球突破对方的防守后，当遇到对手补防、换人或"封堵"时，能迅速地将球传递给处于无防守状态或者有更好进攻机会的队友的一种配合方式。

1.突分配合的目的

进攻队员持球突破后，及时、准确地将球传出，创造更好的进攻机会，以达到预定的进攻目的。

2.突分配合的方法

如图5-9所示，④传球给摆脱防守的⑤，⑤接球后向底线运球突破△5的防守，并传球给摆脱防守空切内线或底线的④或⑥。

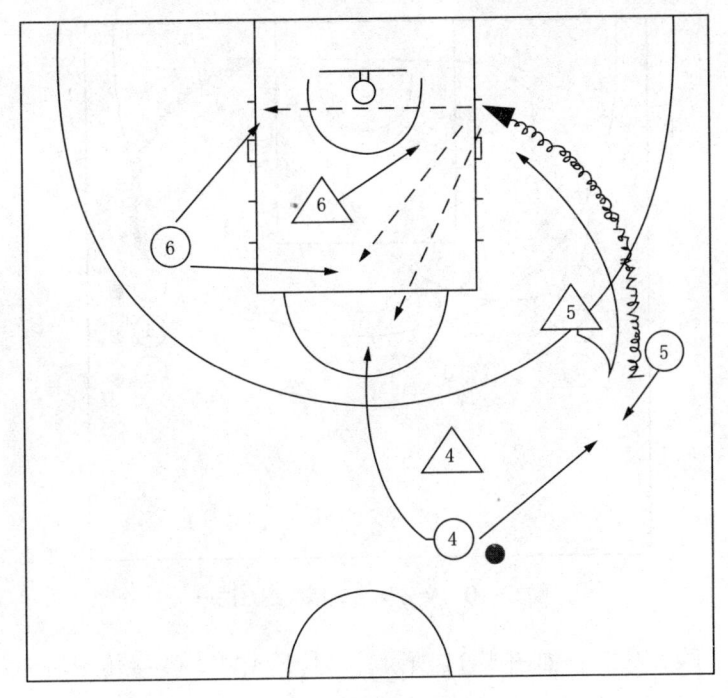

图 5-9 突发配合方法

3.突分配合的运用时机

在突破过程中要注意观察攻守队员的位置变化，当遇到对方补防时分球给有投篮机会的同伴。

4.突分配合教学的基本要求

第一，持球队员在突破过程中，要随时注意观察场上攻守队员位置和攻守情况的变化。同时，既要做好向处于最佳进攻位置的队友传球的准备，也应做好自己投篮的准备。传球时应注意动作的隐蔽性，还应做到传球及时、准确。

第二，在持球队员进行突破时，其他队员也应尽力摆脱对手，迅速占据有利的进攻位置，以便接球或抢篮板。

5.突分配合的训练实践方法

训练实践方法一：如图 5-10 所示，开始时④持球突破，在突破中跳起分球给向两侧移动的⑦，⑦在接球后做投篮动作，然后传球给⑤，⑤接球后从底线或内侧突破，跳起传球给接应的⑧；位置交换，④到⑦队尾，⑦到④队尾；突破要有速度，注意保护好球；接应分球的队员要移动及时。

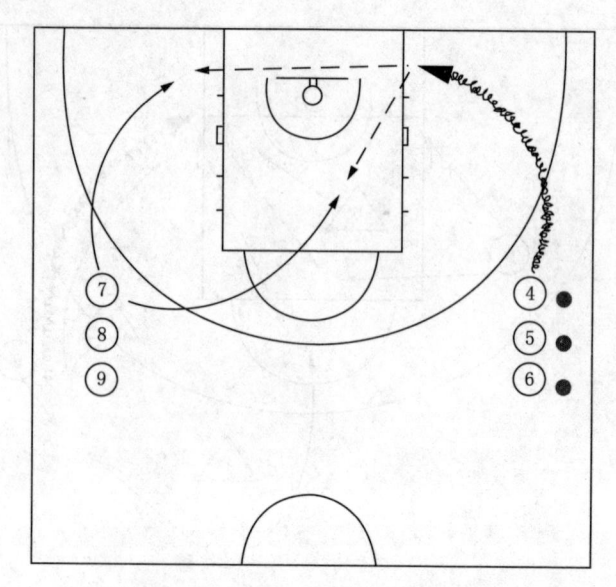

○ "理论"兼"实践"的高校篮球运动教学研究

图 5-10 突分配合训练实践方法一

训练实践方法二：如图 5-11 所示，⊗传球给④，④接传球后向篮下运球突破，当遇到 5 补防时，将球分给移向空位的⑤，⑤接球投篮。△4、△5 抢篮板球回传给⊗。④接球前要做摆脱动作，突破时保护好球，⑤要及时移动至空隙地区接应。

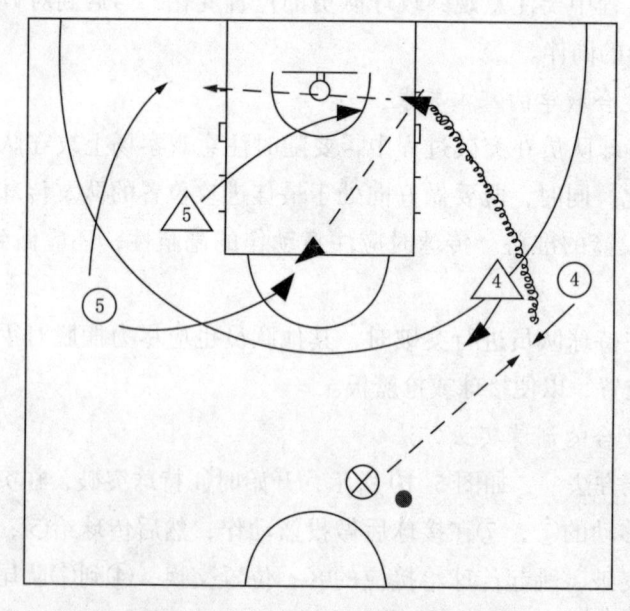

图 5-11 突分配合训练实践方法二

· 150 ·

（四）策应配合教学

策应配合是内线队员背对或侧对球篮接球后，与同伴的空切或绕过相结合，借以摆脱防守，形成里应外合的进攻配合。

1. 策应配合的目的

进攻队员通过运用策应配合战术，来创造进攻机会，以达到预定的进攻目的。

2. 策应配合的方法

如图 5-12 所示，④持球突破并传球给上提至罚球线的⑤，④纵切，⑥溜底线，⑤再传球给外围的④或底线的⑥。

3. 策应配合的运用时机

在进攻半场人盯人或区域联防时，多在限制区附近运用并获得切入投篮机会；在进攻全场紧逼人盯人时，可在后场掷界外球或在中场运用策应配合接同伴的传球借此摆脱防守。

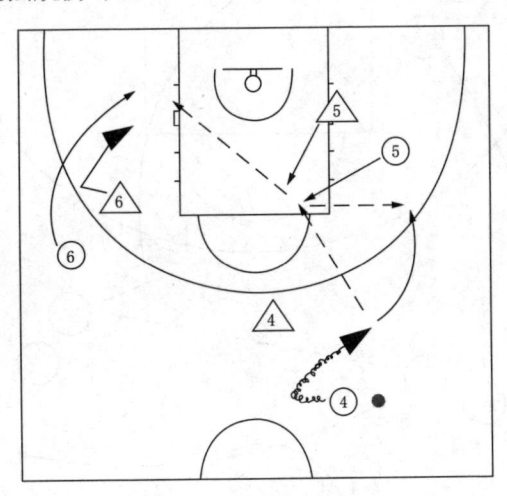

图 5-12　策应配合方法

4. 策应配合教学的基本要求

策应球员应快速地脱离对手并迅速找到有利的策应位置站立。接球时他们需要分开双脚、微屈双膝、外展双肘，这样有利于用身体保护球。

根据场上攻守情况的变化以及防守球员和队友的位置，做出正确的决策，将球传给占据最优位置的进攻队友，同时要寻找自己的进攻机会。另外，传球后还应注意转身跟进，随时准备抢篮板。

为提高策应的成功率，在策应过程中，策应者应采取积极有效的措施，如转身、跨步、假动作等，及时调整策应的方向和位置，以协助队友能够尽快摆脱防守，从而减轻进攻的压力。

对于外线的球员，他们在传球后，应采取突然的、快速的起动或是假动作等手段，迅速摆脱防守，切入，绕过并接到策应球员的传球后，迅速做出最好的选择——突破、投篮或者传球。

5.策应配合的训练实践方法

训练实践方法一：如图5-13所示，将练习者分为3组，按逆时针方向传球，传球后跑到下一组的队尾落位。

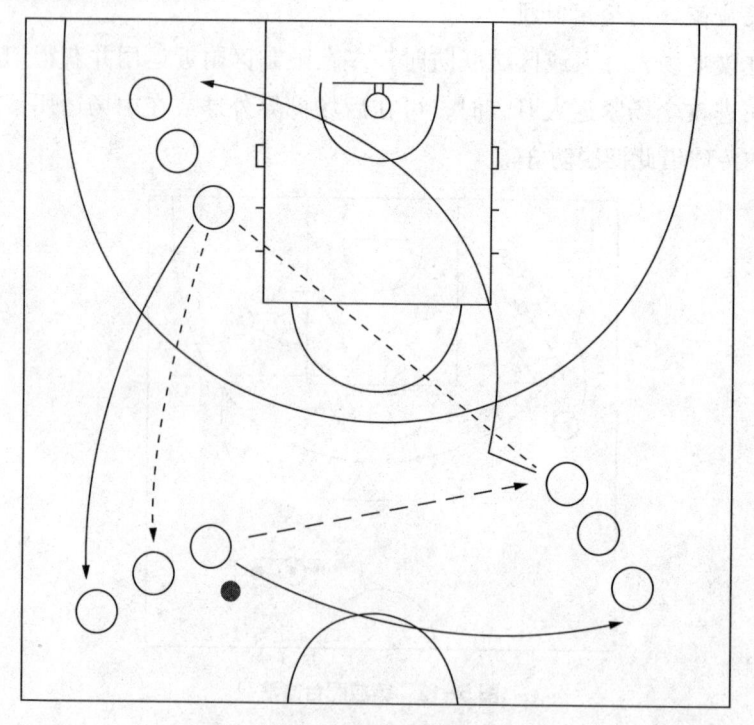

图5-13 策应配合训练实践方法一

训练实践方法二：如图5-14所示，⑥传球给⑤，⑤回传并上提做弧线跑动要球，⑥传球给插上策应的④，然后切入篮下接④的传球上篮，3人轮转换位。

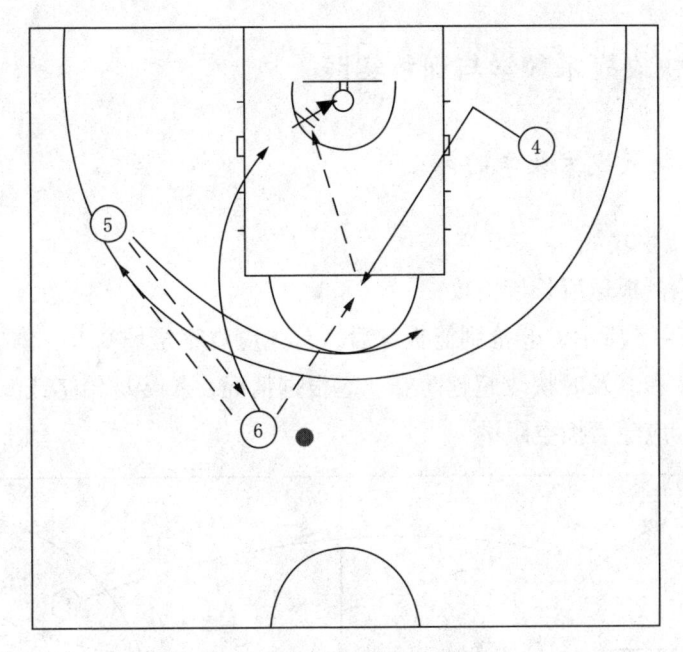

图 5-14　策应配合训练实践方法二

（五）篮球进攻战术基础配合的教学建议

在教授篮球基本技巧以及防守战术基础配合之后，应该安排篮球进攻战术基础配合的训练内容。在教授篮球进攻战术基础配合的时候，首先要让球员了解其特性、作用、应用的时机和配合方式等。

在训练的过程中，应该重点对战术的关键部分进行有针对性的训练。比如，在传切配合的训练中，重点应是如何摆脱对手以及如何使用传球技术；在掩护配合中，重点应是掩护动作、距离、位置、角度以及掩护后的转身和移动方向；在策应配合中，重点应是策应技术动作的应用、绕切的路线以及传球的方式；在突分配合中，重点应是掌握突破分球的时机、传球方式以及切入队员的路线等。

在训练中，掌握基本的配合方式后，应进行对抗性练习，以此巩固和提升配合的质量，掌握配合的变化规律。

应强化训练组织管理，严格要求重要的训练环节，提高战术意识，为进行整体战术配合的训练打好基础。

二、快攻战术教学与训练实践

（一）快攻战术教学的内容

1. 长传快攻战术

（1）抢篮板球后长传快攻

如图 5-15 所示，⑤抢到篮板球后，首先应观察全场情况，掌握发动快攻的时机，⑦和⑧及时快攻超越防守。⑤根据情况，长传球给⑦或⑧进行投篮。④、⑤、⑥应随后插空跟进。

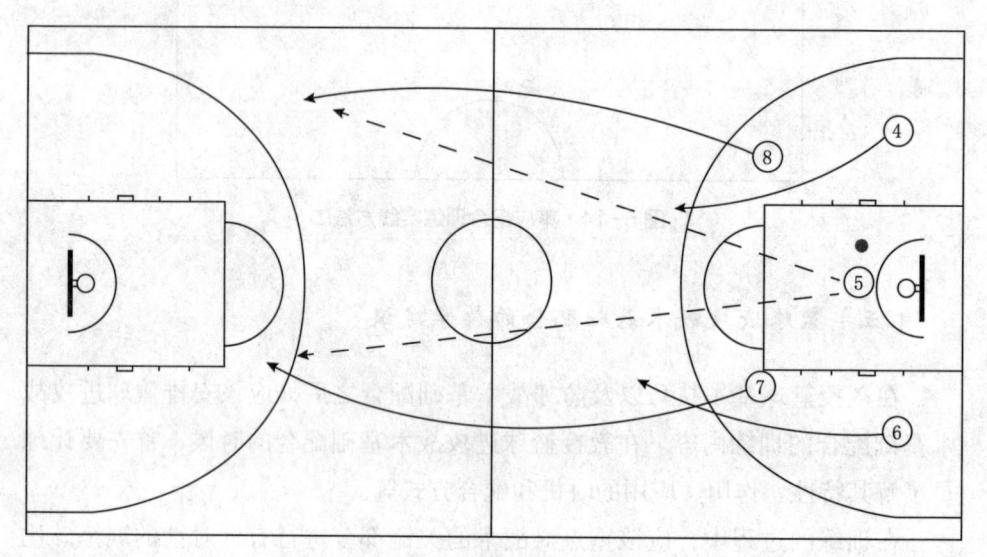

图 5-15　抢篮板球后长传快攻

（2）抢篮板球后接应发动长传快攻

如图 5-16 所示，当⑤抢到篮板球后，⑦和⑧已经快下，但由于受到⑤的严密防守，⑤不能及时长传，此时⑤可立即将球传给⑥，⑥接应后根据场上情况，迅速将球长传给已经快下的队员⑦和⑧进行投篮。

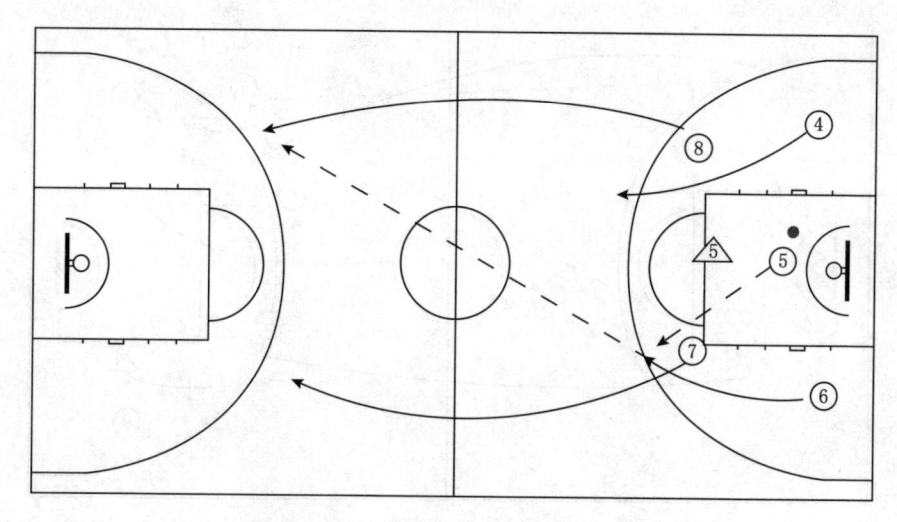

图 5-16　抢篮板球后接应发动长传快攻

（3）掷后场底线球长传快攻

如图 5-17 所示，当对方投中篮后，离球近的⑥立即捡球跨出底线，迅速掷界外球，并将球长传给快下的④或⑤进行投篮。

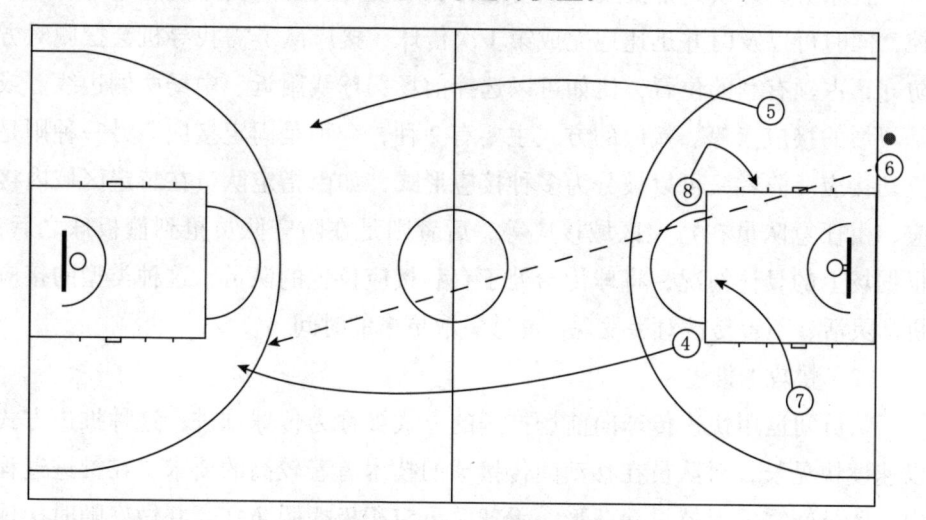

图 5-17　掷后场底线球长传快攻

（4）断球长传快攻

如图 5-18 所示，⑦抢断⑥的传球后立即将球传给快下的⑤或⑥进行投篮。

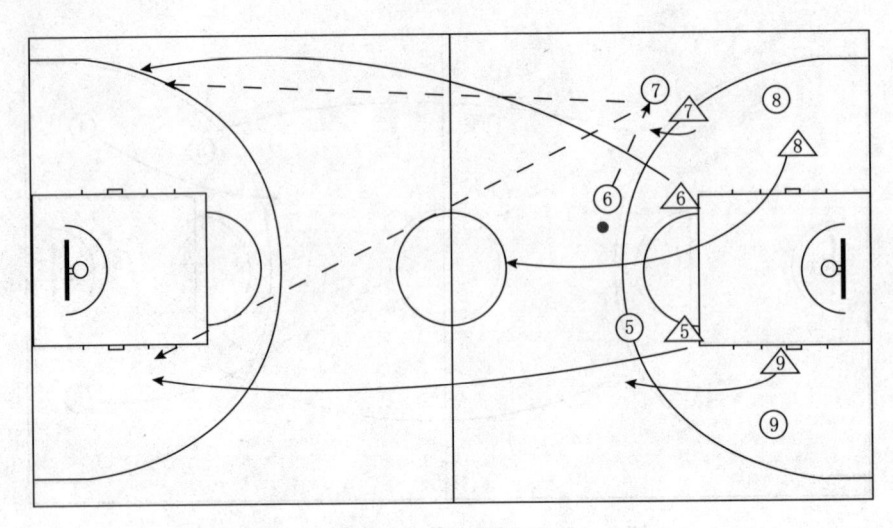

图 5-18 断球长传快攻

2.传球与运球相结合的快攻

（1）快攻的发动与接应

获球队员必须具备快攻意识与能力，以便对场上的实际情况进行全面掌控，同时可以及时并迅速地完成第 1 次传球，接应队员需找寻机会摆脱对方防守，占领有利的位置，比如可以选择前场罚球线附近、中场两侧边线、或是习惯的接应点等。接应的方式主要有 2 种，一种是固定接应，另一种则是机动接应。前者又可以被分为多种接应形式，如由指定队员在特定区域内接应、由任意队员在特定区域接应等。后者则是在防守队员抢到篮板球之后，根据场上的具体情况，将球传给处于有利接应位置的队员，这种类型的接应机动灵活、不容易被对手发现，能够争取更多的时间。

（2）快攻的推进

队员间运用快速传球向前场推进的方式被称为传球推进。这种推进方式以速度快见长，对队员在移动间传接球的技术有着较高的要求。在推进过程中，队员间需要保持纵深队形，无球队员应积极摆脱防守，并做好随时接球的准备；而有球队员则需要准确判断、及时传球，并尽可能斜向传球，避免横向传球。

运球推进则是指接应队员在接球后迅速向前场进行运球突破。在推进的过程中，队员需要注意观察场上情况，及时把球传给处于有利进攻位置的队员，以提高进攻的速度。

在推进过程中，根据场上情况，将传球与运球相结合，快速向前场进行推进，有着较大的机动性，要做到能传不运，不能传时要快速地进行运球突破，以保持较好的推进速度。

（3）快攻的结束

快攻结束是快攻成败的关键，它是指在快攻推进至前场后最后完成攻击的阶段。在这一阶段，进攻队员要对防守队员的防守意图进行判断和预测，并选择最佳的进攻点，以保证进攻的顺利完成。在此阶段，持球队员需要做出精确判断，及时并果断地进行传球或投篮。无球队员则需要占据有利于进攻的位置，准备接球投篮，并积极抢篮板或补篮。

3.运球突破快攻

运球突破快攻是指在抢断或获得篮板球后，抓住进攻的机会，快速运球突破对手防线，直冲篮下得分。

（二）快攻战术教学的要求

整体快速反击意识是运用快攻战术的前提，在实际训练过程中，要注意对整体的快速反击意识进行培养和增强，不能错过任何一次能够进行快攻的机会。

在进行快攻时，进攻队员要按照阵型有层次、有组织、合理地进行分散。

纵深队形应贯穿快攻战术的始终。要将纵深队形始终贯穿于从发动、接应、阵型分散快下和跟进的整体行动中，使进攻范围扩大，增加攻击点。

为了避免错失有利的进攻时机，在整个快攻过程中，个体和整体行动都要尽量缩短推进时间。

快攻的目的是投篮得分，快攻结束阶段，在对方限制区内应减少不必要的传球，动作要果断、快速、隐蔽，不要降低进攻速度，同时要果断投篮和强抢篮板球。

树立敢打敢拼、勇猛顽强的作风。

快速反击的过程中，要有明确的目的性，要善于把握和调整进攻节奏，同时应重视快攻结束后由攻转守的部署。

三、进攻人盯人防守战术教学与训练实践

（一）进攻人盯人防守战术教学的内容

1. 进攻半场人盯人防守

（1）进攻半场人盯人防守的阵型

阵地进攻中，要根据本队条件和防守队的特点，以及选择的战术来确定进攻的队形。进攻人盯人防守战术要充分利用传切、掩护、突分和策应等基础配合，打乱对方的防守体系，并结合个人的攻击能力，创造得分机会。常用的阵地进攻队形有以下几种：

① "3-2" 队形

如图 5-19 所示，该队形的进攻特点是有利于外围掩护、传切和中锋的策应与篮下进攻。

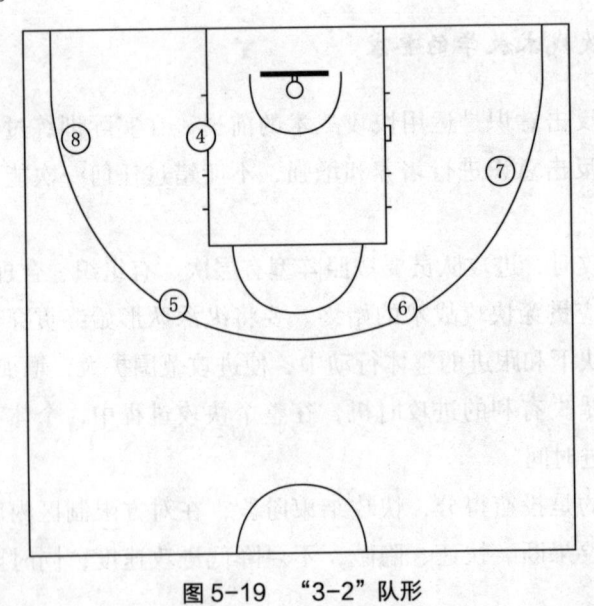

图 5-19 "3-2" 队形

② "1-2-2" 队形

如图 5-20 所示，该队形的进攻特点是有利于外围传切、掩护，中锋篮下移动。

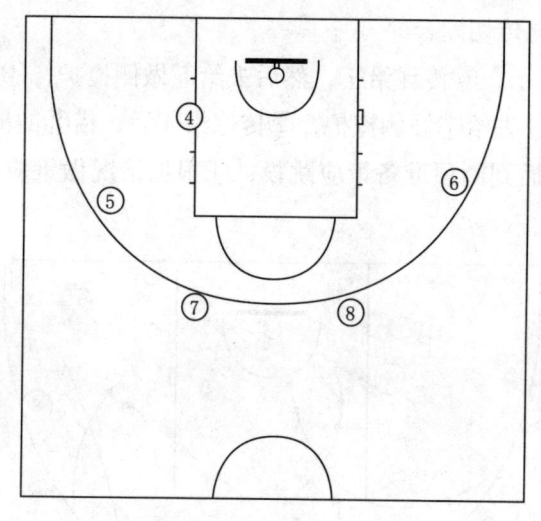

图 5-20 "1-2-2"队形

（2）进攻半场人盯人防守的方法

①掩护突破与空切配合

如图 5-21 所示，⑥传球给⑤，④提上给⑤做掩护，⑤借助④的掩护持球突破到篮下；同时⑧提上给⑦做掩护，然后转身插向篮下，准备接⑤的分球或抢篮板球，⑦借助⑧的掩护插向底线，准备接⑤突破分球，这样，⑤突破篮下时可以有自己上篮、分球给⑦或④或⑧投篮 4 个机会。

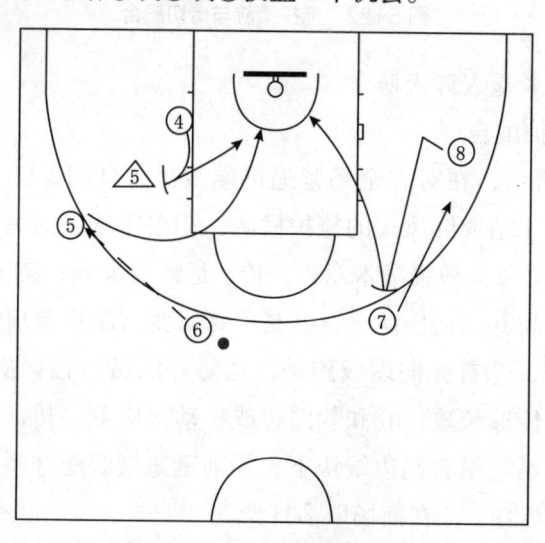

图 5-21 掩护突破与空切配合

②掩护策应与传切配合

如图 5-22 所示，⑥传球给⑦，然后去给⑤做侧掩护，④做假动作后插到罚球线上要球，⑧去给⑦做侧掩护，⑦传球给④后，借⑧的掩护向篮下快下，⑤借助⑥的掩护插到圈顶准备策应跳投，④根据情况做策应跳投或传给⑦准备投篮。

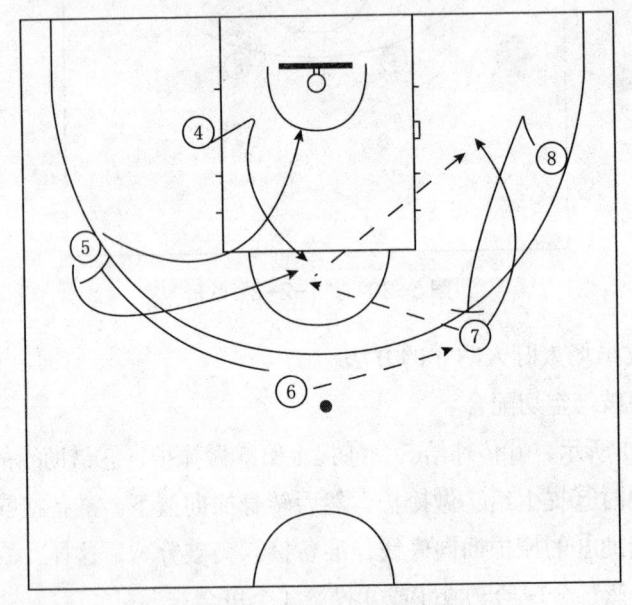

图 5-22 掩护策应与传切配合

2.进攻全场紧逼人盯人防守

（1）三人掩护配合

如图 5-23 所示，在对方全场紧逼掷端线界外球时，⑤、⑥、⑧迅速在罚球线附近面对④站成屏风式的掩护横队，⑦在罚球区的另一侧。采用这种落位阵式时，④必须有较强战术意识，传、运球要准确；⑦的突破速度要快、投篮要准确；⑤和⑥是接应队员，⑧是中锋，要有跟进策应和强攻篮下的意识。配合开始时，⑦首先向端线跑动，当防守队员阻拦接应时，迅速反跑，快下，准备接长传球快攻，⑥和⑤向边线移动接应侧一传。如果④将球传给⑧，中锋⑧应该迅速沿右侧边线快下，⑤则迅速摆脱防守斜插中路接应，并运球突破，争取与⑧、⑦在前场以多打少。

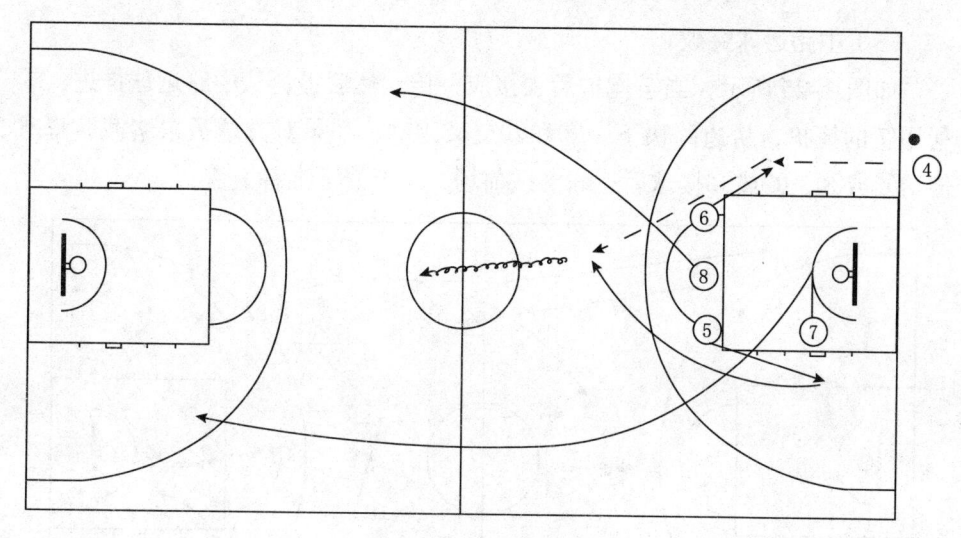

图 5-23 三人掩护配合

（2）两侧掩护配合

如图 5-24 所示，⑥、⑤在两侧接应第一传，⑧、⑦分别站在离⑥、⑤ 4～5 米处。掩护配合开始时，⑦和⑧分别给⑤和⑥做掩护，⑤和⑥利用掩护向两侧跑动，接长传球，破人盯人防守，同时，以防不测，⑦或⑧全力去接应第一传。

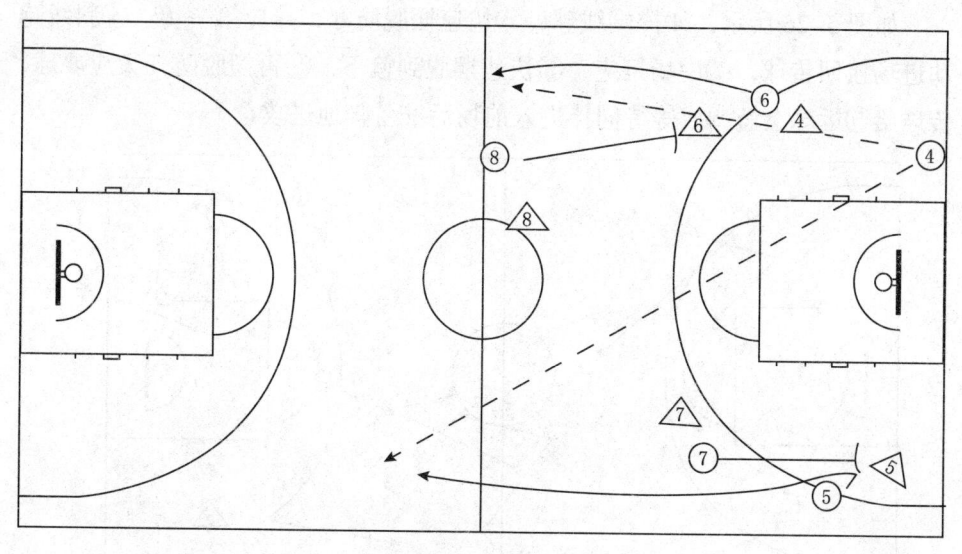

图 5-24 两侧掩护配合

(3) 中路运球突破

如图 5-25 所示，当⑦掩护后去接应一传，然后迅速从中路运球推进，⑤利用⑦的掩护，从边路快下，⑧和⑥交叉跑动，如果对方球员来堵截，将球传给⑥或⑧，⑥或⑧接球后运球突破前场，直至篮下准备上篮。

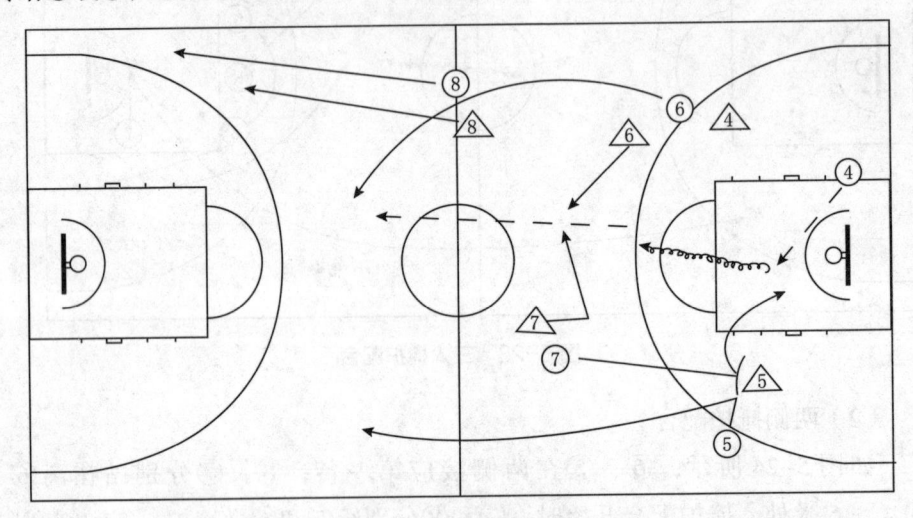

图 5-25 中路运球突破

(4) 策应配合

如图 5-26 所示，④掷端线球，⑥快速摆脱防守，接应第一传。④斜线跑动进场接回传球，⑦中场策应，⑤快速摆脱到篮下，⑧再摆脱防守策应要球，传球给⑤运球上篮，或等待同伴进入前场后准备阵地进攻。

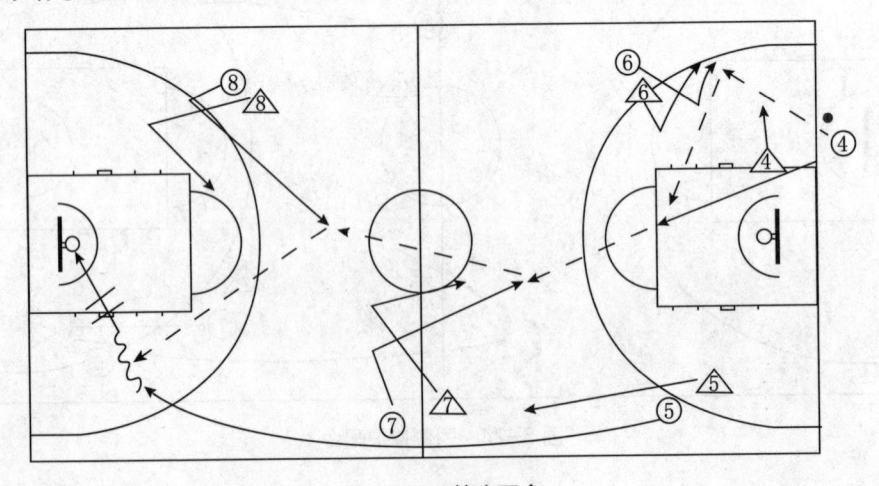

图 5-26 策应配合

(二）进攻人盯人防守战术教学的要求

1. 进攻半场人盯人防守战术训练的要求

进攻半场人盯人战术具有频繁移动、综合进攻、机动性大、连续性强和实效性高等一系列基本特点。要提高队员的各项素质来适应战术的要求。所以这种战术训练的要求包括以下几点：进入半场后，应快速站住位置，进行相应阵型的组织；通过配合和变化来实现战术意图；组织进攻要注意各个方面的配合，从而扩大攻击面，使攻击点增多；使配合的衔接更好，从而加强进攻的连续性。

2. 进攻全场紧逼人盯人防守战术训练的要求

当对方运用全场人盯人防守的战术时，本方队员一定要沉着冷静，并在行动上保持一致，从而通过快速反击来打乱对方的防守部署。因此要求队员在场上保持一定距离和分散队形，使对方的防区扩大从而便于突破。要尽量让控制球能力强的队员拿球，以便运用突破来打乱对方的防守。进入前场后应根据攻守双方分散、落位的情况，迅速落位、布阵，转入阵地进攻。

四、进攻区域联防战术教学与训练实践

（一）进攻区域联防战术教学的内容

1. "1-3-1" 三角穿插进攻法

"1-3-1" 进攻法是以内外线队员的连续穿插，打乱 "2-1-2" 联防体系，最后造成防守空当，使传切配合上篮成功的战术。

如图 5-27 所示，⑦接到⑧的传球后，把球向左移动，⑥向左前方跳步接⑦的传球。由于⑥已进入投篮攻击点，△⑥出来防守⑥，此时内线④斜插篮下要球，△④必然去跟防守④。紧接着⑤向罚球线远端斜插要球，△⑤紧随其上，⑧同时空切篮下接⑥传球上篮，这时△⑧是背对⑧的，所以不会去防守⑧。该战术先后出现3次战机，成功的关键是穿插要球逼真，连续穿插衔接紧凑到位，传球及时到位。

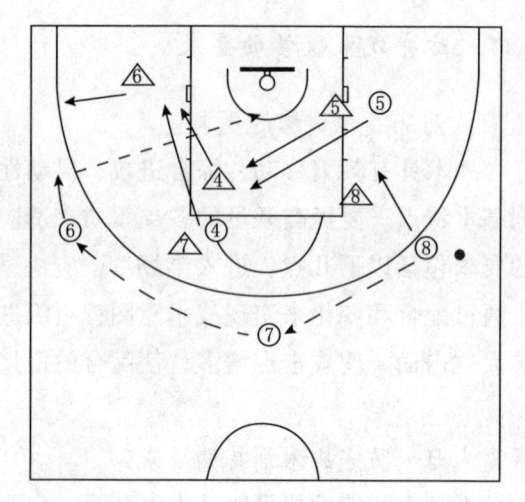

图 5-27　"1-3-1"三角穿插进攻法

2. "2-1-2"中锋策应底线进攻法

如图 5-28 所示，⑥接到⑦的传球，见⑧从右侧溜底到左侧，就向篮下持球突破，使⑤和⑥"关门"防守。⑤上提接⑥突破分回传球，再传给溜底线过来的⑧，④下移把④挡在身后，所以⑧投篮是很好的机会，这时④、⑤、⑦准备去抢前场篮板球，⑥撤到安全区域。该队形主要是针对"3-2"区域联防站位，以迫使防守队形改变，通过中锋策应、外围穿插、溜底线投篮等形式，造成局部区域的以多打少。

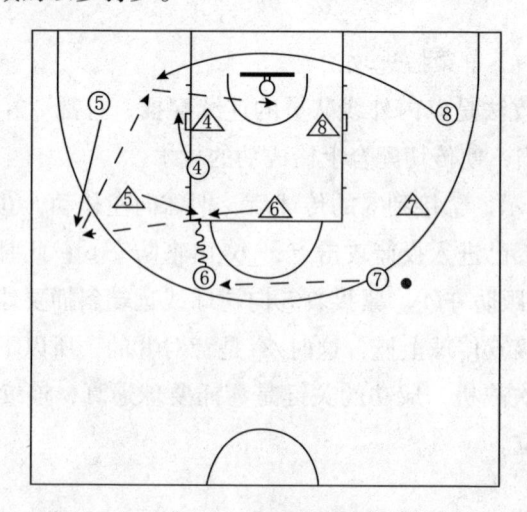

图 5-28　"2-1-2"中锋策应底线进攻法

（二）进攻区域联防战术教学的要求

进攻区域联防强调的是快速，在任何地方获得球权都要马上发动快攻，争取在对方布防完备前尝试进攻。训练快攻不成转为阵地进攻时，有以下几点基本要求：进攻区域联防的阵型要有针对性，进攻时要抓住对方防守的弱点；布置突破口和远投手，注重内线和外线的分工和配合，针对其防守特点，在外线进攻使其防守区域扩大，造成局部空虚，从而用移动、投、突相结合，使其防守战术失效，获得更多的攻击机会；区域联防对于篮下防守的严密有利于的抢防守篮板，所以进攻后应当立即拼抢进攻篮板球，并注意攻守平衡。

第三节 高校篮球运动防守战术的教学与训练实践

一、篮球防守战术基础配合教学与训练实践

（一）挤过配合教学

挤过配合是防守队员在掩护者临近的一刹那，主动地向要防守的队员靠近，并跟随其移动，从掩护者与被掩护者之间侧身挤过，继续防守对手的一种配合方法。挤过配合的特点是始终靠近对手，不让其轻易拿球，但这种配合容易犯规。

1. 挤过配合的目的

利用挤过配合，有效地遏制和破坏对手的掩护配合，以达到破坏对手进攻的目的。

2. 挤过配合的方法

如图 5-29 所示，④给⑤做掩护，当④接近△⑤的一刹那，△⑤抢前横跨一步贴近⑤，并从④和⑤之间主动侧身挤过去继续防守⑤。

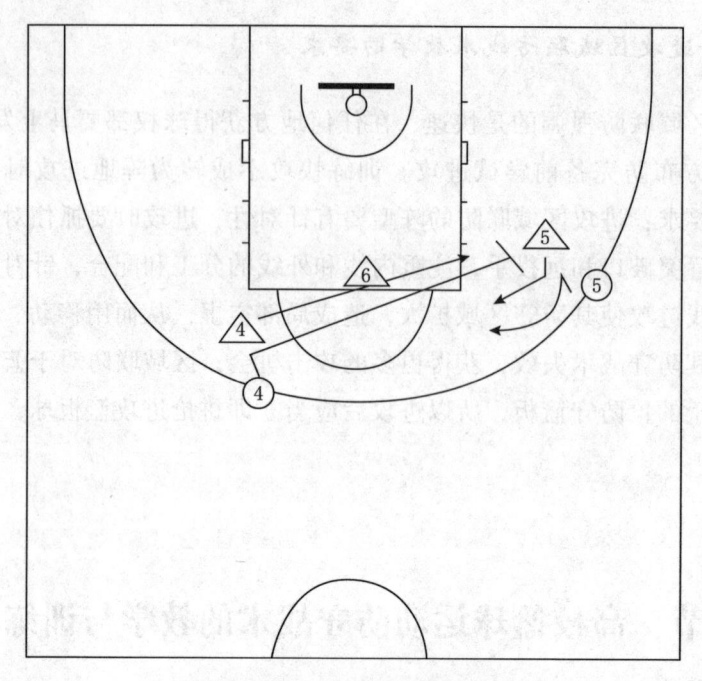

图 5-29 挤过配合的方法

3. 挤过配合的运用时机

在紧逼防守中，对方外线队员进行掩护时，防守队员采用挤过配合主动跟防方法，以达到紧逼目的。

4. 挤过配合教学的基本要求

第一，实施挤过配合时，应避免过早露出配合的意图，以防对手反向切入。

第二，进行挤过配合的时候，应在两名进攻队员身体靠近之前，果断地贴近对手抢步，迅速侧身挤过。

第三，防守掩护的队员应选择能够同时防守两名进攻队员的位置，做好准备随时换防，并及时提醒告知己方队员注意对方的掩护意图。

5. 挤过配合的训练实践方法

如图 5-30 所示，④先掩护⑤。④需要先接近⑤，⑤在④靠近的同时移动，⑤要向⑤前方所在位置上及时跨近一步，侧身挤过④与⑤中间，继续对⑤进行防守。之后由⑤掩护⑥，⑥按⑤同样的动作挤过。依次进行循环练习，然后攻、守互换。

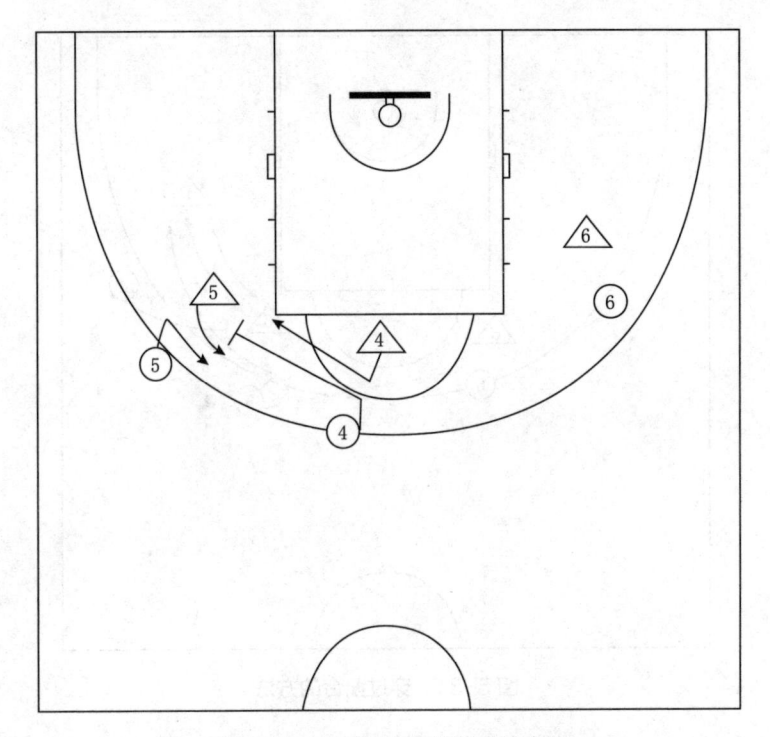

图 5-30 挤过配合的训练实践方法

（二）穿过配合教学

穿过配合是指在进攻队员实施掩护时，对掩护者实施防守的队员主动地向后撤一步，以便同伴（防守被掩护者的队员）能够及时地从自己与掩护队员之间穿过去，继续对自己的对手进行防守的一种配合方式。穿过配合的特点是防守者始终离对手不远，又不容易犯规，但需要同伴的及时配合。

1.穿过配合的目的

采用穿过配合，有效地遏制和破坏对方的掩护配合。

2.穿过配合的方法

如图 5-31 所示，当④给⑤做掩护时，△5上前一步从△4和⑤之间穿过继续紧逼防守⑤。

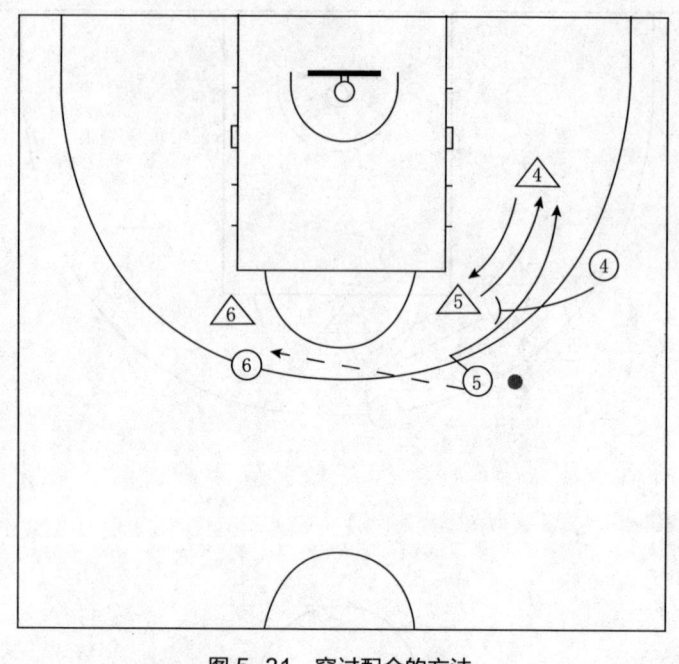

○ "理论"兼"实践"的高校篮球运动教学研究

图 5-31 穿过配合的方法

3. 穿过配合教学的运用时机

在人盯人防守时，当进攻采用掩护，但没有投篮威胁时，防守队员可采用穿过配合。

4. 穿过配合的基本要求

第一，防掩护者的队员应主动后撤一步选好位置，并及时提醒同伴，以便让队友穿过。

第二，当对方掩护时，防守掩护者的队员应撤步侧身，避开掩护者及时穿过。

5. 穿过配合的训练实践方法

如图 5-32 所示，⊗在弧顶外持球，④、⑤、⑥轮流做定位掩护，④、⑤、⑥防守者练习挤、穿、换防守。当⊗传球给⑥时，④立即起动借⑤定位掩护摆脱防守切入，④做挤过、穿过或交换防守练习。⑤做完掩护后拉出，④切入后到限制区左侧做定位掩护，⑥将球传过弧顶后利用④掩护切入，⑥做挤过、穿过或交换防守练习。如此反复进行练习，到一定次数后攻、守交换。

· 168 ·

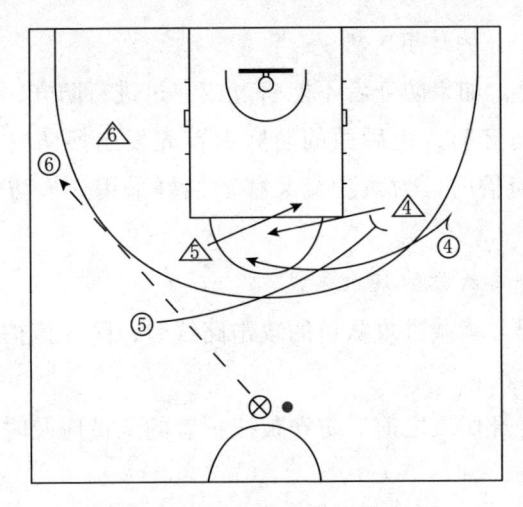

图 5-32　穿过配合的训练实践方法

（三）交换防守配合教学

交换防守是指在对手实施策应或掩护时，防守队员之间及时地交换自己所防守对手的一种配合方法。

1. 交换防守配合的目的

通过采用交换防守配合，将对手的掩护配合进行有效地破坏或遏制。

2. 交换防守配合的方法

如图 5-33 所示，当⑤给④掩护成功，△4和△5要及时交换防守对象。

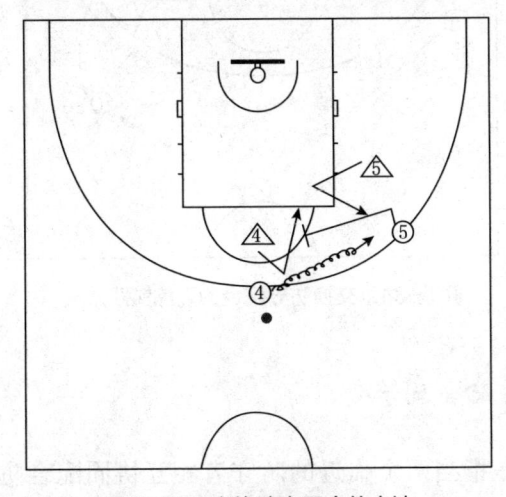

图 5-33　交换防守配合的方法

3. 交换防守配合的运用时机

当对方掩护时,如果防守者不能挤过或穿过进行防守,可及时采用交换防守。采用交换防守时,由后面的防守者首先发出换防的信号;或者当对方纵向移动做侧掩护时,为减少交叉移动最好采用交换防守以破坏对方的掩护。

4. 交换防守配合教学的基本要求

在利用交换配合堵截进攻队员的攻击路线时,防守掩护者的队员应及时发出信号提醒同伴。

在掩护队员转身切入之前,防守被掩护者的队员应及时撤步,以抢占有利于防守的位置。

5. 交换防守配合的训练实践方法

如图 5-34 所示,⊗与④和⑥在外围传接球,当⊗传球给④的同时,⑤给④做后掩护,④将球回传给弧顶队员,④借掩护之机切入篮下,这时△5一边跟防,一边通知△4。当④切入时,△5突然换防④,并准备断弧顶队员传给④高吊球,此时△4要抢占内侧防守位置,防止⑤接弧顶区的球。

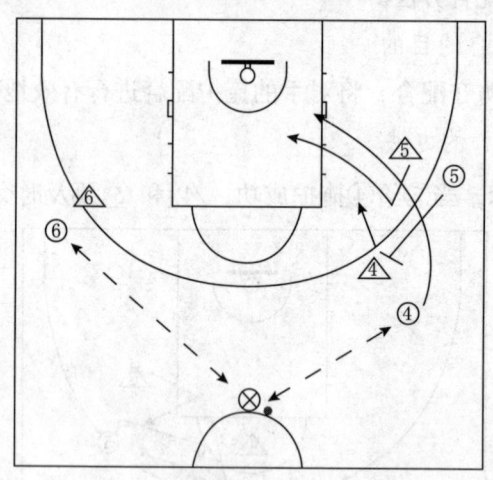

图 5-34 交换防守配合的训练实践方法

(四)"关门"配合教学

"关门"配合是指当两个临近的防守者相互协同配合防守对手持球突破

时，像两扇门一样"关闭"起来，堵住持球队员突破的一种配合。

1."关门"配合的目的

通过运用"关门"配合，有效地阻截 1 次直接的投篮和减少进攻方 1 次最有威胁的进攻机会。

2."关门"配合的方法

如图 5-35 所示，④持球向篮下突破，△5 和 △4 采用"关门"配合。

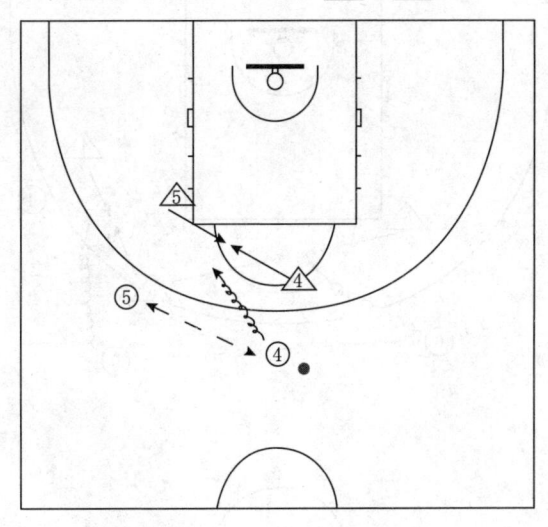

图 5-35　"关门"配合的方法

3."关门"配合的运用时机

在半场人盯人防守和联防时，当进攻队员运球从侧面或正面向篮下突破时，经常采用"关门"配合。

4."关门"配合教学的基本要求

第一，防守对方突破的队员应该积极地堵住进攻队员的突破路线。

第二，防守队员应根据持球队员的停球和传球，来决定围堵和回防，在进攻队员突破时，临近突破一侧的防守队员应快速移动靠拢进行"关门"配合。

第三，邻近的 2 名防守队员在运用"关门"配合时，应两肩靠紧，微屈膝，含胸，两臂自然上举或侧举，在发生身体接触时，为避免受伤，应使用暗劲。

5. "关门"配合的训练实践方法

如图 5-36 所示，④、⑤、⑥在外围相互传球，寻找机会从△4与△5或△5与△6之间突破。△4、△5、△6除了要防住自己的对手外，还要协助邻近同伴进行"关门"，不让对方突破到篮下。当进攻者突破不成把球传出时，"关门"的队员还应快速还原去防自己的对手。

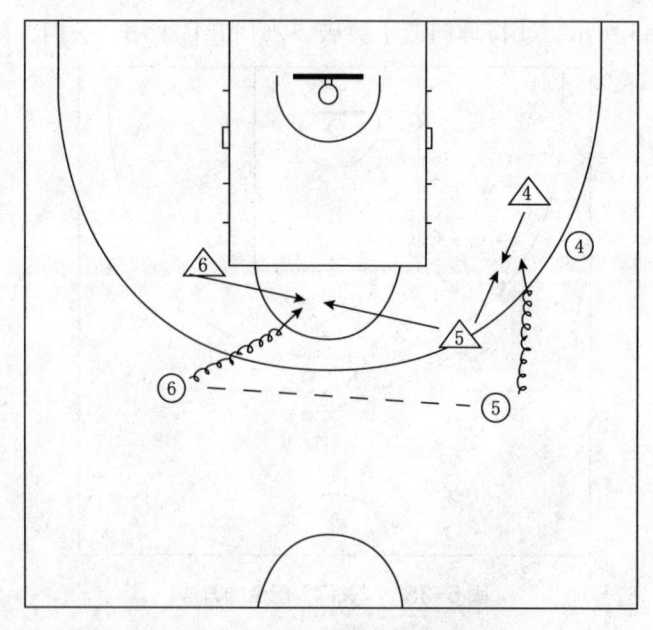

图 5-36 "关门"配合的训练实践方法

（五）篮球防守战术配合的教学建议

在对篮球进攻战术基础配合进行复习、巩固与提高的过程中，要将防守战术基础配合的教学内容渗透其中，从而将篮球进攻战术基础配合与防守战术基础配合有机结合起来。

在篮球防守基础配合的教学中，应将挤过配合作为教学的重点内容，将交换防守配合和穿过配合作为一般的教学内容，其他基础配合作为介绍和自学内容。

要使学生了解和建立有关篮球防守战术基础配合的概念，掌握相应的防守基础配合方法，并通过对抗练习来逐步提高队员的战术意识和配合质量。

二、篮球防守快攻战术教学与训练实践

（一）防守快攻战术的教学内容

1. 防守快攻战术的教学要点

（1）提高投篮命中率，拼抢前场篮板球

现代篮球比赛，在由守转攻抢时，通过争取后场篮板球进而发动快攻的概率最大，因此，进攻队员提高投篮命中率、积极拼抢前场篮板球是制约对方发动快攻的有效方法。

（2）堵截快攻的第一传和接应

对快攻的第一传和接应进行有组织的堵截，是使其快攻失败的关键动作。当对手由防守转变为进攻，最接近持球对手的防守队员须立即上前封堵对方的传球路线，寻找夹击防守的机会，干扰对手的第一次传球。同时，其他队员需切断接球路线，找机会截断传球，以减慢对手的进攻速度，并利用这段时间来布置防守。

当对方发动后场端线球快攻时，一方面防守队员要迅速退防，防止其偷袭；另一方面防守队员要全力封堵对手发端线球，延缓其进攻速度，组织好防守阵型。

（3）控制对手的推进

当对方发动快攻时，领防队员绝对不可盲目后撤，而是应当与持球者保持适当距离，控制后撤速度，以对对手的推进速度进行控制，从而转入阵地防守。

（4）防守快下队员

由攻转守时，防守队员应积极堵截中场，使进攻队员不能长驱直入篮下；积极运用快速退守，并追截沿边线的快下队员。

（5）提高队员以少防多的能力

当对方成功发动快攻、出现以少防多的不利局面时，防守队员应提高一防二、二防三的能力，重点防篮下，为同伴回防赢得时间，这就要求球员必须提高个人防守能力，以及同伴之间的相互补防能力。

2.防守快攻战术的方法

(1) 堵藏快攻的发动与接应

如图 5-37 所示，⊗投篮未中，当防守队员④抢到篮板球时，④立即转攻为守，迅速上前挥手封其一传，⑥和⑤分别堵截⑥和⑤接应一传。

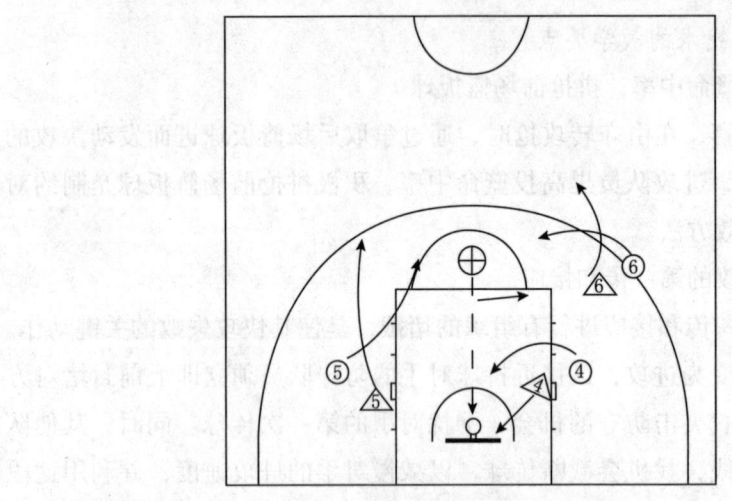

图 5-37　堵藏快攻的发动与接应

(2) 夹击第一传

如图 5-38 所示，当④抢到篮板球时，④和篮下的⑤合作夹击，⑥放弃快下的⑥，而及时去堵截⑤的接应，并随时准备断④传出的球。

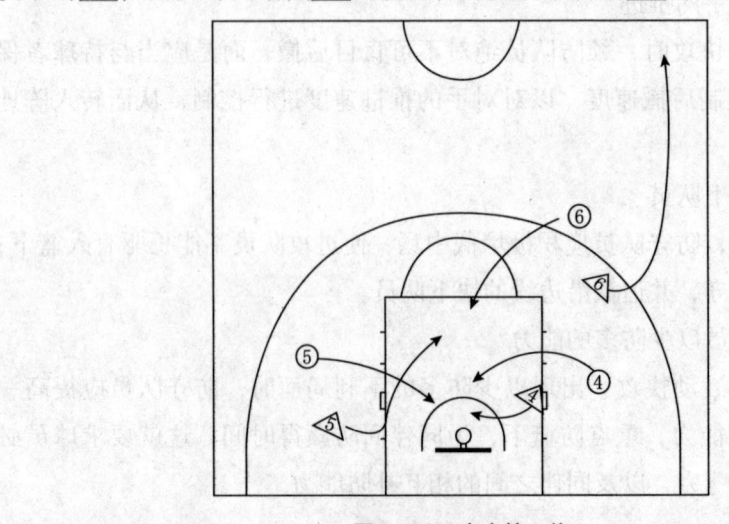

图 5-38　夹击第一传

(3)快攻结束阶段以少防多

①半场一防二

如图 5-39 所示，当⑥把球传给⑤，⑤沿边线运球推进时，④由中路稍向⑤一侧退防，在退防中要利用假动作干扰对手。当⑤又把球传给⑥时，④立即移向⑥一侧篮下，并随时断⑥回传给⑤的球或及时起跳封盖⑥的投篮和可能的二次篮板球进攻。

②半场二防三

如图 5-40 所示，⑤从中路运球推进时，④在前堵中路，⑤在后呈重叠防守。当⑤把球传给⑥时，⑤上前防守⑥，④立即后撤兼顾防守⑤和⑦。当⑥沿边线运球突破时，⑤随之移动防守⑥突破上篮，这时④要向中区占据篮下有利位置兼防⑤和⑦。当⑥把球传给⑤时，④要立即移动堵截，⑤迅速向篮下移动兼防⑥和⑦。

练习要求：④和⑤在防守中要协同配合，人球兼顾，真假动作结合，抢占有利位置，并伺机断球。

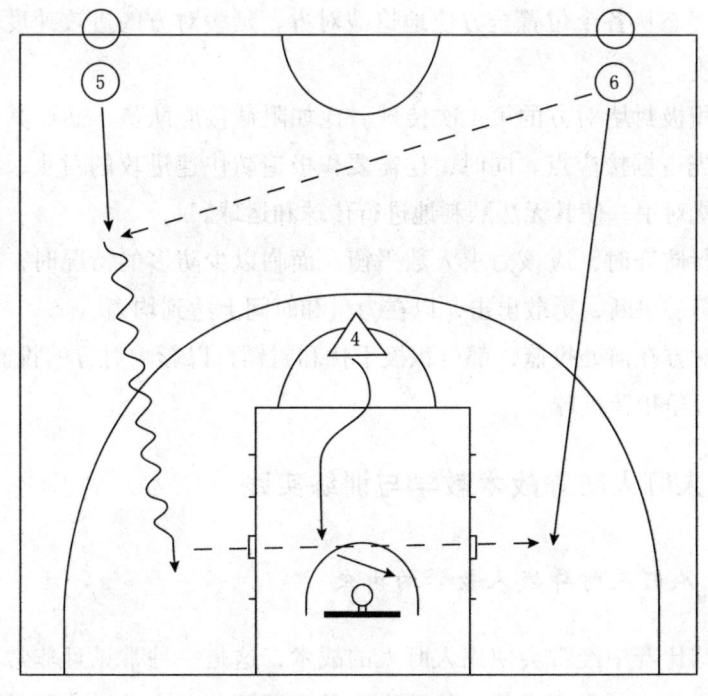

图 5-39 半场一防二

○ "理论"兼"实践"的高校篮球运动教学研究

图 5-40　半场二防三

（二）防守快攻战术的教学要求

必须统一防守战术的指导思想，全队一体，各负其责，行动统一，以积极主动的姿态从各个位置全方位地追截对方，延缓对方的进攻速度，阻止对方快速进攻。

应该积极封堵对方的第 1 次传球。比如阻截接应队员，妨碍其向接应区移动，抢先占据接应点。同时，还需要积极追防快速进攻的对手，或者在中场拦截干扰对手，使其无法顺利地进行传球和运球。

在进行防守时，应该力求人数平衡。面临以少防多的情况时，必须保持机警、冷静、果断，勇敢出击，以在力量和时间上达到均衡。

无论对方在何处投篮，都应积极干扰和封锁，以影响对方的投篮命中率，同时要积极争抢篮板球。

三、人盯人防守战术教学与训练实践

（一）人盯人防守战术教学的内容

在篮球比赛中经常会使用人盯人的战术，这是一种常见且非常有效的战术。人盯人战术就是要求每一位防守队员要紧盯着对方的进攻队员，并且要

注意和队友之间的相互配合、协同防守。从防守范围来说，人盯人防守战术可以分为2种形式，一种是半场人盯人，另一种是全场紧逼人盯人。

1. 半场人盯人防守战术

（1）半场扩大人盯人防守

如果对方在外围投篮的准确度很高，但是在突破能力以及和队友配合进攻的质量较差的时候，就可以采用半场人盯人的防守战术，这样能够起到有效遏制对手的作用。有的时候也可以采取切断内部和外部的联系、加强外线防守等方式不给中锋获球机会，从而获得制外防内的防守效果。所以，半场扩大人盯人防守方法具有很强的主动性与攻击性。不过因为扩大了防守范围，队员可能会消耗很多体力，这对于协防是不利的，并且容易出现漏人的情况。

如果比赛从进攻转为防守，防守队员必须注意严格控制对方的反击速度，要及时后撤，对方持球队员在进入半场以后，防守队员要紧逼对方放慢速度，打破对方的突破节奏，而在防守无球队员时，位置的选择是最为关键的。通常来说，扩大人盯人防守方法有以下几点需要注意：

第一，在由进攻转为防守时，需要快速回防，在球进入三分线之前找到防守对象，并主动迎上去，当进攻队员进入三分线时，应紧迫防守，防止其突破。

第二，在进攻队员进入罚球线区域时，应该积极前压防守，阻止对方接球，破坏其进攻配合，控制持球队员，利用挤过防守，使对方无法成功掩护。

第三，当进攻队员在场地两侧或角落进攻时，应及时补防或"关门"，迫使底线突破者停球，阻止其通过篮下；利用边角防守，让高大队员及时绕前防守，控制篮下。

（2）半场缩小人盯人防守

半场缩小人盯人防守，基本控制的防守区域是在半场的1/2区域内，它的主要目标是强化内线防守、保护篮下。这种防守策略多用于对手篮下攻击力强、外线攻击力较弱的情况，其防守区域较小，有利于协防，以及控制内线进攻，在抢到篮板球后应组织快攻反击。

半场缩小人盯人防守的基本防守方法如下：

①破掩护、交换防守或协防

如图5-41所示，进攻队员⑤将球传给⑦后，⑤去给④做掩护，防守队员

⑤和④向后移动穿过去破坏对方的掩护；若对方掩护成功，⑤和④要及时交换防守，或④随之移动，继续去防④，其他防守队员相应向篮下收缩，进行协防。

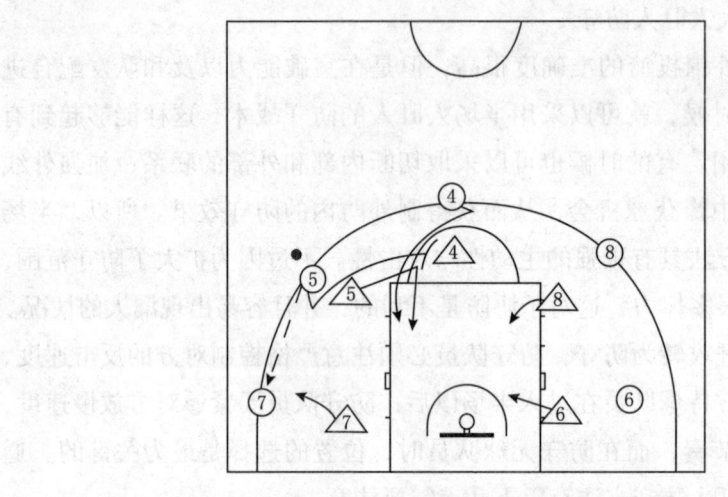

图 5-41　破掩护、交换防守或协防

②围守中锋防突破

如图 5-42 所示，当进攻中锋⑥威胁性较大，而其他外围队员⑦、⑤、④中远距离投篮不准，但又善于切入时，⑥接到外围⑧的传球后，除⑥全力防守之外，④、⑤、⑦都要相应缩小防区。

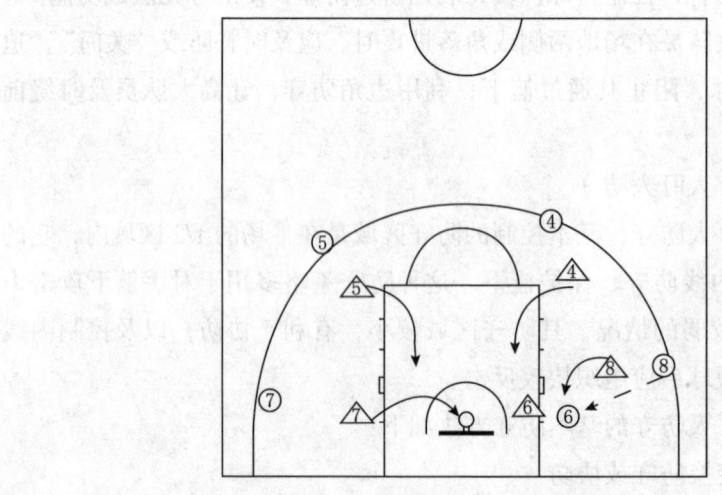

图 5-42　围守中锋防突破

2.全场紧逼人盯人防守

全场紧逼人盯人防守是在全场范围内与对手展开争夺。防守队员在不同防区的紧逼过程中，任务也有所不同，所以，通常把球场划分为前场、中场和后场3个区域来组织防守。

（1）前场紧逼防守

①对方在后场外掷界外球时的紧逼方法

一对一紧逼形式，如图5-43所示，④积极阻挠④掷界外球，前场的其他防守队员应采取防守策略，诸如防止球传递的路线，并积极尝试抢断球。同时，后场的防守队员需要提高防守意识，与对手保持适当距离，并始终做好接住长传的准备。

②夹击接应的紧逼形式

在上述一对一紧逼形式中，如果④是控球能力很强的队员，是该队的主要接应者，④可以放弃对发球人的阻挠，转而对⑤进行夹击，阻止其顺利接应篮球。

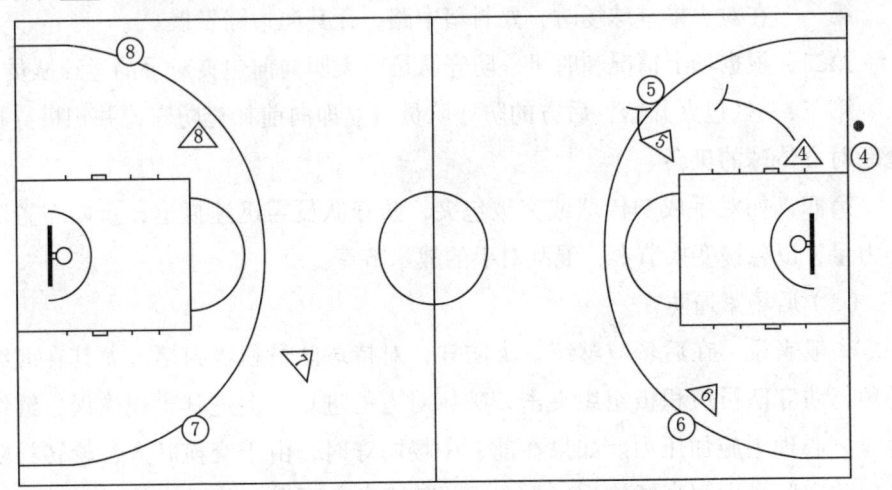

图5-43 对方在后场外掷界外球时的紧逼方法

③机动夹击接球者的紧逼形式

如图5-44所示，⑤和⑥分别站在对手的侧前方，阻止对手迎前接应。④放弃防守发球者，退到⑤和⑥的后面，随时抢断传给⑤和⑥的高吊球，⑦提上，准备抢断传给⑥的长传球，⑧向⑦方向靠一点，准备抢断传给⑦的长传球。

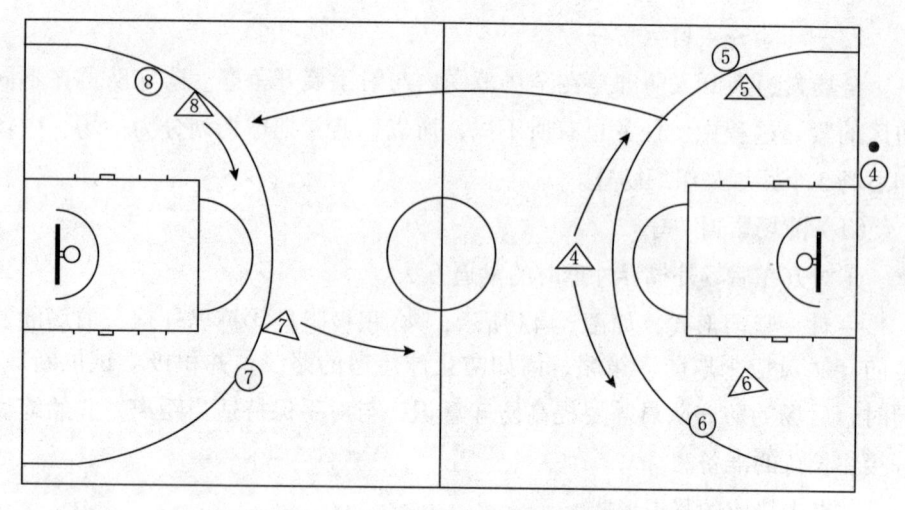

图 5-44 机动夹击接球者的紧逼形式

（2）中场紧逼防守

第一，在对手推进球场时，要封堵中路，让其向边路发展。

第二，根据场上情况和时机，防守队员应大胆向前包夹对手的运球队员。

第三，一旦包夹开始，后方的防守队员应立即向前补充防守，并积极寻找抢断对方传球的机会。

第四，如对手成功传球或突破包夹，防守队员需迅速撤退，重新布置防守力量，以急慢变换节奏，混乱对手的战术节奏。

（3）后场紧逼防守

一般来说，在后场应继续扩大防守，对持球队员积极封堵，尤其在底线场角，防守队员应积极组织夹击，破坏对方的进攻，促进其出现失误，继续给对方心理上施加压力。如果在前、中场防守时，由于交换盯人、轮转补防出现防守队员中间高矮错配、强弱不均等现象，可以寻找适当的时机进行调整，以巩固后场的防守实力。

（二）人盯人防守战术教学的要求

1.半场人盯人防守战术训练的要求

由攻转守时，防守队员需要快速回撤到后场，构筑集体防守的形态。依据对手队员的身高、技术特点等进行防守配置。遵循人球兼顾，以人为主的防守原则，防守队员的位置应根据"球—对手—我方—篮筐"来进行灵活调整，例如，截断无球者、逼近有球者、贴近球源、追防运球、堵阻远球、控制远篮，封住近篮的调整原则。

2.全场紧逼人盯人防守战术训练的要求

由攻转守时，全队要在思想和行动上坚定一致，运用心理优势压倒对手，对对手的紧逼要凶猛，全场紧密防守，以控制对手进攻节奏，破坏其习惯的进攻战术。

四、区域联防战术教学与训练实践

（一）区域联防战术教学的内容

1."2-1-2"联防

"2-1-2"联防，即前边站2名队员，中间站1名队员，后边站2名队员。如图5-45所示，这种阵型适用于阻截正面突破和篮下威胁较大而"两腰"攻击力较弱的球队。

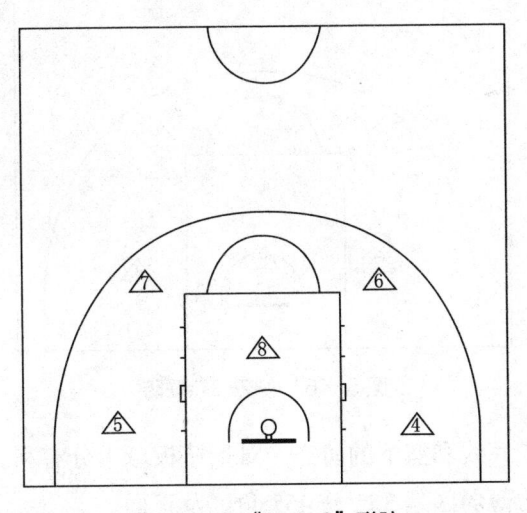

图5-45 "2-1-2"联防

优点：队员的分布更为均匀，移动距离短，易于相互协作，控制篮下，有助于抢篮板球和发起快攻。

缺点：防守的薄弱区在篮下、三分线的正面，以及30°～45°区。

以下是各个位置队员应满足的条件：突击先锋的⑥、⑦号队员需要具备敏捷思维、机动性、高速度，以及擅长突然反击和组织快速进攻的能力；⑧号队员则需要身材高大，拥有强烈的补位意识，并且擅长争夺篮板球；④号、⑤号队员则需要身材高大，技术全面，同时具有争抢篮板球和启动快速进攻的能力。

"2-1-2"区域联防的方法：由攻转守时要快速布阵；明确任务，分工合作；随球转移，保持阵型，有球盯人，无球则人球兼顾，并注意协防。

2."2-3"联防

如图5-46所示，"2-3"区域联防阵型以强大的篮下防守力量为其主要特征，它对争夺篮板球有着显著的优势，也特别适用于对抗擅长篮下攻击的队伍。然而，就如同"2-1-2"区域联防阵型，这种布局的弱点在两侧45°外围区域，这些区域容易被进攻方利用进行投篮。

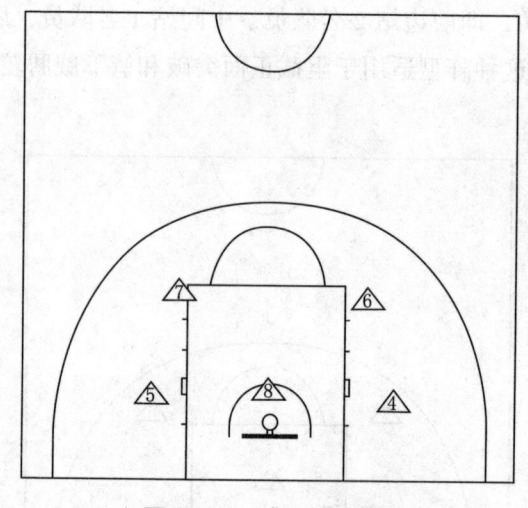

图5-46 "2-3"联防

优点：增强了底线和篮下的防守，对抢篮板球十分有利。

缺点：防守的薄弱区是35°～45°角区及正面。

各位置队员应具备的条件：突前的⑥、⑦应是机智、灵活、快速、善于抢断反击和组织快攻的队员；⑧应是身材高大、补位意识强、善于抢篮板球的队员；④、⑤则是要求身材高大、技术较全面具有争夺篮板球和发动快攻能力的队员。

3. "3-2"联防

如图 5-47 所示,"3-2"区域联防阵型主要是针对内线攻击能力较弱,组织配合能力较差,但可以从外围准确投篮的球队。这种阵形可以瓦解对手的外围进攻,同时创造触球、抢断、反攻、打球的机会。

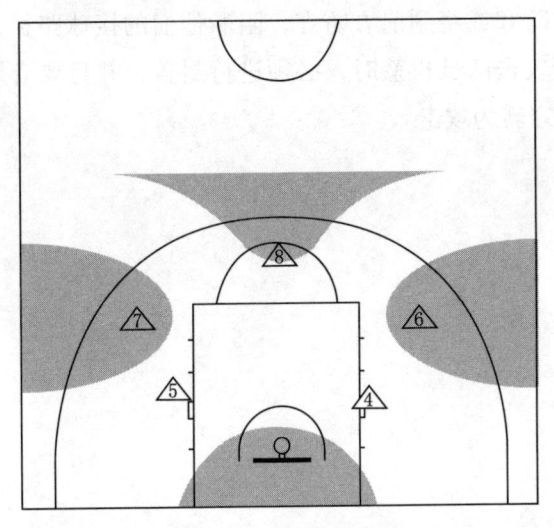

图 5-47 "3-2"联防

这种防守布局的优势在于其强化了外围防守,特别有利于对中远距投篮的防守及从抢断球中迅速发起反攻。然而,其劣势也明显,灰色区域表现出明显的防守薄弱,这使两个角落及中远距离投篮和篮下攻防显得困难,同样地,也不易抢到篮板球。在防守布局上,两个角落和限制区造成了防守上的薄弱环节。

各位置队员应具备的条件:⑥、⑦、⑧为突前防守的队员,应是快速灵活、善于抢断球和反击的队员;④、⑤应是身材高大、善于在内线防守,并具有抢篮板球发动快攻能力的队员。

(二)区域联防战术教学的要求

在训练中,根据区域联防战术的特性,应遵守以下准则:每个区域的防守者负责自己的区域,积极阻止进入该区的攻击者,并与队友协同防守;防球是重中之重,随着球的移动及时调整位置,实现人球两不误;保持防守姿态，通过摆动双臂进行阻挡；彼此协作，及时交换位置，保护篮球，相互协助，共同防守；要贴近有球队员防守，阻止他们的投篮和突破；针对无球队员的移动要进行拦截，守住在自己区域内的球；全队必须迅速后退并布防，严防攻击者在篮下活动，力图阻止球和攻击队员轻易突入内线；针对中锋队员，要尝试前方防守或绕到前方防守，阻断他们的接球路径，尽可能让他们无法接到球；当攻击队员投篮时，必须进行封盖，并且要有好的篮板球抢夺组织，尽量从防守转为攻击。

第六章 高校篮球运动游戏教学与训练实践研究

第一节 高校篮球运动游戏概述

一、篮球游戏的特点

篮球游戏是体育游戏与篮球训练的结合。因此，篮球游戏具备了篮球训练和体育游戏两方面的特点。除此之外，篮球游戏还具有一些专属于它自身的特点，主要体现如下：

（一）目的性

篮球游戏的娱乐性和进行时的轻松氛围容易让人忽略它存在的目的。它并不仅仅是一项娱乐游戏，而是在游戏中蕴含着许多训练内容。例如，增强篮球球员的体质和篮球技能的提高就是篮球游戏的意义之一。

不同的篮球游戏拥有不同的针对性。有的篮球游戏针对运球能力的培养，有的针对传球能力的培养等。此外，篮球游戏还具有合理安排运动负荷的作用，如在进行了大运动量训练后，安排一些篮球游戏予以调整球员的体能分配。

（二）灵活性

篮球游戏的灵活性体现在游戏中的动作、路线、规则及场地器材都是根据参加者的实际情况进行设计、选择和变化的。其具体表现如下：

1. 篮球游戏中的动作

可以根据参加者的具体情况和不同要求做相应变化，可以是正常的跑、跳、投；也可以是各种变异的跑、跳、投；可以提出严格的动作规范，也可以淡化动作规范等。

2. 篮球游戏中的路线

可以根据参加者的具体情况和不同要求做相应的变动，可以是直线、曲线也可以是弧线、螺旋线；可以一次直接到达终点，也可以几个人接力到达终点。

3. 篮球游戏中的规则

需要简明扼要，不宜过分复杂。篮球游戏的规则可根据游戏的目的，对活动的路线做不同限制，这样能产生不同的游戏效果。

（三）竞争性

篮球游戏的竞争性可以体现在比拼体能、技能与智力，或者是比拼与同伴协作的能力，集体协作能力和应变能力等。除此之外，篮球游戏还可以使弱者有机会成为获胜的一方，这也给实力强的一方提出新的挑战，其必须充分发动思维，积极思考游戏规则等内容，把握游戏的本质，才能反败为胜，在篮球游戏中可以更好地挖掘人的潜力。因此，篮球游戏不仅能提高参与者的活动能力，还能培养创造思维能力。

（四）趣味性

趣味性是一切游戏的根本属性，这也是篮球游戏中的重要属性。由于篮球游戏本身所具备的趣味性和休闲性，因此球员可以在轻松愉快的氛围中进行游戏，这对于情感调节，放松身心，娱乐休闲，开展趣味性竞争都有着积极的作用。球员轻松、自由、平等地参加游戏活动，把注意力集中于活动过程的乐趣上，从而获得自由表现的机会，并拥有一种轻松愉快的心境。篮球游戏过程中的随机性、偶然性，会使游戏参加者产生浓厚的兴趣和愉快的感觉，满足人们情绪、情感上的需求，产生愉快的情绪体验，这也是篮球游戏的魅力所在。

二、篮球游戏的任务与要求

（一）篮球游戏的任务

篮球游戏也是篮球教学与训练的内容之一，它的任务包括以下几点：
第一，正确、熟练地掌握篮球运动技术和技能。
第二，力求使球员始终保持持久的兴趣和旺盛的求知欲。
第三，调节和提高球员兴趣，减轻疲劳感，提高教学训练质量。
第四，提高球员的感觉器官和机能的敏感性、稳定性与思维能力。

（二）篮球游戏的要求

篮球游戏已经成为现代校园篮球教学和篮球专业运动队中经常使用的活动方法。在进行篮球游戏教学与训练时，应注意以下几方面的基本要求：

1. 满足篮球教学训练的需要

在针对篮球运动进行教学设计时要充分考虑游戏的方法和具体的内容与球员的身心发展特点是否相符，能否使球员的生理和心理的发展需求得到满足。并且不能忽略篮球游戏对于正规的篮球训练所起到的辅助作用，要让篮球游戏和具体的教学相配合，通过游戏的方式使球员的技能技巧得到锻炼。在设计游戏时要注意，游戏的内容不能太复杂，否则可能会对教学的效果造成不好的影响。

2. 提高球员思维能力水平

篮球游戏能够使球员的想象力、创造力得到发挥，能够锻炼球员的思维，使球员的认知能力得到提升。想要做到这一点，教师除了要进行语言的讲授以外，还要尽可能去启发学生挖掘自己的潜能，放大自己的优势，使球员的体力及智力都能得到很好的提升，同时对于球员的思维能力也能起到很好的锻炼作用。

3. 加强球员的思想品德教育

篮球运动是由五个人组成团队来进行的一项体育项目，所以篮球运动的本质属性就包括集体协作。在组织篮球游戏的时候也要尤其注重在游戏中体现集体、团队的意义。

在篮球游戏中，球员和球员之间要有集体意识，需要协同配合，通力合作。教练也要做到因材施教，要按照计划一步步进行；要关怀球员、尊重球员，除了要扮演好球员的良师以外，还要努力成为球员的益友；在判定游戏的结果时要公平公正，给出最客观、公正的结果。并且要通过篮球游戏尽可能对球员进行思想品德教育，将提升球员的思想道德品质作为重要的教学目标。

三、篮球游戏的创编步骤与原则

（一）篮球游戏的创编步骤

1. 游戏任务的确定

作为一种具体游戏，篮球游戏的创编必须要有其具体的目的和任务。例如，为提高某项身体素质培养兴趣。

2. 游戏素材的选择

在选择篮球游戏素材时，要根据游戏的任务从篮球运动本体内容中进行选择，例如，学习篮球的某项技术，就可以将这一技术作为素材。

3. 游戏方法的确定

游戏方法通常包括游戏的准备、进行形式、队形及其变化、活动时间、空间地域范围、路线、接替方法和动作要求等内容。

4. 游戏规则的制定

制定游戏规则时，要注意正规的篮球规则的基本要求，要有利于运用技术与战术的规范要求，要明确合理与犯规、成功与失败的界限，制定出对犯规者的处理办法。另外，规则要有利于维护游戏的安全。

5. 游戏名称的确定

游戏名称要具有教育性、形象性、激励性和象征性，还要简单易懂，并能反映出该游戏的主要特点。

6. 游戏演示的示范

篮球游戏的创编，是为了更好地进行篮球游戏教学训练任务。对游戏进行科学合理的示范和演示，是篮球游戏获得训练效果的基础。

（二）篮球游戏的设计原则

篮球游戏具有辅助教学的功能，当这一观点出现后，慢慢引起了篮球训练工作者的重视和认同。随着篮球运动的发展，也慢慢诞生了各种新颖的篮球游戏。要想设计出一个富有成效的、具有教育意义的篮球游戏，就要坚持以下几个原则：

1. 针对性原则

针对性原则是指在进行篮球游戏的设计时，要根据本次教学的内容和目标进行设计。在设计时，还要充分考虑到教学训练的一些客观条件，如器材、场地、天气等，然后有针对性地设计游戏的具体内容、方法以及规则，也可以基于不同的教学目标，有针对性地设计和选择篮球游戏。

之所以要在篮球教学训练中组织篮球游戏，目的就是提高球员的身体素质，帮助球员更好地掌握技术技巧，并培养球员的意志品质，锻炼球员的思维能力。所以，必须在遵循针对性原则的前提下进行篮球游戏的设计，这样才能使教学训练的任务顺利完成。

2. 趣味性原则

篮球游戏和篮球训练根本的区别就在于篮球游戏具有趣味性。所以篮球游戏的设计一定要遵循趣味性原则。趣味性往往是在较强的对抗、竞争中体现。这样的对抗和竞争能让人感到愉悦，有助于使人的活力与潜能被激发出来，因此在篮球游戏的设计中必须遵循趣味性的原则。

要想在篮球游戏的设计中体现趣味性，可以设计一些和平时人们的生活习惯完全不同的动作，使球员在这样的高难度动作中慢慢提升自身的协调能力，还可以设定一些稀奇有趣的游戏规则以引起参与者的兴趣，从而使他们能够全身心地参与到游戏当中，进而通过自身的努力取得游戏的胜利，感受到成就感和满足感。

3. 教育性原则

篮球游戏的设计还要注重游戏中是否具备了教育因素，具体来说就是在游戏主题、名称、形式，以及具体的要求上是否立足于教育的价值和意义上进行设计，防止设计出来的游戏趣味性过强。所以，篮球游戏的设计也要注重体现教育性原则，通过游戏达到教育目的，如培养参与者的道德品质、集体荣誉感、团结协作的能力等。

4.安全性原则

在设计篮球游戏时也不能忽视安全问题；篮球游戏通常是在篮球场进行的，将篮球与标志杆当作器材，看起来十分安全，但是由于有些篮球游戏以篮球运动技战术为素材，针对性比较强，所以在制定游戏规则时要考虑动作规格，以免出现控制过大、过猛的情况，要注意保护参与者的人身安全，贯彻安全性原则，以免参与者在游戏过程中受伤。

第二节　高校篮球运动身体素质类游戏

一、力量素质游戏

（一）推小车

游戏目的：锻炼学生上肢力量，提高身体的协调性，培养团结精神。
游戏准备：篮球场1块。
游戏规则：支撑前进的游戏者，两手必须超过中线或端线后，才能与对方交换。
游戏建议：根据学生的身体状况，可增加推车的距离。

（二）火车赛跑

游戏目的：发展锻炼学生腿部力量和动作的协调性。
场地准备：篮球场1块。
游戏方法：首先，队伍成员被平均分配成2队，每队成员都要按纵队的方式站在起点线后面；每个队员都向前方伸出自己的右（或左）脚，同时用自己的左（或右）手手掌接住后方队友伸过来的脚，再将右（或左）手搭在前面队友的肩上，形成1列类似"火车"的队列；队列的头部成员不需要伸出脚，而队列的尾部成员只需要向前伸脚和搭手；听到出发的口令后，整个队伍需要按照同样的节拍向前跳动，但是队列的头部成员可以选择走步前进；"车尾"先通过前场端线的队伍获胜。

游戏规则：如果发生"脱节"或者"翻车"的情况，队伍需要在原地重新组织好，然后才能继续前进；队伍的得分依据是整个队列完整通过终点线的时间；只有当"列车"的全部成员都完全通过终点线，才能计分。

游戏建议：此游戏应根据队员不同条件来确定跳跃的距离。

二、速度素质游戏

（一）追捕

游戏目的：提高学生的移动速度和灵活性。

游戏准备：篮球场地1块。

游戏方法：全部游戏者分散在球场上任意跑动，挑选两名玩家充当捕捉者；一旦游戏开始，任何被捕捉者触摸到的参与者都必须用一只手按住被触摸的区域，继续躲避捕捉者的追逐；假如他再次被触摸到，他就得用另一只手按住被触摸到的区域，且保持运动；当他第3次被接触到时，就会被淘汰，必须退出场地，等待第2名被淘汰的玩家与他一同成为新的捕捉者团队，追逐剩下的玩家；在新的捕捉者入场时，被原捕捉者触摸的人们将得到"释放"，他们在移动时不必再用一手或双手按住被触摸的区域，但是如果新的捕捉者触及他们，他们仍需用手按住被触摸的部位并保持移动。

游戏规则：追捕者的手触及被追捕队员方算有效，不得推、抓、拍打人，否则罚其连续再追捕两人后方可替换；以球场为界，跑出球场算自动离场，按被第3次触及处理。

游戏建议：如果参加游戏的人数多，可分2队进行。

（二）追球比赛

游戏目的：提高学生的反应能力，起动速度和观察能力。

游戏准备：篮球场地1块，篮球1个。

游戏方法：将学生平均分成2个团队，各自站在球场的两侧。在团队内进行编号，每位学生须记住自己的编号；教师将篮球向篮板投去并同时大喊出一个号码后，在两个团队中对应该号码的成员立刻开始争夺篮球；如果队伍A中的对应号码学生首先抓住球，那么队伍A首先得1分，该学生则立即将球带至他们的队列尾部，然后向前传递；同时，没有抢到篮板球的对应号码队员需要空手绕过队尾跑向队伍前面；如果A队的球传递速度快，他们可以再得1分，以2∶0结束该轮游戏；如果双方同时到达，且无法确定谁先到，那么没有额外的得分，A队以1∶0结束这一轮游戏；然后，教师再叫出下一个号码，游戏继续进行；经过若干轮或一段时间后，计算各队得分，得分更高的队伍赢得比赛。

游戏规则：跑的队员必须从本队队尾绕过去，跑到本队排头处；队员必须依次传球，不得隔人传球。

游戏建议：抢篮板球后可运球跑。

三、耐力素质游戏

（一）跑跳跟进

游戏目的：提高学生的有氧代谢水平。

游戏准备：篮球场1块，篮球2个。

游戏方法：把学生分成3～10人为一队的两队，分别成纵队站立于篮板下左、右侧，2队排头各持1球；游戏开始，2队排头把球掷向篮板，随即原地跳起在空中接球，并把球再次投向篮板，其后一人跳起在空中直接把从篮板上反弹出来的球再次投向篮板，其他人重复同样动作，每个人掷完后回到本队队尾，先到30次队获胜。

游戏规则：必须跳起连续在空中将球碰板才有效，否则取消已累加的次数，重新计算该队跳起打板碰板次数；不能落地，否则取消已累加的次数，重新计算该队跳起托球碰板次数。

游戏建议：可把2队分列于两端篮板下同时进行；提高游戏强度，可在球场另一端设一标志物，凡打板后必须跑步绕过标志物后方能回到该队队尾。

（二）淘汰赛跑

游戏目的：发展学生的速度耐力。

游戏准备：篮球场1个，画1个直径9～12米的圆，在圈外画1条线为起跑线。

游戏方法：游戏开始，队员站在起跑线上；当教师发令后，可规定每人跑2圈，最后1个人被淘汰，其他人继续跑；然后再规定每人跑1圈，最后1个人被淘汰，其他人再继续跑；直到游戏进行到只剩6～8人时结束，最后剩下的6～8人为获胜方。

游戏规则：听到信号后才能跑；超越别人时，应从右边越过。

游戏建议：根据人数适当安排场地的大小和规定跑的圈数。

四、柔韧素质游戏

（一）"斗鸡"

游戏目的：发展学生柔韧性和协调能力。

游戏准备：篮球场1块。

游戏方法：2人1组进行，每个人都要用右手握住向后弯曲的右脚，只用1条腿支撑身体；左手肘抵住身体，采取适当的冲撞策略，在给定的时间内尽量将对手撞出边界，或者让对手手脱开脚，并使其离地的脚接触地面，这样就算胜利。

游戏规则：参赛各队不得进行无序冲撞，可以做出欺诈动作以及躲避等操作；如果在进行抓脚动作时手与脚脱离，但脚并未碰到地面，可以重新抓住，这种情况不会判定为失败；游戏主要依靠肩部、躯干和腿部进行冲撞。

游戏建议：组织大家熟悉几次再正式做，时间不宜太长，两腿轮换练习；握脚的方法可以变化，但不允许在体前踢脚，以避免发生伤害事故。

（二）体前屈

游戏目的：改善学生的柔韧性。

游戏准备：篮球场1个。

游戏方法：2人1组相对坐在地上，两腿伸直，两脚与对方双脚接触，上体向前倾，双手手臂伸直与对方手指相扣保持静止，保持时间长者获胜。

游戏规则：两腿不得分开或弯曲。

游戏建议：根据具体情况可用两手触摸或握住脚尖。

五、弹跳素质游戏

（一）双人蹲跳

游戏目的：提升参与者的下肢力量以及协同工作能力，以此提高整体的协调性。

游戏准备：在比赛场地上划定2条平行线，两线相距5米，其中一条作为起跳线，另一条作为折返线。

游戏方法：分配等量的队员到2队中，并让他们分别成2列纵队站在起跳线后；从每队的第1对开始，2名队员背对背蹲下，并用两肘互相挎住，准备进行蹲跳；听到开始指令后，2人协同用力，向着折返线进行跳跃，跳过折返线后，再迅速跳回起跳线；第1对跳回的队伍将得到1分；游戏继续按此方式进行，累计得分最高的队伍将获得胜利。

游戏规则：必须2人都跳过折回线，才能折回；蹲跳时2人不得站起。

游戏建议：游戏前，应试做双人蹲跳动作；要求队员2人肘要挎紧，跳跃时要协调一致；可以轻声喊："1、2、1、2"以协调用力；双人蹲跳也可改为侧向的蟹行动作，即2人左、右脚同时依次向前走或跳进。

（二）双脚跳接力

游戏目的：提升学生的跳跃能力和协调性。

游戏前准备：需要1块篮球场地和多根跳绳。

游戏方法：将学生分配到2队中，并让他们分别在篮球场的端线外排成1列，排在前面的人持有跳绳并做好准备；听到指令后，队员使用双脚进行跳绳，跳到前场端线后再跳回，并将绳子交给下一位队员，然后下一位队员继续按照相同的方式进行跳跃。

2 组都完成后，以速度快慢分胜负。

游戏规则：跳绳必须在端线以外；只许双脚跳，不许单脚跳。

游戏建议：如器材允许，每人 1 根跳绳；可采用其他跳法或几种跳法结合进行。

第三节　高校篮球运动单项技术类游戏

一、传球类游戏

（一）迎面传接球

游戏目的：提高学生的原地传接球能力。

游戏准备：篮球场地 1 块，篮球 2 个。

游戏方法：队员分成 3 人 1 组，队员①和③位于罚球线的延长线上，队员②在端线外，队员①持球开始游戏；游戏开始后，队员①将球传给队员②，然后从侧面跑到队员②的后面，队员②接球后再将球传给队员③，也从侧面跑到队员③后面；如此进行接传球，规定时间内传接球次数最多的组获胜。

游戏规则：传球出手时不得踩线，不能边传边跑；传球方法可用双手胸前，双手头上以及反弹、体侧传球等方式。

游戏建议：教师可规定传球方式和增减传球距离。

（二）传球比多

游戏目的：提高学生在对抗中快速传接球的能力。

游戏准备：篮球场地 1 块，篮球 1 个。

游戏方法：学生分为人数相等的 2 队，比赛以中圈跳球开始，在整个篮球场内得球一方在本队队员之间连续传接球 15 次不被对方抢断，即得 1 分；如传接球未到规定次数而被对方抢断或自己失误，则取消已传次数，直到该队重新获得球再从头计起；在规定时间内得分多的队伍获胜。

游戏规则：有球一方只能传球，不得运、投、带球走，否则算违规；抢断球时不得有犯规动作，否则抢到球无效，球交对方并在犯规处重新开始比赛；同队之间传接球已超过规定次数，而球尚未被对方抢去，可继续传接得分。

同队2人间传接球不得连续进行，否则所传球算违例。

游戏建议：教师可以根据游戏者的水平规定传接球的次数；也可不规定具体传接球次数，而该规定时间内传接球次数多的队伍获胜。

（三）传球追逐

游戏目的：提高学生快速传接球能力。

游戏准备：篮球场地1块，篮球2个。

游戏方法：学生分为人数相等的2队，相互交错站成1个圆圈，圆圈的直径10～12米，每队各出1人手持1球背对背站立在圆圈中央；游戏开始，圆圈中的队员按同一方向传球给本队每1个人，该队的每个队员接球后又把球回传给圈中人，连续进行，2队所传的球互相追逐，超越对方的队获胜。

游戏规则：任何人不得故意干扰对方传球，否则算失败；圈中人只能在中圈内移动和逐一把球传给本队队员；传球失误或违例均算该队失败。

游戏建议：教师可规定传球方式。

（四）打"龙尾"

游戏目的：提高学生快速传接球的准确性，培养其灵敏和迅速反应的能力。

游戏准备：篮球场地1块，篮球1个。

游戏方法：学生分为人数相等的甲、乙2队，甲队首先围成一个直径10～12米的圆圈，乙队在圆圈内排成纵队，后面的人抱着前面人的腰组成"龙"，排头的队员为"龙头"，排尾的队员为"龙尾"；游戏开始，圈外的人相互传球，捕捉时机用篮球掷"龙尾"，"龙头"则带领全队迅速奔跑、躲闪或用手挡、打来球，以保护"龙尾"不被球击中；若"龙尾"被击中则到排头担任"龙头"，圈外的人再继续快速传球打断"龙尾"；直到规定时间停止，计算被击中的"龙尾"有多少人；然后与圈外的甲队互换角色，再进行同样的时间后，游戏暂停，计算双方被击中的"龙尾"数，数量少者获胜。

游戏规则：圈外人不得缩小圆圈的直径以进入圈内打"龙尾"，否则打中无效；圈内的"龙"必须保持纵队队形，不能断开，"龙尾"也不能缩在队伍内，否则算被对方打中；只准打"龙尾"腰部以下的部位，否则打中无效。

游戏建议：如参加游戏的人数多，教师可把学生分为3个或更多的队轮流进行；也可采用在规定时间内被击中的人数少的队获胜的方法。

二、运球类游戏

（一）运球追逐

游戏目的：提高学生手脚协调配合、脚步移动和行进间控制球的能力。

游戏准备：篮球场地1块，篮球6个或更多。

游戏方法：学生以2人1组的方式组队，每人分配1个球。遵循指定路线进行相互追逐，追到对方即可得到1分；追逐结束后，恢复到原始位置，切换到另一只手持球继续追逐，这种方式的练习需要不断重复；在设定的时间段内，得分最高的人为胜者。

游戏规则：运球者只能在圈外运球追逐，不得踩线或进入圈内；凡出现1次踩线或进入圈内就算被对方追拍到1次；运球失误时要把球捡起来并在失误处继续，此时追拍到前方者无效；必须用规定的手运球，否则追拍到前方者无效。

游戏建议：根据参与游戏的人数，可进行适当调整；如果参与者较少，可以只分为2队进行对抗；如果参与者较多，可以在场地的其他部分绘制几个同样大小的圆形区域，以便同时进行多个比赛。

（二）运球打擂

游戏目的：提高学生的控制球能力。

游戏准备：篮球场地1块，篮球每人1个。

游戏方法：将学生分成若干组，每组3人；守擂组的同学分别在篮球场的3个圈内运球，打擂组的同学每个圈内进1人运球，同1个圈中的2个同学在运球过程中相互拍打对方的球，拍打到对方的球算胜，胜方得1分；每1组得到2分以上算获胜，负方下场，再换1组，如此反复直到最后算守擂成功。

游戏规则：应主动拍打对方的球，不能消极进攻；运球相互拍打时不能出圈，否则对方得1分。

游戏建议：可以将拍打对方球换成摸对方后背；也可以将拍打对方球换成将对方挤到圈外。

（三）变向运球接力

游戏目的：提高学生快速移动中变向运球的能力。

游戏准备：篮球场地1块，篮球2个。

游戏方法：学生分成人数相等的2队，分别面向场内站在同一端线的2个场角上，排头各持1球；游戏开始，排头队员运球起动，在第1个障碍物前做变向换手运球，在第2个障碍物前做背后运球，在第3个障碍物前做后转身运球，然后运球分别到另一端线的2个场角，返回时仍按原路线和方法进行，并以手递手的方式把球交本队的下1名队员，直至全队每人轮完1次，速度更快的队为胜。

游戏规则：在运球过程中，必须至少有一只脚进入罚球圈、触到边线中点或前场角，才能继续向预定方向运球前进。否则，将被判定为犯规；凡被判犯规者其所跑次数无效，判其在本队最后重跑1次；交接球必须以手递手方式进行，否则判为犯规。

游戏建议：可规定使用不同的运球方法进行此游戏。

（四）运球相互拍打

游戏目的：帮助学生更好地理解球的特性，以及提升他们控制球和保护球的能力。

游戏准备：篮球场地1块，篮球每人1个。

游戏方法：让全体学生在半场内（或三分线以内）分散开，每人手持1个篮球。他们需要在自己运球的同时，随时尝试用手拍打其他同学的球，还需要小心保护自己的球不被其他同学拍打。每次成功拍打到他人的球将得到1

分，若自己的球被拍打，则失去1分。3分钟后，统计每个人的得分，得分最高者为胜。

游戏规则：只准在规定区域内相互拍打，否则算自动退出比赛；累计得分多者获胜。

游戏建议：可进行几个3分钟，以提高游戏难度；可在计算个人得分的同时计算全队得分，全队得分高者获胜。

三、投篮类游戏

（一）三分领先赛

游戏目的：锻炼学生的心理素质，并提高他们投篮三分球的命中率。

游戏准备：篮球场地1块，篮球若干个。

游戏方法：将学生分为人数相等的2队，让他们在0°角的三分线外投篮；比赛顺序为队伍甲的第1人、队伍乙的第1人，接着是队伍甲的第2人、队伍乙的第2人，以此类推；首先投入5个球的一队将赢得比赛。

游戏规则：比赛中，队员需要按照顺序进行，不允许在中途交换位置。

游戏建议：投篮点可改变，如在45°角处，弧顶处；可要求各队大声报出本队投中数，给对方增加心理压力，同时鼓励本队。

（二）罚球比赛

游戏目的：旨在提升学生在原地进行投篮的技巧和精确度。

游戏准备：篮球场地1块，篮球4个。

游戏方法：将学生分成2个队伍，每队人数相同；2队队员应面向篮筐，并沿着罚球线往后排成纵队；排在队首的每个队员各自持有1个篮球；游戏开始后，每个队伍的队员依次进行罚球，无论是否投中，都由投篮者自行去争抢篮板球，并将球传给下1位队员；这个过程不断循环，直至达到预定的投篮成功次数，最先完成的队伍即为胜利者。

游戏规则：参考篮球比赛的罚球规则。

游戏建议：可以设定每位队员投篮的次数或者时间，累计投中的篮球个数，投中次数最多的队伍为胜利者。

（三）抢投 30 分

游戏目的：旨在提升学生的快速投篮能力。

游戏准备：篮球场地 1 块，篮球 4 个。

游戏方法：将学生划分为 4 个队伍，每队人数相等；每 2 队共用 1 个篮筐；每个队伍都应在距离篮筐 5 米的 45°角处形成纵队，队首的学生分别持球；比赛开始时，每个队伍的队员依次执行 1 次原地跳投和 1 次罚球；投篮后自行抢篮板球，无论投中与否，都需要将球传给下一个队员；计分方式是，跳投投中得 1 分，罚球投中也得 1 分；比赛进行，直到达到 30 分，根据完成时间确定名次。

游戏规则：严格限制投篮距离，跳投时的起跳点不能超过规定的范围；不允许故意干扰对方的投篮。

游戏建议：教师可以根据学生的技术水平，对投篮的距离提出不同的要求或规定。

（四）投篮升级比赛

游戏目的：帮助学生在不同角度和距离投篮中改善动作，提升投篮的精确度。

游戏准备：篮球场地 1 块，篮球 2 个。

游戏方法：在距离投篮区 5.5 米的位置，布置出 0°角、45°角、60°角、90°角 5 个投篮点；2 队学生各自形成纵队，每队都在 0°角的左右两侧各自站立，队首的学生各自持有 1 个篮球；一旦游戏开始，2 队的队员就从队首开始，依次按照预设的要求进行投篮，逐一投完 5 个点，最先回到原起点的队获胜。

游戏规则：必须投中才能到下 1 个点投篮。

游戏建议：可按规定时间，投篮中得多的队获胜。

第四节　高校篮球运动综合能力类游戏

一、突围

游戏目的：提高学生的对抗力量，反应能力和灵活性。

游戏准备：篮球场地1块。

游戏方法：把参与者分为人数相等的甲、乙2队。先由甲队队员相互握手腕站成1个圆圈，把乙队全体队员围在圆圈内；游戏开始，乙队队员要设法从圈内挣脱出圈，甲队队员要设法组织防止对方从圈内向外突围；到规定时间为止，双方交换圈内外角色；1个回合后计算双方突围的人数，突围人数多的队获胜。

游戏规则：圈内的队员只能使用巧法而不是用手拉开对方握住的手腕突围，否则算犯规；圈外的队员可用握住的手拦住对方，但不可以松手抓对方，否则算犯规；若圈外队员犯规，算对方突围成功；若圈内队员犯规，则突围无效。

游戏建议：在参加的人数较多的情况下，可分几个队同时进行。

二、"关门"

游戏目的：提高学生的防守技术，培养相互配合意识。

游戏准备：篮球场地1块，篮球若干个，在场地上画几个与中圈等大的圆。

游戏方法：将每个圆圈中心放置1个静止不动的篮球，每个小组由4个防守队员和3个进攻队员组成，他们都站在圆圈外面；游戏开始后，进攻队员在2分钟内，通过运用身体假动作、旋转、急停以及各种步行动作，尽力进入圆圈去触碰篮球；防守队员则通过快速移动以及邻近两人的"封锁"配合，阻止对方进入圆圈摸球，计攻方进入圆圈触摸球的次数；到规定的时间，两队交换位置，游戏重新开始；最后摸球次数多的队获胜。

游戏规则：只能依靠身体快速的移动来防守对方进攻，不能用手臂阻止对手；进攻方不能有推人动作。

游戏建议：进攻和防守的人数可适当增加或减少，但防守队员至少比进攻队员多1人。

三、双人抢球

游戏目的：培养学生的抢球意识，提高抢球能力。

游戏准备：篮球场地1块，篮球每2人1个。

游戏方法：把学生分为人数相等的甲、乙2队，相距1米左右成横排站立；2队的队员间也相距1米左右；在甲、乙两队队员间放1个篮球；然后在教师带领下2队一起做操或小步跑，听到哨声响后同时去抢球，抢到球者获胜；获胜次数多的队获胜。

游戏规则：队员只准用手抢球，否则判为负；注意安全，如有意冲撞对方则立即判其出局。

游戏建议：2队面对面站立做绕环，从正面抢球；2队背对背做腹背运动，从胯下抢球；2队面对面做深蹲，双手从胯下抢球；2队背对背原地小步跑，转体180°抢球。

四、21分比赛

游戏目的：培养学生攻守转换意识，提高快攻能力。

游戏准备：篮球场地1块，篮球1个。

游戏方法：全场5对5进行21分比赛，在比赛中通过快攻进球算3分或4分，其他方式进球按照篮球规则进行，先到21分的队获胜。

游戏规则：通过抢断球和发球发动的快攻进球算3分；通过抢到后场篮板球发动的快攻进球算4分。

游戏建议：教师要鼓励学生尽可能地通过传球进行快攻；控制对手形成快攻。

五、齐心协力

游戏目的：提升学生的灵活性和协调能力。

游戏准备：1块篮球场地。

游戏方法：将全队的学生分成2人一组，每组人员站在球场的同一端线后，按以下的姿势：2人并肩站立，相邻的手互相环抱对方的后颈，双腿分开，身体前倾，外侧的手从两腿后面牵拉，形成"3条腿"的形式；听到发令后，各组开始以"3条腿"的方式向前移动，根据到达场地另一端的先后顺序确定名次。

游戏规则：2人在两腿后面拉紧的手不能脱开，否则需要在原地重新连接后才能继续前行；以2人的"3条腿"触及场地另一端的端线作为达到终点的标志。

游戏建议：可以将这个游戏改为2队"3条腿"面对面接力比赛；游戏应避免在硬地上进行，以免造成伤害；可以采用绑定布条的方法将游戏改为3人4腿赛跑或者5人6腿赛跑。

六、你抓我救

游戏目的：增强学生的速度和反应能力，以及提高敏捷度和躲避技巧。

游戏准备：1块篮球场地。

游戏方法：设定球场中圈作为"禁区"，从游戏参与者中选择5名学生作为追逐者，剩余的学生则为被追逐者，他们可以在场地内自由跑动；追逐者需要将捕获到的被追逐者送入"禁区"；尚未被捕捉的被追逐者可以设法避开守在"禁区"边上的追逐者，以尝试解救"禁区"内的队友；直至所有的被追逐者都被送进"禁区"，或者"禁区"内的被追逐者都被解救，才结束此轮游戏；随后，更换新的追逐者和被追逐者继续游戏。

游戏规则：在"禁区"外的人用手拍"禁区"内的人的手掌为营救成功；在"禁区"外的人在营救"禁区"内的队员时又被追逐者抓到，同样要进入"禁区"内等待同伴的营救；进入"禁区"内的人不得自行离开；追逐者只有抓住被追逐者才算抓到，仅仅拍到无效。

游戏建议：此游戏可设计各种动作方式进行追逐，如快跑、竞走或单脚跳等方式。

七、绕队快跑

游戏目的：提高学生的集中注意力。

游戏准备：篮球场地1块。

游戏方法：把学生分为人数相等的2队，成2列横队站好，2队之间相隔约3米；游戏开始，2队从排头队员起依次按如下规定快跑：从队列前跑过—绕过队尾经队列后—绕过排头返回自己原来的位置—紧靠其后的下一人起动，如此反复循环，直至全队每个人都进行1次，以先轮完的队为胜。

游戏规则：必须按规定路线跑动，否则判其重跑一次；必须在前一人的双脚踏回原位置后，紧跟其后的下一人才能起动，否则判其返回原处重新起动。

游戏建议：若参加的人数多，可多分几队同时进行，以完成的先后顺序计成绩。

八、抬"木头人"

游戏目的：增强学生的腹背力量和持续的张力。

游戏准备：篮球场地1块，体操垫子2块。

游戏方法：在球场的中线外并排放置两张体操用的垫子，两垫子相隔6～8米；把学生分为人数相等的2队，分别成纵队站立于球场中线的另一侧，正对各自的垫子，2队排头首先跑至垫子上仰卧挺直，称为"木头人"；游戏开始，两队在起点上的第1人迅速起动跑至垫子上用两手托头把仰卧在垫子上的同伴抬至直立，并迅速以同样方法在垫上仰卧；被托起的人则快速回到本队击下一人的手后，排回本队队尾；被击掌的队员又快速跑到垫子上托起仰卧在垫子上的队员……如此反复进行，直到最先仰卧在垫上的队员把本队最后1名队员抬起并一同返回本队为止；先完成游戏的队获胜。

游戏规则："木头人"只有被抬起呈直立后方能跑动，不得自己爬起来，否则为犯规；抬"木头人"者只有把队员抬起后方能躺下，否则为犯规；起点处的队员只有在被击掌后方能启动，否则为犯规；凡被判犯规者，必须重做1次。

游戏建议：可用2人抬"木头人"，抬起"木头人"后其中一人躺下当"木头人",另一人和原"木头人"跑回。

九、"手球"比赛

游戏目的:提高学生的对抗能力和全队配合意识。

游戏准备:篮球场地 1 块,手球 1 个。

游戏方法:在篮球场上进行手球比赛,在 2 条端线的中部各画宽 3 米的球门,每队各 6 人,其中有 1 名为守门员,按照手球规则进行比赛;比赛进行 8 分钟,得分多的队获胜。

游戏规则:可以按照手球规则进行比赛;不能用过分夸张的动作,以免造成伤害事故。

游戏建议:参加比赛的人数可以适当调整;学生要尽可能地通过配合完成进攻。

第七章　高校篮球运动教学与实践的创新研究

第一节　高校篮球运动教学与实践中体验式学习法的融入

一、体验式学习法概述

（一）体验式学习法的内涵

体验式学习法也称行为学习法，是由大卫·库伯（David Kolb）提出的，包括具体经验、反思性观察、抽象概念化、主动实践，如图7-1所示。

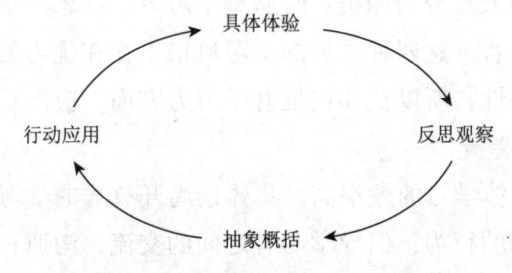

图7-1　大卫·库伯的体验学习圈

具体经验是指让学习者完全投入一种新的体验；反思性观察是指学习者在停下的时候对已经历的体验加以思考；抽象概念化是指学习者必须达到能理解所观察的内容的程度并且吸收它们使之成为合乎逻辑的概念；到了主动实践阶段，学习者要验证这些概念并将它们运用到制定策略、解决问题之中。

库伯的体验式学习理论也被称为"学习循环圈"理论，其基本原理是任何学习过程都应遵循"学习循环圈"。学习的起点或知识的获取首先是来自人们的经验（experience），这种经验可以是直接经验也可以是间接经验。有了"经验"，学习的下一步逻辑过程便是对已获经验进行"反思"（reflection），即人们对经验过程中的"知识碎片"进行回忆、清理、整合、分享等，把"有限的经验"进行归类、条理化和拷贝。然后，有一定理论知识背景和理论概括能力的人便会对反思的结果进行系统化整理，这个过程便进入了学习的第三阶段——"理论化"（theorization）。如果说前面两个阶段是知识获取的充分条件，那么，这个阶段的学习对于知识的获取则是充分且必要的条件。库伯认为，"知识的获取源于对经验的升华和理论化"。理论化阶段，学习者要做的工作很多，包括要将过去的分析框架即类似于某种"应用程序"从大脑"存储器"中暂时"打开"，对反思的结论即相关文本进行处理，得到人们所希望得到的结果。学习循环圈的最后一个阶段是"行动"阶段（action），可以说，它是对已获知识的应用和巩固阶段，是检验学习者是否真正"学以致用"，或是否达到学习的效果。如果从行动中发现新的问题，则学习循环又有了新的起点，意味着新一轮的学习圈又开始运动。人们的知识就在这种不断的学习循环中得以增长。

由于每个人的内在性格、气质、生活、工作阅历、教育知识背景的"差异性"，导致每个学习者的"学习风格"的"不一致"。根据学习循环圈理论，学习者的学习风格大致分为四类：经验型学习者、反思型学习者、理论型学习者和应用型学习者。这四种类型的学习风格不存在优劣的价值判别，它们之间有一定的互补性。所以在如何提升学习力方面，应当重视每一个学习者的"学习风格"的差异。

集体学习比个体学习的效率高。集体崇尚开放式的学习氛围；反对把学习看作孤立和封闭的行为；倡导学习者之间的交流，沟通；重视学习者的相互启发、分享知识。正因为学习者的不同学习风格，才有了他们对某种事物看法的不同观点,思想碰撞中"知识得以增长"。不同思想的"交换"使每个学习者得到更多的思想。毋庸赘言,这种集体学习的模式更有利于知识的生产和传播。

(二)体验式学习法的特点

1.体验式学习是一种过程,而不是结果

体验是一个持续向上、不断更新改进的过程,而不是一个单纯储存知识的仓库。教学不是强制的灌输,学习更不是被动接受、死板记忆和机械重复。知识只有通过创造与再创造、不断操作运用以及连续而令人鼓舞的质疑,才能达成我们与他人以及与世界的共同追求。

2.体验式学习是一个以体验为基础的持续过程

知识在学习者的体验中连续地发生并被检验,持续体验是生存的一个有力事实,体验的开始既来源于已经历的事情,也包括修正将来一些方法的特性。个体在解决问题中获得的知识与技能也可以被看作某种情境中形成了一个将来的问题理解和有效解决的手段,体验也会随着生命的延续继续下去。学习者在学习前并不是等待设计课程的白纸,而是带有态度倾向进入学习情境的,教育者既要传输新思想,还要修正学习者的原有经验。

3.体验式学习是一个用辩证的方法不断解决冲突的过程

体验式学习既要积极体验,又要反思观察;既要经历具体体验,又要实现抽象概括。体验式学习的过程中要触发学习者学习的主动机能,激发认知冲突,使主体积极参与活动,认真观察并思考事物的特征、变化甚至探讨事物的本质。

4.体验式学习是一个适应世界的完整过程

体验式学习发生在人类生存的任何地方以及人类生长的各个阶段。因此,体验式学习会伴随着人类的终身发展,在不断的体验中更新知识,同时逐渐适应世界。

5.体验式学习是一个个体与环境之间连续不断的交互作用过程

体验式学习强调个人与环境之间的交互关系,并且这种复杂的关系是持续的、不间断的。传统学习方式注重个体与书本之间的单向往来,即个体将书本作为知识的唯一来源且个体通过死记硬背的方式来记住书本中的知识,得不到来自书本的任何回应,而体验式学习方式打破了这一切,重视个体与环境的双向互动与往来,从周围环境中获得个体体验又作用到环境当中。

6. 体验式学习是一个创造知识的过程

体验式学习是"体验的转换并创造知识的过程",可见"转换"和"创造"才是体验式学习的内涵所在,也是使学习效果达到更高层面的关键。体验是天然、无污染的不加装饰的纯粹感受,只有被升华、改造形成理论和概念才能实现体验式学习的意义并成为知识不断更新的驱动力。体验式学习并不是只学习现有的固定知识,也可以创造未来不确定的新知识。

(三)体验式学习的意义

1. 有利于发展学生的思维能力、实践技能和个人品质

体验式学习方式的合理运用不仅有利于激发学生的学习兴趣,提升学生的思维品质,更能促进学生实践操作技能的形成与发展,还有利于学生主体意识、合作精神、人格品质的形成与发展。

2. 有利于使学生成为学习的主体

体验式学习方式强调学习者通过实践来认识事物,全面参与学习过程,使学生真正成为学习的主人。教师的地位和作用发生了改变,他们不再仅仅是传统的知识传授者、权威者、课堂的控制者,而是良好学习氛围的营造者,学生学习过程的帮助者、合作者。

3. 有利于发展学生的情感体验

体验式学习方式注重情感体验与实践应用,能体现学生的主体地位,真正地把课堂还给学生。广大教师在实践研究中,能够不断反思教学实践,从而达到新课标的要求。

总之,体验式学习会给学习者带来新的感觉、新的刺激,从而加深学习者的记忆和理解,使学习者形成良好的情感、态度和价值观。

二、体验式学习方法在篮球教学中运用的必要性

（一）激发学生的学习热情

体验式学习法与传统篮球教学方式不同，传统篮球教学方式对培养学生的实践技能不够重视，而体验式学习法对学生的实践技能十分重视，这是篮球教学回归到以学生为主体的一个重要体现。在篮球学习中，学生更偏向于学习实践技能，而不太喜欢学习理论知识，体验式学习与学生喜欢参与篮球实践练习的学习需求相符。在篮球教学中应用体验式学习法，可以将学生学习的兴趣成功激发出来，学生通过体验式学习也会对篮球运动越来越感兴趣，并自觉积极地参与练习。篮球教师要科学使用体验式学习法，充分发挥这一方法的优势和自身的主导作用，积极引导学生亲身参与篮球学习实践，使其对篮球的魅力有深刻的体会与感悟。

（二）培养学生的体育意识

随着人们健康观念的提升，人们的体育运动意识不断增强，因此体育精神被广泛传播到社会的各个角落。这也使得对体育教学的要求越来越高，教师不仅需要很好地完成体育教学任务，还需要在教学中培养学生的体育运动精神，让学生对体育运动的魅力、体育文化的内涵有充分的感受与体会。为了达到这些要求，需要将体验式学习法引进篮球课堂教学中，激发学生投入篮球实践的热情。学生在教师的带领下，通过不断的亲身体验，其体育意识也会不断增强，综合素养也会得到明显的提高。

在体验式学习教学中，教师可以设计一些篮球比赛，让学生在比赛实践中对篮球运动的奋勇拼搏魅力进行体验，让学生体会团队协作的重要性，使其对篮球体育的精神有更加深刻的理解。

（三）改善篮球教学效果

在篮球教学中运用体验式学习方法，能够使学生的主体作用得到充分发挥，让学生在亲身参与实践的过程中获得深刻的体验，使学生形成较为完善

的知识体系，进而提升篮球教学效果。

在篮球教学过程中，不仅要求教师讲解相关知识点、示范篮球动作，还要求学生在教师的指导下亲身投入实践，亲身体验。学生在参与各种篮球实践活动的过程中，不断体验篮球的魅力，也会不断巩固所掌握的知识和技能，同时在亲身体验的过程中及时发现自己的学习问题，认真分析问题和努力解决问题，不断优化学习质量，提升综合素质。

三、体验式学习法在篮球教学中的应用与实施

（一）合理创设教学情境

在运用体验式学习方法的过程中，对学生的主体地位要予以重视，鼓励学生积极参与到课堂教学活动中，亲身体验教学过程，这样才能发挥体验式学习教学方法的作用。此外，要恰当转换师生角色，创设合理的教学情境，促进学生主体意识的增强，以更有效地发挥体验式学习教学方法的重要作用。合理创设教学情境需注意以下几点：

第一，在体验式学习中，教师指导学生对学习内容自主安排，引导学生做好热身活动，或让篮球动作掌握较好的学生面向全体学生展示，督促学生之间相互交流沟通，这样基础较差的学生更容易取得进步。

第二，鼓励学生创新学习与练习方法，培养学生的组织能力，并调动学生参与各种体验活动的积极性。

第三，在教学过程中，教师在恰当的时机提出关于教学内容的问题，引发学生思考，让学生在亲身体验中找到问题的答案，提高学生学习的自信心。

（二）不断完善教学方法

篮球教学的实践性很强，篮球教学场地、教学条件都具有一定的开放性。在开放的学习环境中，学生的学习情绪和热情容易被调动起来，但同时容易造成学生心理上的紧张。对此，篮球教师应在教学过程中充分发挥自身的作用，对学生的体验与学习给予积极的引导和指导，并重视对教学方法的改革与完善。

第一，在篮球课堂教学中，教师应该合理布置教学场地，优化教学设施质量，建立平等和谐的师生关系，营造轻松愉悦的教学氛围，为学生创造良好的学习环境。

第二，篮球教师要在教学过程中多和学生互动，对学生的学习状态和遇到的问题及时掌握与了解，想方设法让学生积极投入学习中。教师在进行篮球动作示范时，要注意动作的规范和姿势的标准，并在学生自主练习中不断强调动作要领，仔细观察，对每个学生的练习进度有所掌握，对学生练习中出现的问题要及时纠正，促进学生学习的进步与技术水平的提高。

（三）培养学生的自我意识

培养学生的自我意识也是篮球教学的重要任务之一，体验式学习教学方法有助于启发与增强学生的体育运动意识，丰富学生的实践体验，使学生更深入地了解篮球运动和教学内容，进而能够在学习过程中自觉反思和总结自己的学习情况，同时与他人交流经验，解决自己的学习问题。

（四）关注学生的情感体验

在篮球教学中采取体验式学习教学方法，不但能够使学生的身体素质得到锻炼，还能培养学生的智力，丰富学生的情感，进而提升其综合素养。通过不断地实践与体验学习，使学生对篮球运动的魅力有更多的了解与体会，进而产生浓厚的情感，这有助于学生形成长远的篮球参与意识。

第二节　高校篮球运动教学与实践中多媒体技术的融入

一、多媒体技术概述

(一) 多媒体和多媒体技术

多媒体（Multimedia）是在 20 世纪 80 年代诞生的，它是计算机发展到一定程度的产物。人们常常将数字媒体（Digital Media）与多媒体（Multimedia）混淆，甚至认为二者是一种东西，但实际上这两者之间有着很大的区别。

从本质上讲，多媒体属于一种数字媒体，可是，数字媒体不只是多媒体，其包含的范围非常广。数字媒体的基础是它由非物质的数据信息所构成。如果它既有物质组成部分，又有数据信息等非物质的控制部分，那么需要判断其控制核心是什么。如果形成或激发互动的因素是数字媒体，物质装置只是体现这种数字控制的结果，那么装置仍然是数字媒体；但如果装置是物质的，控制它的一切行为都与数字控制无关，是由机械控制或人为控制的，那么它就不是数字媒体。对于数字媒体来说，形成产品的加工过程是否利用了数字化手段也可以作为判断其是否为数字媒体的依据，如数码照片等，虽然最终的作品可能被转换成物质的形式，但因其诞生的条件和过程都借助了数字化的手段，因此就其作品本身来说还是数字媒体。综上所述，多媒体是集中了文字、图像、音乐、影视、动画等素材的特点，通过人机交互，完成获取、处理、编辑、传播等的综合技术。

通过多媒体技术，我们可以看到优美的文字、丰富的画面、惟妙惟肖的动画以及充满动感活力的表达方式，这些都能紧紧抓住客户的目光，对人们产生巨大的吸引力。巨大的信息容量和交互式的传播方式能够使客户的各种信息需求都被满足。它除了具备平面广告的特点，还能呈现出影视广告的效果，又能和各种新型软件配合，使观众参与进去，是兼三者之长的理想整合媒体。因此从这个角度上说,"多媒体"经常被叫作"技术"。当然也正是计算机技术与数字信息处理技术的实质性进展,使我们有了对媒体信息进行处理的能力,这才使"多媒体"成为一种现实。现在我们口中的"多媒体",往往并不是只指多媒体信息本身,还包括了处理及应用媒体信息的一整套技术。

(二)多媒体技术的特征

1. 多样性

最初的计算机只能对单一的信息媒体进行处理,如数字、文字以及简单的图形等,但是有了多媒体技术以后,人们就可以通过文字、声音、图像、动画等多种类型的信息媒体去变换和加工所输入的信息。随着计算机可以处理的信息媒体种类越来越多,输入的信息变得更具表现力,美化效果更佳,也更容易被人们所理解和接受。

2. 交互性

交互指的就是各媒体信息都能够被编辑、控制以及传递。交互性使用户有了更多使用和控制信息的手段,也使其应用拥有了更加广阔的空间。传统媒体在传播信息时往往是单向的,在引入了交互以后,人们有了更多使用和获取信息的方法,可根据自己的需求去控制、检索多媒体系统,同时能对多媒体信息进行播放与组织。多媒体提供了人们与计算机的交互控制能力,实现了控制和干预信息的处理,使人们能在获取信息和使用信息的过程中,变单向为双向互动,由被动变为主动。也就是说,如果多媒体系统没有交互性就不是多媒体系统,交互性是多媒体技术最主要的特征。交互性使信息能够被更容易地理解,并且能使信息的有效性得到加强,使信息所保留的时间更久。交互性使用户拥有了更多控制与使用信息的手段和方法,用户可以根据自己的意愿和思维方式去选择和接收信息。电视作品与多媒体作品最大的区别也在于多媒体的交互性。

3. 集成性

媒体信息集成就是将文字、图像、声音等媒体信息看成一个整体,然后通过存储、合成、组织等方式对信息进行集成化处理。媒体信息的集成性不是说只对各个媒体进行集成,还包括对多媒体信息以及技术系统的集成。多媒体技术融合了目前计算机领域中最先进的软件和硬件技术，可以将不同性质的信息媒体与设备进行集成，并且通过计算机对信息进行综合处理。

集成性主要在两方面体现：一是多媒体信息的集成，二是处理多媒体信息的设备和工具的集成。在采集和处理各种信息媒体的时候，不能采用单一的方式，而是要通过多个途径去统一采集，再进行存储和处理。在此过程中更应注重各媒体间的协同关系以及对其所包含的信息的应用。多媒体信息的集成是指各种信息媒体按照一定的数据模型和组织结构集成为一个有机的整体，即组合成一个完整的多媒体信息。设备和工具的集成不仅包括计算机本身，还包括音响设备、录像机、摄像机以及投影仪等硬件设备，为多媒体系统的开发和实现建立一个理想的集成环境和开发平台，从而实现声、文、图、像的一体化处理。在软件方面，则应有多媒体操作系统，满足多媒体信息管理的软件系统，高效的多媒体使用软件和创作工具等。这些多媒体系统的硬件和软件在网络的支持下集成为处理各种复合信息媒体的信息系统。

多媒体信息多维化不仅指输入，还包括输出，目前主要包括听觉和视觉两个方面。但输入和输出并不一定是相同的，对应用而言，前者称为获取，后者称为表现。如果两者完全相同，只能称为记录和重放。如果对其进行变换、加工，亦即所谓的创作，则可以大大丰富信息的表现力，增强其效果。

4. 实时性

所谓实时性，是指在人的感官系统允许时进行的多媒体交互。多媒体技术要求可以同时对声音、文字和图像等多种信息进行处理，其中对于音频、视频、图像要求进行实时处理。实时多媒体分布系统就是把计算机的交互性、电视的真实性以及通信的分布性进行有机结合的系统。

多媒体技术的实时性与音频、视频信息是息息相关的，对音频、视频信息进行加工、处理、存储和播放过程中，要考虑到时间因素，确保它们是同步进行的，防止出现延迟或者错位的情况。多媒体系统在处理信息时需要有严格的时序要求和较高的存取、压缩与解压缩速度，尤其是使用网络多媒体系统以及实况信息媒体。

多媒体系统要对各种复合信息媒体进行处理，这就要求多媒体技术应支持实时处理。从时间上讲，接收到的各种信息媒体必须是同步的，其中声音、动作的视频图像必须严格同步。比如电视剧、电影的声音、图像必须严格同步，不允许出现停顿的情况，否则传输的声音、图像也就变成了一纸空谈。

5. 数字化

数字化是指多媒体中的各种媒体都以数字形式存放在计算机中。多媒体技术是一门基于计算机技术的综合技术，包括数字信号的处理技术、音频和视频技术、多媒体计算机系统（硬件和软件）技术、多媒体通信技术、图像压缩技术、人工智能和模式识别等，是一门处于发展过程中的、备受关注的高新技术。

计算机处理的是二进制数据，而传统的信息大多数是模拟信号，必须经过模拟数字转换器将模拟信号转换为数字信号后，才能在计算机上进行处理。数字化的媒体信息具有数据量大的特点，这就需要大容量存储设备来记录它们，大容量只读光盘存储器 CD-ROM 和 DVD 的出现，正好适应了这样的需求。

（三）多媒体技术的类型

1. 感觉媒体

感觉媒体指的是直接作用于人的感官，使人产生感觉（视觉、听觉、嗅觉、味觉、触觉）的一种媒体。例如，语言、声音、音响、图形、图像、符号、视频、动画、数据文字等都是感觉媒体，它们分别对应人的五种感觉，即视觉、听觉、触觉、嗅觉和味觉等。

2. 表示媒体

表示媒体指的是为了加工、处理和有效地传输感觉媒体，人为构造出来的一种媒体，是感觉媒体与用于通信的电信号之间转换用的一类媒体，主要用于数据交换的编码，便于数据的加工和处理，如电报码、条形码、图像编码、声音编码、文本编码等。

3. 显示媒体

显示媒体是感觉媒体数字化后的表现形式，用于感觉媒体与信号之间的转换。它又分为两类：一类是输入显示媒体，如键盘、鼠标、话筒、摄像机等；另一类是输出显示媒体，如显示器、音箱、打印机等。

4. 传输媒体

传输媒体指的是将信号从一处传送到另一处的物理载体，如双绞线、同轴电缆外光纤、电磁波和无线传输介质等。

5. 存储媒体

存储媒体又称存储介质，用来存储媒体数据，存放表示媒体，便于计算机对表示媒体进行处理和使用，如磁带、磁盘、U盘、软盘、光盘、纸张和内存等。上述五种媒体的核心是感觉媒体和表示媒体。多媒体技术就是对多种媒体的信息和多种存储媒体上的信息进行处理和加工的技术。而多媒体系统是利用计算机网和数字通信网技术对多媒体信息进行处理和控制的系统。

（四）多媒体技术的应用

1. 教育与培训

多媒体技术在教育教学领域产生了深远影响。在多媒体技术应用之前，传统的计算机辅助教学软件的表现手段仅限于用文字、图形和简单的动画来进行人机对话，限制了其功能的发挥。而多媒体系统集声、文、图于一体，并可以交互使用，传达的信息更丰富、更生动，可提高学习者的兴趣，加深学习者的印象，从而加强其接受能力。多媒体技术在教育培训上的应用主要包括六个方面：一是计算机辅助教学（computer assisted instruction，CAI），是以计算机多媒体技术为教学媒介进行的教学活动；二是计算机辅助学习（computer assisted learning，CAL），突出教学的中心是学生的学习及计算机对学习的帮助作用；三是计算机化教学（computer based instruction，CBI），它是多媒体技术应用的最高境界，使计算机由辅助教学变成了主角；四是计算机化学习（computer based learning，CBL），其实施的关键是在全新的教育思想指引下，以多媒体的形式展现学习的内容和相关信息；五是计算机辅助训练（computer assisted training，CAT），通过计算机提供多种训练科目和练习，使受教育者能够迅速接受所学知识，充分理解掌握重点和难点；六是计算机管理教学（computer managed instruction，CMI），主要利用计算机来解决教学管理问题，提高教学管理工作效率。另外，多媒体技术在公司员工教育、职业训练、仿真操作和外语训练等领域也有较广泛的应用。

2. 新型办公自动化

在办公自动化中，多媒体技术的应用正在不断发展当中。办公自动化能对各种信息资源进行充分利用，使工作的质量和效率能够大大提升，同时有良好的辅助决策作用。计算机局域网、图像处理专用系统、语音传真等系统设备的综合使用，使办公一体化成为现实，办公业务现代化的发展，使办公效率得到大大提升。比如视频会议、多媒体电子邮件的使用扩大了人们的活动范围，使人与人在空间上的距离大大减小，办公效率与质量大大提升。

3.咨询与查询系统的应用

当前，在销售、广告、导游等多个方面都应用了多媒体技术，为人们的生活带来了很大的便利。在公共服务场所，如旅游、交通、商业咨询、宾馆及百货大楼等，都提供了多媒体咨询服务、运作信息服务和旅游指南等。多媒体技术在这些领域中的使用使需要展示或表现的信息更加直观、更加容易被接受，同时在视觉、听觉等方面给人们带来了不同的感受，强有力地表现了所要传递的信息。例如，搜狐推出的搜狗地图在查询城市道路信息时，直接使用了卫星拍摄的道路实景。很多旅游景点在进行宣传时，已经开始使用多媒体技术手段。通过网络可以将大量的景点信息、实景照片、动听的解说等融入其中，在很大程度上强化了宣传效果和力度。多媒体信息检索与查询技术将图书馆所有的资料数据，包括报刊资料等，都输入数据库中，使人们无论是在家中还是办公室，都可以通过多媒体终端进行查阅。这种技术的应用范围广泛，如商场也可以将介绍商品的视频录入数据库，允许顾客在家中查看各个商场陈设的商品，从而选择和购买自己喜欢的商品。此时，根据顾客的需求，屏幕上将显示出他们感兴趣的商品的图片、价格和介绍商品性能的语音等。

4.娱乐和游戏

娱乐产品的制作是计算机应用的一个重要领域。多媒体技术的出现给娱乐产品制作带来了革命性变化，多媒体游戏将活动画面、影片以及突然发出的动作同声音结合在一起，并具有背景层次多、立体感强、人物逼真、情节引入和交互性强等特点。由简单的卡通片到声、文、图并茂的实体模拟，画面、声音更加逼真，同时增强了趣味性、娱乐性。物美价廉的游戏产品备受人们的欢迎，对启迪儿童的智慧，丰富成年人的娱乐活动大有益处。

二、多媒体技术在篮球理论课中的应用

（一）多媒体技术辅助

无论何时，教学都是由教师"传道"与学生"解惑"的双边关系所构成的。传统教学主要依赖的是教科书、板书，这属于正常现象。引入多媒体教学后，可以大大节省教师的人力、教学的时间，同时增强了教学效率和效果。在篮球体育理论的教学过程中，引入多媒体，可以使一些晦涩的专业语言得到简单易懂的诠释（通过图像、音频、视频等），又以一种新型的模式润滑了师生之间的关系，不仅有利于教师运用更合适的方法进行教学，更有利于学生对体育知识的把控和理解，从而全面提高学生的基本素质，实现学生的全面发展。随着时代的进步与科技的改革，绝大部分学校已经具备了多媒体教学的硬件设施，而如何将多媒体技术灵活、完美地融入传统的教学中，就是体育教师当下要注意的问题。

（二）多媒体技术辅助篮球体育理论课的优势

1. 系统指导学生学习

使用多媒体来讲解篮球体育理论课会使课程结构更清晰、更系统、更简洁，让学生对所要了解的问题一目了然。而且使用多媒体授课，表现形式多样，能极大地引起学生的学习兴趣。通过一系列的互动，能更好地调动学生的积极性，让每个学生都有参与感，让原本枯燥乏味的理论课充满乐趣。

2. 学生可用其进行自我学习及自我评价

多媒体最大的优点之一就是可以重复使用，不像板书和笔记受到时间、空间的限制（这两种形式可能会漏掉一些知识）。学生可以拷贝教师的教学课件，实现课前预习、课后复习，并对相关的练习有所适应和熟悉，提前或在课程学习结束后对自己的水平有系统的评估。

3. 提高学生的学习兴趣和学习效率

使用多媒体教学，对于学生来说既新鲜又有趣。传统的篮球理论课程对于学生来说是十分枯燥的，因为理论课程的特殊性质以及文字描述的局限性，

使学生很难透过文字去真真正正了解篮球这项运动。而有了多媒体进行辅助教学以后，这一问题就能得到有效解决。多媒体可以通过声音、图像、视频等多种丰富的形式向学生全面地展现篮球的相关知识。新颖的多媒体教学可以给学生带来强烈的感官刺激，不仅可以吸引学生的注意力，提高学生的学习兴趣和激情，还能使课堂氛围更加活跃，有利于学生在轻松自在的学习环境下完成对相关理论知识的学习。

4. 有利于更新教学观念，提高教师自身素质

通过多媒体进行辅助教学，可以帮助学生更好地理解和运用知识，还可以调动学生的学习积极性，使学生的求知欲望被大大激发出来，并且还锻炼学生的探索能力，使学生的综合能力得到提升，有助于培养出更多全面发展的符合新时代需求的综合型、创造型人才。另外，多媒体教学要求教师要更新教学观念，学会用一些先进的多媒体设备制作教学课件，教师在制作课件的过程中可以对自己所储备的知识进行系统地梳理，并且对所掌握的知识进行不断的更新，使自身的专业素养得到进一步提高。通过现代高科技设备的使用，即使是在理论知识的学习中，也能通过多种方式展开互动，而对于教师来说，还能促进教师综合素质的提高。内容丰富、形式多样的教学内容能让学生在轻松、活跃的氛围中学习文化知识，从而实现体育课程真正的意义和价值，这也是传统体育课程很难做到的。

可见，在体育理论课教学中利用多媒体进行辅助教学有很多好处，不管是对于学生来说，还是对于教师来说，都能使其获得一次巨大的飞跃，是非常值得我们尝试和付诸实践的教学手段。学生和教师在课堂上共同成长，从而达到双赢，这也是传统理论教学无法相比的。

将多媒体技术运用到体育理论教学中，对于体育理论教学来说是非常重要的转折点，它标志着传统枯燥的理论课教学将成为过去，取而代之的则是能够激发学生学习积极性和求知欲的多媒体辅助教学。这种新型的教学辅助手段可以使学生的学习效率大大提升，同时能使学习质量和效果更好。

三、多媒体技术在篮球实践课中的应用

多媒体教学手段不仅能够在体育理论课程中起到很好的辅助作用，还能在体育实践课程中取得很好的应用效果。在体育课程中，体育实践课程占有

○ "理论"兼"实践"的高校篮球运动教学研究

很重要的地位，这是由体育课程的特性所决定的。体育课通常都会选择室外作为活动场所，那么在这样的教育环境下怎样利用多媒体进行教学就成为我们研究的重要内容。

（一）运用灵活，重点在激发学生的学习兴趣

在体育实践课程中，大部分学生对于篮球运动并不是很了解，如一些比赛规则以及与队友相互配合的战术等，一节课的时间是有限的，假如教师对学生的每一个问题都进行讲解和指导，肯定会有很多时间被浪费掉。有了多媒体教学以后，学生的注意力会得到一定的提升，学生全神贯注地听讲，教师的一对一的教学就变成了一对多，使教学效率大大提升。比如使用篮球竞技类游戏、软件等帮助学生去了解和感受篮球运动。

（二）化难为易，化动为静，有利于攻克教学的重点与难点

篮球运动的相关课程是比较复杂的，要想掌握其中很多的动作技巧和要领，需要经历很长时间的学习和练习，因此，学生一定要具备敏锐的观察力和毅力，通过不断地努力才能获得成功。在传统的体育教学中，教师会在课程上进行篮球动作技巧和要领的示范，但是由于时间有限，教师无法进行多次示范，这就要求学生在很短的时间内通过观察迅速掌握，可是，动作往往只是一瞬间的事，学生可能还没有反应过来，教师就进行下一个动作的示范了，学生只能去模仿练习，在这样的学习和练习中，学生是无法熟练且准确地掌握每一个动作要领的。而教师的示范也可能会因为年龄、专业素养、天气等因素的影响出现一些差错，因此，我们就可以想办法将那些难度较大的动作技巧当作素材制成多媒体教学课件，通过慢放、重复播放课件等方式帮助学生去掌握和领会，这样不但可以提高学生的学习效率，还能节省很多学习时间。

（三）通过动作对比，纠正错误动作

教师在制作课件时需要收集大量的素材，对于素材的收集，应该以优秀篮球运动员的精彩比赛片段以及失误片段作为主要内容，教师在课堂上播放

这些视频的时候，学生就能通过正确和错误动作的对比迅速掌握动作要领，并留下深刻印象。另外，教师在带领学生观看视频时还要积极向学生提出问题，然后让学生就问题展开讨论，从而使学生在讨论的过程中对动作的对错进行判断。假如有学生恰好是这些运动员的粉丝，那么所取得的效果将会更好。学生在观看视频的过程中会产生代入感，这能够帮助学生提高自己的自信心，这种自信心对于体育运动员来说是非常重要的。另外，教师还可以引导学生多练习、多探讨，通过各种手段使学生对篮球这项运动产生极大的兴趣。

第三节　高校篮球运动教学与实践中学导式教学法的融入

一、学导式教学法概述

（一）学导式教学法的概念

学导式教学法是于1980年在学者刘学浩、胥长辰以及金家琅的积极倡导下发展起来的，该教学方法是对启发式教学法的继承与发展，其目的就是培养学生分析和解决问题的能力。

学导式教学法强调学生自主性学习和多元性互动。在教学过程中，教师需要注意引导学生的学习方法，依据学生的运动动机、目标和能力来设计教学活动，从而激发学生的独立自主学习的能力。这种教学方法特别重视学生的主动性和创新性，提倡教师为学生创造自我学习的机会，变革传统的灌输式教学模式，通过引人入胜的教学方法来提高教学质量，来进一步提升学生的学习积极性。学导式教学法不再要求学生被动地模仿性的学习，更不是机械地去重复练习，而是要有敏锐的观察力以及探究和解决问题的能力，通过自身的实践和探索达到掌握知识与技能的目的。教学过程中的教师角色，需要在引导、归纳、展示和交流中进行教学，依靠活跃学生思维、活跃教学氛围、重视教学启发和创新教学方法的方式来实现"教"的目标。反观学生的"学",则表现为自主学习、自我评估和自我监控,强调多维度参与和教学手段的多样性。这种教学模式强化了教与学的辩证关系,把以学生为主体、以导向为主线作为核心原则。学导式教学要求教师注意角色的转换,转变以往传授知识的角色,将自己当成教育的促进者,通过多引导、多提点的方式让学生去主动学习,遇到问题不是先想到去问老师,而是懂得自己去查阅相关资料,自己去探索和思考,想办法通过自学的方式解决问题。自学过程中,学生需要对教学内容进行深入探讨,并依照教学组织方式进行实践操作,能够通过课程评价手段做出客观的评价,学生参与课程的设计、实践、学习的全过程,能够获得更好的学习效果,使学生课外的主动性以及课内的参与性都得到提升。学导式教学法以开发学生的智能为主旨,在这样的教学中,教师的作用是促进学生的学习,在这之前,教师的责任是助推学生形成良好的学习动机,增强学生的学习兴趣,通过进一步引导,促进学生提升自身的综合能力,使学生从根本上改变以往被动的学习态度,促进学生实践与创新能力的形成和发展。

(二)学导式教学法与传统式教学模式的区别

如表 7-1 所示,从因素构成上看,学导式教学法和传统教学法相比,二者的构成因素是完全不同的。学导式教学法让学生在学习活动中占据主导地位,教师则是学习的引导者。借由教师的引导,学生能够自主发掘自我潜力,提出问题,并与教师以及同学进行互动讨论,以此提升实践能力。这种教学法鼓励学生通过直接经验去验证间接经验,并在此过程中获得更丰富的直接经验。教学目标着眼于提升学生的认知水平和心理发展,激发对体育运动的热爱,并培养社会适应能力,以实现全面发展。激励方式主要是内在激励,学生通过解决自我提出的问题获取满足感。学生的学习成果是全面的。

对比之下,传统教学法是教师主导,以教师传授为主要教学手段。在教学内容上,教师主要分享间接经验,学生有时也会通过直接经验加深对间接经验的理解。教学目标以发展学生的认知目标为主。学生的课堂参与度较低,课堂氛围主要体现为学生的学习活动。激励方式主要是外在激励,以学生的成绩和分数为主要激励手段。学生的学习成果相对单一。

表7-1　学导式教学法与传统式教学法对比

对比指标	学导式教学法	传统式教学法
教学形式	以学生为中心，学生作为学习活动的主要参与者	以教师的教授为主要教学形式
教学内容	学生学习间接经验与直接经验，通过直接经验来验证间接经验的同时获得更多直接经验	大多数传授间接经验，学生也通过直接经验来对间接经验进行加深
教学目标	认知目标、心理发展、体育学习兴趣、社会适应能力及运动技术	认知目标以及运动技术
教师作用	作为学习内容的引导者	知识与技能的传授者
参与程度	学生积极参与，课堂气氛表现为学生要学	学生积极性较弱，课堂氛围表现为要学生学
激励手段	内在激励，激励来源于学生通过解决一个又一个自己提出的问题所获得的满足感	外在激励，以成绩与分数作为主要激励手段
学习成果	学习成果是综合的	学习成果是单一的

（三）学导式教学法的原则

1. 主体性原则

主体性原则要求学生通过教师的引导能够提高学习的自觉性和创造性，充分发挥主体作用。教师在教学设计中要注重科学性和合理性，教学计划、内容以及环节的设计除了激发学生的学习兴趣，还需要积极发掘学生的潜能，为他们创造更多的自主学习和成长机会。尽管我们强调学生的主体性，但这并不意味着我们忽视教师的主导性。在教学过程中，教师应通过科学合理的引导，最大限度地调动学生参与各个教学环节的热情。学生的任务在于调整他们的行动，以最佳状态获取知识和技能。学生能够通过主动学习体验到学习的乐趣，增强自身的主体性，真正做到成为学习的主人。

2. 创新性原则

创新不仅体现在培养学生的创新思维和精神上，更要求教师根据学生的运动兴趣、运动基础水平、学习风格进行教学设计。合理运用各种前沿、优质的教学资源，为学生创造适合其发展的教学环境，不断完善教学过程，同时积极运用现代教育技术和理论帮助学生养成良好的创新能力，并鼓励和引导学生积极分析并寻找解决问题的方法。

3. 循序渐进原则

在教学过程中，循序渐进的原则要求教师考虑到学生身心发展的适应性规律、运动技能的形成规律、人体心理和生理活动的变化规律以及认知规律。通过科学合理的教学内容和运动负荷安排，教学进程应由简到繁、由易到难、逐步深化，使学生能够有效地掌握知识技能，并发展自己的综合能力。

4. 发展性原则

发展性原则强调以学生的全面发展为目标，将学生的持续发展视为教育的起点和终点，以充分满足学生发展综合能力和掌握知识技能的需求。教师在传授知识的同时，也要从发展能力的角度出发进行教学。当代一些体育教学课程已经开始重视发展性教学原则对教学的作用。

5. 教与学最优化原则

学导式教学要求创造一个和谐、融洽的教学环境。教学是一个动态的过程，需要教师完善教学实施过程，提高教学素养，激发学生的学习动机，发挥他们的最大潜能，以实现教学的最优结合。

（四）学导式教学法的特点

学导式教学法的特点主要体现在两个环节，一是它的实施模式，二是它的应用条件。

它的实施模式主要包括自学—解疑—精讲—演练。

自学就是要让学生能够在教师的帮助与指导下，根据教学目标和内容去查阅相关资料信息，进行独立的探索式学习，经过自学能够对系统的知识有一个初步的掌握，从而在大脑中形成知识体系以及学习的兴趣点。

解疑是指如果有学生提出了疑难问题，教师要对其做出正确的解答。教师在解疑时要遵循一定的原则，将个别解疑和集体解疑结合起来，先对大部分学生可能存在的知识盲点有一个大概的预测，然后提前做好准备工作，同时对于没有预测到的个别问题，教师也应及时给出正确的指导和点拨。

精讲是指学生在自学和解疑环节会遇到很多的重点和难点，教师要针对这些重难点进行着重讲解，在讲解时要注意方法，抓住关键问题和内在的规律，化复杂为简单，并且要注意引导学生就问题去思考，并大胆发表自己的看法，以促进学生去深入探索新知识。

演练这一环节是学导式教学法教学结构中的关键组成部分，主要通过组织课堂小组活动和安排作业练习等方式，帮助学生巩固已学的知识。此环节旨在培养学生的知识技能，并提升他们的学习能力。然而，要成功实施学导式教学法，必须具备一定的条件。毕竟，并没有一种所谓的"万金油"教学法，能适应任何国家的学生、任何教学内容以及任何教学环境。同样，学导式教学法也不例外。只有在满足特定条件的情况下，它才能最大限度地发挥其独特优势以服务于教学。

1.对学习者有特定的要求

学导式教学法的基本结构包括自学—解疑—精讲—演练四个步骤，其中自学环节对学习者的个人条件和知识基础都有明确的要求。对于学生的个人条件，他们需要具备相应的自学能力。而学生的认知发展水平则直接影响到他们的自学能力。因此，学导式教学法的应用要求学生的认知发展必须接近或达到成人的水平。此外，就学生的知识基础而言，他们必须在自学某一领域知识前具备相关的基础知识。实际上，学生的学习过程就是在原有知识的基础上不断构建和整合新知识，这在自学中尤为明显。

2.对教学者有特定的要求

学导式教学法的有效运用对于老师而言，无疑是一项挑战。该教学法主张将课堂归还给学生，让学生在学习过程中充分发挥主体作用，同时强调老师在教学中的主导地位。因此，老师不仅需要具备准确抓取教学关键和难点的能力，还需要有能力来全面分析教学目标，并对学生的学习心理进行深入的观察，了解他们的学习能力。这样，教师才能针对性地进行教学，了解学生的全面情况，从而精准对待每一个学生，最大限度地挖掘他们的学习潜能，实现学生个性化的发展。此外，教师需要具备深厚的专业知识和教学技能，这样在进行解疑和精讲环节时，才能游刃有余，进而赢得学生的信任和尊敬，并激发他们的学习动力。

3.对学习内容有特定的要求

由于学生需要独立预习和理解学习内容，这对学习内容自身也提出了一定的要求。

第一，学习内容的难度需要适宜，必须在学生自我学习能力的范围内，才能达到预期的教学效果。

第二，学习内容应尽可能地具有吸引力，以激发学生的学习兴趣。

此外，学习内容必须与教学目标相匹配，教师不能无目标地进行教学。让学生真正掌握知识和技能，这才是体育教学的最终目标。

4.学导式教学法与其他教学法的协同使用是十分有益的

例如，任务型教学法和情境教学法等方式，在实际课堂环境中，有具体的任务和可操作性，他们的教学方式及效果清晰可见。然而，学导式教学法则不同，它属于观念型的教学法，应在整个教学过程中贯穿使用。因此，为了有效地开展这种教学法，有必要借助多种其他的教学方法和手段来完成教学任务，实现教学目标。只有通过有效地结合其他教学法，才能充分释放学导式教学法的活力，最大限度地发挥其效能。

二、篮球运动教学中学导式教学法的优点和可行性

（一）优点

1.发掘学生自身的主观能动性

在教学活动中采用学导式教学方法，可以使学生处于主体地位，使学生的内在潜能得到充分发挥，并有效提升学生对篮球学习的积极性与主动性，并且对于提升学生在以后的工作和学习中分析和解决问题的能力也十分有帮助，另外，教师的篮球教学水平也能得到进一步提升。

2.促进学生得以全面发展

篮球教学活动开展的环境往往比较特殊，室外是主要的教学活动场所。通过学导式教学方法，可以使学生对篮球这项运动产生极大的兴趣，还能使学生学习的自觉性以及领悟能力得到提升，使学生在往后的学习生活中即使遇到了再多的困难也能有一个良好的心态去从容面对，培养学生坚强的意志品质和顽强奋斗的精神。同时，在学习过程中，学生之间还能相互交流讨论，

从而丰富学生的知识，提高学生的人际交往能力。由此可见，学导式教学方法对于学生综合素质的提升大有裨益。

3. 学导式教学方法属于面向所有学生的教学

在传统的篮球教学活动中，教师往往会将精力放在大部分人身上，但是对于少数人的学习情况以及篮球技能的掌握情况却无法真正地了解，长此以往，那些没有被关注到的学生就会慢慢对篮球这项运动失去兴趣和信心。学导式教学方法的使用有助于每一位学生在各个学习阶段去及时纠正在自己的学习过程中出现的问题，有助于教师对每一位具有不同体育基础的学生进行个性化的指导，这一点可以很好地弥补传统篮球教学的不足之处。对于优等生来说，可以提出更高一点的学习要求；而对于基础较差的学生，可以给予其充足的时间，为其创造条件，帮助其实现学习目标。同时，对于基础较差的学生，学导式教学方法还能使其不再被动地接受学习，而是独立自主地学习，从而有效提高学生的学习效果和效率。

（二）可行性

1. 符合现代教学发展的需要

学导式教学法是将"学"和"导"结合在了一起，不仅要重视"教"，更要重视学生的"学"。在学生自学时，要尊重学生在学习活动中的主体地位，教师要通过引导、设问、解疑等方式帮助其自学，不断激发学生的内在学习动力，培养学生分析和解决问题的能力和探索的精神。

2. 符合动作技能形成的规律

学习和掌握篮球动作时，体育教师要让学生仔细分析、思考动作的结构和要领，然后经过多次的练习去真正地消化和掌握，从而实现动力定型。学导式教学能有效地激发学生在整个学习过程中的积极思考，能使学生充分发挥其在教学中的主体性，促使学生更积极主动地学习篮球动作。通过学导式的教学方法，学生能得到更多的实践时间，在明确学习的重难点的基础上，有充足的时间进行针对性地练习，同时，学生也能相互学习、帮助，并互相给出建议，从而使学生的动作质量得到提升，最终顺利达成学习目标。

3. 符合学生心理发展的需要

在信息时代背景下，学生无时无刻不在接触来自各个方面和领域的新知识和新理论，思想往往都处于活跃的状态，表现欲以及独立认识的能力也都比较强。学导式教学法的使用符合学生的认知和思维发展状态，同时能使学生各方面的需求得到满足。在篮球教学中，要在各个教学阶段中充分挖掘学生的内在潜能，利用学生原有认知和思维水平，促进学生的进一步发展。

三、篮球运动教学中学导式教学法融入程序

（一）教师导学

篮球运动的实践性非常强，学生要想掌握篮球的相关知识和技能，必须通过认真听讲、观看教学视频、亲身参与多加练习，才能熟练掌握篮球的基础知识和相关技能。学生在进行自主学习时，在认知上不免会存在一些偏差，或者是出现一些错误的理解，这都是很正常的情况。对此，教师一定要及时发现并给予学生指导和纠正，使学生能够正确理解篮球的起源、发展史、文化内涵、练习事项等基本知识。只有正确地掌握了这些内容，才能运用这些知识为以后的实践作指导，学生也能充分发挥自主能力，进一步去探索篮球运动的技能技巧，力求在原有的基础上不断进行创新。除此之外，教师还可以基于学生的实际状况适当布置一些课下任务让其完成，使学生有目的性的利用课下时间进行学习。

（二）学生自主学习

通过教师的正确指导，学生的学习变得更加有目的性，对自己的学习目标也更加明确，同时能拥有自我学习意识，自觉去学习和巩固知识和技能，使自身的篮球知识越发丰富，技能水平越发高超。学生在进行自主学习时，可以分组和其他组员讨论交流，互相交流心得体会，如果遇到问题还可以提出来，通过共同讨论顺利解决，在此过程中，学生的自主学习能力与人际交往能力都能得到提升。

（三）师生展开交流

虽然在篮球教学中，自主学习是非常关键的环节，但是学生通过自主学

习能够掌握的知识和技能毕竟是有限的，还需要通过教师的讲授了解更多的难点，搞清楚疑点，从而发现自己的不足之处和需要努力的方向。所以，教师的指导以及师生之间的交流也具有非常重要的作用，在学生解决实际问题、促进学生的学习方面具有重要意义，同时能启发学生形成终身体育意识。

（四）教师指导示范

在篮球教学中，如果学生仅依靠自主学习，利用自己的思维模式以及学习方法去学习，想要获得很好的学习效果其实是比较困难的，可能仅仅能够掌握很少的知识，同时可能出现技能掌握不准确、不扎实的情况。要想有效提高学生的学习效果，就需要教师能够系统性地向学生传授篮球相关的知识，并通过自身的示范使学生准确掌握相关技能。在篮球教学中，教师指导示范是非常重要的一个环节，必须予以重视。

教师在指导教学中最主要的教学方式就是讲授，在讲授过程中，简单明了的语言可以使学生快速理解教师所要表达的意思，抓住其中的重点。只有先掌握了篮球运动的基础性知识，才能为以后篮球技能的巩固提供可能，学生的自主学习积极性也能得以发挥。另外，教师指导的另一个重要方式就是示范，教师通过示范篮球的动作技巧，让学生掌握动作要领，从而把握重点，最后熟练掌握整个连贯性动作。

（五）学生自我吸收理解

教师在篮球教学中除了要进行系统性的授课以外，还要让学生的主观能动性以及学习积极性充分发挥出来，使学生可以在教师的指导下进行自主学习，从而养成自觉学习的习惯，这也是促进教学效果提升的关键。在篮球教学考核中，要将学生掌握的篮球知识与技能的水平当作考核重点，因此需要学生在学习中善于自我吸收，在教师的指导下主动对自己的学习所得进行总结，并对自己的问题进行反思，对于自己把握不准的内容，要及时向同学或老师请教，及时解决问题。

第四节　高校篮球运动教学与实践中微课教学法的融入

一、微课概述

（一）微课的概念

微课发展到现在已经有近 30 年时间了。微课的概念源自 Mc Grew 教授的"60 秒课程"，该课程包含概念介绍、解释现象、联系实际情况并进行归纳推理 3 部分。这一课程的设计初衷是在非正式场合普及科学常识❶。接着，英国大学的 TPkee 提出了"1 分钟演讲"的思想，以学生为演讲者，限定在 1 分钟内演讲特定主题，这极大地提升了学生对核心主题的理解，也为微课的正式发展铺垫道路❷。然而，微课真正受到大众注意是在 2007 年，萨尔曼·可汗（Salman Khan）创立了"可汗学院"（Khan Academy），他制作了各科目的短视频（不超过 10 分钟），并上传到网上供美国小学生自主学习❸。然而，以上的学者都没有明确提出微课的概念。

微课的概念最早由美国的"1 分钟教授"Penrose 在 2008 年提出，他认为"知识脉冲"（也就是微课）能达到和传统教学方式相同的效果，并提出设计微课的 5 个步骤：①定义核心概念；②介绍核心概念；③利用新媒体录制，时间控制在 3 分钟以内；④在课程中设置任务；⑤上传学习资料和视频。

郑小军、胡铁生、焦建利等人是中国致力于微课研究的主要学者，他们对微课的概念和相关问题提出了各种不同的观点和思考。

---

❶ MCGREW L A. A 60-second course in Organic Chemistry[J]. Journal of Chemistry Education, 1993（7）：543-544.
❷ KEE T P. The one minute lecture[J]. Education in Chemistry, 1995（32）：100-101.
❸ 可汗.翻转课堂的可汗学院：互联时代的教育革命[M].刘婧，译.杭州：浙江人民出版社，2014：91-135.

在中国，胡铁生教授最早对微课进行了定义。他在 2011 年阐明，微课以视频为主要载体，根据课程大纲和教材内容要求，对某个教学环节或关键点进行教学，整合各种教学资源❶。微课的核心是知识教学视频，涵盖自主练习、学生反馈、课中课后测验、教师评价以及教师教学反思等多样化的教学资源。胡铁生教授在 2012 年进一步提出了"微课件"和"微教案"等微课教学资源。2013 年，他强调了微课的情境化和学习方式的多样性❷。

焦建利教授视微课为以在线教学视频为主，集中讲解或学习某个特定知识点，特点是短小精练❸。黎加厚则着重强调微课的时间控制，他将微课定义为目标明确、内容精练、授课时间在 10 分钟以内的小课程❹。张一春教授则强调，微课是一种教师与学生双方参与的教学活动，旨在通过视频让学习者主动参与学习，提高学习效率，获得知识❺。

总的来说，各位学者对微课的定义虽有所不同，但核心理念基本一致：一是微课聚焦明确的学习内容，突出对某一知识点的学习；二是微课具有"微"和"短"的特性，通常控制在 10 分钟以内；三是微课主要以微视频为载体，形成多样的学习方式。因此，本文对微课的定义为：微课是围绕某一具体知识点或教学环节，以短视频为媒介，设计成时间短小、知识重点突出的教学资源，以方便学生在时间和空间上的学习。

（二）微课的特点

1. 教学时间较短

微课，被誉为"微课例"或"课例片段"，将视频教学作为其核心内容。针对中小学生的认知特性和学习模式，微课的持续时间通常在 5～8 分钟，而对于本科和高职的微课，其一般的时长约 15 分钟，对两者来说，微课的最大长度都不应超过它们各自的上限，即 10 分钟和 20 分钟。这种教学模式与

---

❶ 胡铁生."微课"：区域教育信息资源发展的新趋势[J].电化教育究，2011（10）：61-65.
❷ 胡铁生.中小学微课建设与应用难点问题透析[J].中小学信息技术教育，2013（4）：15-18.
❸ 焦建利.微课及其应用与影响[J].中小学信息技术教育，2013（4）：13-14.
❹ 黎加厚.微课的含义与发展[J].中小学信息技术教育，2013（4）：10-12.
❺ 张一春.微课建设研究与思考[J].中国教育网络，2013（10）：28-31.

传统的 1 节课时（40～45 分钟）的教学形式相比，显得更为精简和集中。

2. 教学内容较少

微课以一种更加突出和集中的方式，满足了教师对教学内容需求的精细化和主题化。相较于传统课堂，它的主题更为突出，问题更为集中。微课的目标主要是强调在课堂教学中某一学科知识点的教学，例如教学中的重点、难点、疑点、考点等，或是体现出课堂中某一教学环节、教学主题的教与学活动。相比于传统课堂所需完成的多元化和复杂的教学内容，微课的内容更为简洁，因此，它也叫作"微课堂"。

3. 资源容量较小

在规模上，微课视频及其相关辅助资源的总容量通常在几十兆字节左右。视频应以网络在线播放支持的流媒体格式（如 rm、wmv、flv 等）呈现，让师生能够顺畅地在线观看教学案例、查阅教案、课件等辅助资源。同时，它们也可以被灵活地下载并保存到终端设备（如便携式计算机、手机、MP4、iPad 等）上，实现移动学习和泛在学习，非常适合教师的课堂观察、评估、反思和研究。

4. 资源构成"情景化"，资源使用方便

微课以鲜明的主题、明确的指向和完整的内容为选择基准，它利用教学视频片段将教学设计（含教案或学案）、课堂使用的多媒体材料和课件、教师的教学反思、学生的反馈意见以及学科专家的书面评价等相关教学资源"统整"到一起。由此构建出一个主题突出、类型丰富、结构紧凑的"主题单元资源包"，营造出一个真实的"微教学资源环境"。这种方式赋予了微课以视频教学案例的特性。

在这样一个真实、具体、典型化的教与学情境中，教师和学生更容易实现高阶思维能力的学习，如"隐性知识"和"默会知识"，并促进教学理念、技能、风格的模仿、迁移和提升。这不仅能迅速提升教师的课堂教学水平，促进教师的专业发展，也能提高学生的学业成绩。因此，微课不只是教师和学生的重要教育资源，也构成了学校教育教学改革的基础。

5. 主题突出，内容具体

每一节微课都是一个主题，也可以说是一个"事件"。其研究问题源自教育教学实践中的具体问题，或源自生活的思考、教学的反思、突破难点、强调重点,或源自学习策略、教学方法、教育教学观点等具体、真实、可以自己或与同伴一起解决的问题。

6.草根研究,趣味创作

微课的内容精练,这让每个人都有可能成为课程的开发者。此外,由于微课的用户是教师和学生,其研发目标紧密连接教学内容、教学目标和教学手段,是"为了教学、在教学中、通过教学",而不仅仅是验证或推演理论。因此,研发的内容必须是教师自身熟悉的、感兴趣的、有能力解决的问题。

7.成果简化,多样传播

微课以具体主题和突出内容为核心,这使其研究表达简洁明了,成果易于转化。同时,微课小巧且精炼,适应多种传播方式,例如网络视频、手机传播或微博讨论。

8.反馈及时,针对性强

因为"无生上课"活动在较短的时间内集中进行,参与者可以实时听到他人对自己教学行为的评价,及时得到反馈。这使得微课相较于传统的听课评课活动,有更高的即时性。因为是课前的"预演",所有人都参与其中,互相学习,互相帮助,一起提高,这在一定程度上减轻了教师的心理压力,教师不会担忧教学"失败"或担心评价可能"得罪人",因此使评课更为客观。

(三)常见的微课类型

1.按用户和主要功能划分的微课类型

按照用户和主要功能,微课大致可以分为两种类型:第一类是学生学习微课,第二类是教师发展微课。

(1)学生学习微课

学生学习微课面向的对象是学生,主要是使用录屏软件将学科知识点的讲解进行录制而成的,微课长度在10分钟以内。它主要用于向学生传授知识、教授技能等,能促进学生进行个性化学习。这类微课是翻转课堂教学的重要组成部分,是微课建设的主流方向。

(2)教师发展微课

教师发展微课面向的对象是教师而不是学生,课程内容是教育教学实践中遇到的教学现象、教育故事、教学策略等,也就是对教学情境的反思与总结。例如某位教师制作的微课，其时间长度不超过5分钟，主要用于学校的教研活动或者教师的培训学习。教师发展微课用于教育研究活动、学校教师培训、教师网络研修等，这样可以提升教师的教育教学能力，改善教师的工作方式，促进教师的专业发展。

2.按教学目的划分的微课类型

按教学目的，微课可以划分为讲授型微课、解题型微课、答疑型微课、实验型微课等类型。

（1）讲授型微课

以对学科知识中的重点、难点等的讲授为主，授课形式多样。

（2）解题型微课

针对某个典型例题、习题进行讲解分析与推理演算，重在分析解题思路与展示过程。

（3）答疑型微课

围绕学科中的疑难问题进行分析与解答。

（4）实验型微课

针对自然学科（物理、化学、生物等）的典型实验进行设计、操作与演示。

3.按微视频的主要录制方法划分

按微视频的主要录制方法划分，微课有摄制型微课、录屏型微课、软件合成式微课、混合式微课4种。

（1）摄制型微课

通过摄像机、智能手机、摄像头等设备，捕捉教师讲解的内容、学生学习的过程等真实情景，制成教学视频。

（2）录屏型微课

通过利用录屏软件，例如 Camtasia Studio，我们可以捕捉并记录教师通过 PowerPoint、Word、画图工具或手写板输入软件等方式展现的教学内容和过程。具体来说，这包括在电脑屏幕上同步捕获教师的演示内容和讲解过程。或者，也可以利用数字媒体设备，如交互式电子白板或一体机等，来同步记录教师的讲解声音或旁白。

（3）软件合成式微课

运用图像、动画或视频制作软件，通过微课脚本设计、技术合成后输出的教学视频短片。

（4）混合式微课

应用上述提及的多种方式，制作、编辑、合成的教学视频。

值得注意的是，获取的这些视频素材一般都要经过一定的后期编辑制作后才可发布。

二、高校篮球运动微课实施流程设计

如图7-2所示，为确保篮球微课程实施的有效性，将实施流程分为了前情分析与确定选题、设计与制作、实施、总结分析4个方面。

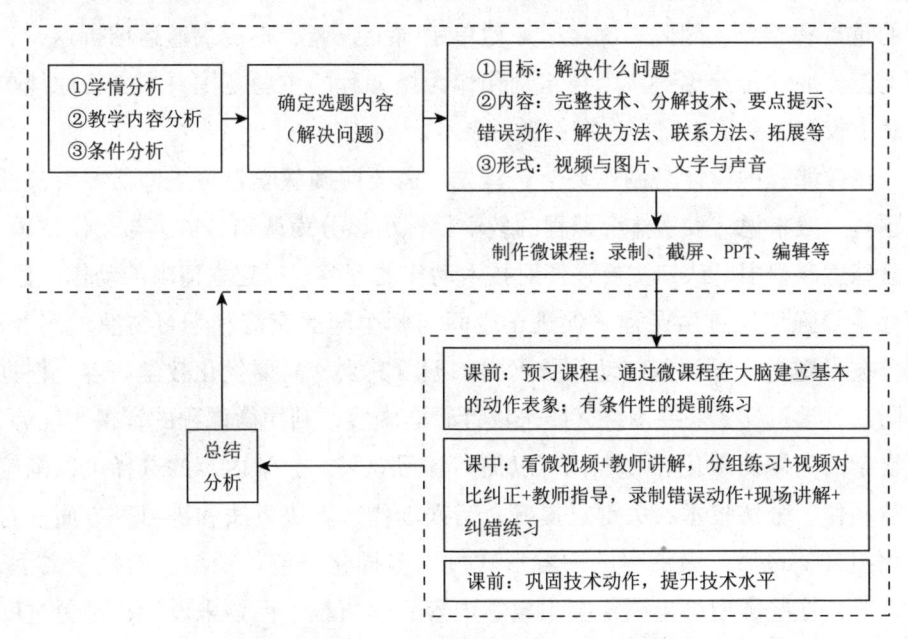

图7-2 高校篮球公共课微课程设计与实施思路

在微课程的前期准备阶段，首先进行的是对当前学生学习情况的分析。目前，许多大学生的篮球基础水平并不高，而且水平存在明显差异，其中一些学生的篮球技巧并不规范，日常练习的时间有限，缺乏有效的指导。其次，应进行教学内容的分析。根据高校篮球公共课的教学大纲，教学内容主要涵盖了篮球的基本技巧，如持球、投篮、运球、传接球等，还包括篮球规则和裁判法等。在这些内容中，有一些是教学的重点和难点，需要进行详细的讲解，将抽象的概念具体化，展示完整和分解的动作，通过多次学习来建立动作模型；但是课堂的时间限制了学习效果的提升。最后，应对教学条件进行分析，包括学生是否拥有手机、电脑等设备，以及收集和整理当前的篮球网络资源、教材等。这些分析使我们能够确定篮球微课程的主题和内容的方向，为制作微课程提供了资源。

在确定微课程主题的阶段，强调微课程不同于传统的多媒体教学，其突出的特点是解决微小的问题，特别强调教学内容的某一方面的技术或理论。因此，在确定主题的时候，根据需求的数量和难度，可以设计出不同数量的微课程，每个微课程解决一个问题，形成微课程体系，以提高教学效果。微课程主题的研究不仅考虑了学生基础素质薄弱的问题，也考虑了一些技术动作的重点和难点。因此，确定了原地单手肩上投篮、直线快速运球折返、三步上篮、原地传接球这4个技术动作作为微课程的主题范围。本文将原地单手肩上投篮、三步上篮作为案例进行展示。

在微课程的设计与制作环节，首先，需要明确教学目标，即需要解决的问题。一般来说，大学体育课程的教学目标可以分为认知、情感与动作技术。在篮球微课程中，认知主要强调对技术动作的理解，以建立清晰的动作表象；情感主要强调通过微课程来促进学生间与师生间的交流和学习情感的培养；动作技术则主要强调基础动作技术的掌握。其次，需要优化教学内容。根据不同的教学目标，需要围绕问题来设计教学内容，利用微课程的音视频优势，将复杂的问题简单化和直观化，以提高学习效果。教学内容的选择可以围绕完整动作、分解技术、关键点提升、错误动作、解决方法和练习等方面进行优化组合。最后，微课程的内容形式可以多样化，包括视频、图片、文字、声音等，这些类型都应围绕突出教学内容、解决教学问题来设计，避免过度复杂。在制作方面，制作方式可以多样化，包括PPT制作、屏幕录制、视频录制等，资源则可以包括网络资源、教材、学生情况、教学场地等。

在微课程的实施阶段，其最大的优点是学生可以利用移动终端随时随地进行学习。因此，学生可以在课前、课中和课后进行微课程的学习。微课程的学习需要与传统的课堂教学方法相结合，学生在学习微课程内容的基础上，需要进行强化练习，以达到解决问题的目的。课前的学习可以包括预习课程，通过微课程在大脑中建立基本的动作表象，以及有条件的预先练习。课中的学习可以包括观看微视频＋教师讲解，分组练习＋视频对比纠错＋教师指导，以及录制错误动作＋现场讲解＋纠错练习。课后的学习可以包括巩固技术动作和提高技术水平。

在总结分析阶段，我们需要根据实施的情况及时进行微课程的总结，并将反馈应用到微课程的设计中，以完善微课程的设计。

三、微课融入高校篮球运动教学与实践的路径分析

（一）把握学生需求，提高微课程课件制作的"精准度"

1. 对于学生需求信息的收集至关重要

这是微课程课件创建的基础，为了更深入地理解学生的需求，我们需要在课前、课中和课后三个阶段加强学生需求信息的收集。这种信息收集既需要依赖网络平台，同时需要建立信息反馈小组，并设定小组负责人，由他们定期反馈学生需求。在课前，教师应在教学内容基础上设计好问题调查，了解学生的需求，以便更好地适应教学设计。在课程进行中，重点是收集学生对微课程课件学习的反馈，根据学生在注意力、兴趣度、学习效果等方面对课件的评价，有针对性地进行完善。在课后，重点是收集学生在课后应用微课程指导的反馈，对指导中出现的需求进行及时的补充和完善，以提高微课程课后指导的有效性。

2. 需要提高微课程制作的需求精准度

学生在学习篮球过程中既有普遍的需求，也有个性化的需求，在教学课件的设计过程中，应该做到两者兼顾，既要满足学生遇到的普遍需求，又要能提供多样化的个性化供给，确保学生需求得到最大限度的满足。因此，课件制作既需要类型上的丰富，又要在内容上有所突出。类型的丰富可以按照学习动作在泛化、分化、自动化过程中遇到的问题进行提前设计，不仅能满足初学者对新动作的理解，还能为有一定基础的学生提供进阶的解释，使每个学生都能得到适合自身基础的课件指导。内容设计应该既具有系统性，又具有具体性。系统性突出学生的自动化水平，具体性则以点状形式围绕具体问题进行讲解，使学生在泛化、分化阶段能找到解决问题的具体方法，更好

地过渡到自动化阶段。

（二）注重总结分析，增强微课程与传统授课模式的"融合度"

1. 深入研究微课程与传统教学模式的整合，构成了微课程理论的首要任务

由于微课程教学和传统教学模式各自拥有独特的教学规则和理论依据，如果想要增强它们的结合，需要进行深入探究。我们应该强化对微课程应用理论的学习，尤其对微课程应用的核心原理、主要规则、基础方法和基本策略进行深入分析，以提高理论指导的实用性。更进一步，对微课程和传统教学模式的结合进行研究也很重要，尤其是在理论结合方面，我们需要深入探索并找到支持理论融合的证据，为实践教学提供理论方向。

2. 应积极实施微课程，并从中总结融合的经验

虽然篮球微课程教学实践目前还处于初级阶段，并且教学中的问题是不可忽视的，但我们应该乐于总结经验，并持续改进教学模式。我们需要积极实践微课程的教学组织，特别是有效组织学生在体育运动和微课学习之间进行切换，以积累实践经验并解决学生分心和学习效率低的问题。同时，我们也需要寻找教学方法的共通之处。微课程教学和传统教学模式之间存在一些相同的教学方法，我们应该通过这些方法找到突破点，建立微课程和传统教学模式的最佳结合，以解决各种类型、难度和特点的教学重点和难点。

3. 应增强交流和学习，接受意见和建议，以完善融合的薄弱环节

篮球微课程教学应用不仅需要自我总结经验，还需要积极与外部进行交流。我们不仅要关注与其他高校的篮球微课程教学的交流，还要学习其他类型的体育微课程应用和非体育类的微课程应用，将优秀的经验、做法和建议吸收并应用到网上篮球微课程教学中。此外，我们还需要积极寻求专家和篮球教练的意见和建议，以获得关于篮球微课程应用的有效指导。

（三）加强培训学习，提升篮球教师微课程应用能力

1. 需要加强对篮球教学的知识和技能的学习

由于篮球微课程的应用是基于篮球知识和技能的，所以教师必须深入消

化这些知识和技能。在传统教学模式中，虽然篮球备课的内容和教师对篮球知识的理解已经有了显著的提高，但是篮球微课程不仅与传统教学模式相联系，还有自己的教学特点。因此，需要对篮球知识和技能进行再加工，以激发学生的学习兴趣，提供学习指导等功能。这就需要教师从篮球微课程应用的角度重新学习和构建篮球知识和技能，尤其是如何分解学习的重点和难点，使学生更容易理解和掌握。

2. 需要加强微课程教学应用的学习

篮球微课程教学应用是一种新的尝试，需要新的理念、方法和组织方式。这些教学元素与传统的教学模式有所不同，因此，为了更好地推动篮球微课程教学，篮球教师需要对微课程教学的实施有更深入的理解，并逐步形成符合实际教学的微课教学模式。教师可以通过在线学习，如观看网络视频资源等，来增强对微课程教学流程和控制的理解，以及教学控制力和组织力。同时，他们还需要深入学习体育教育学、教育心理学、大学篮球等教材，以增强篮球微课程教学应用的理论指导。

3. 需要加强微课程课件制作的学习

篮球微课程课件制作是微课程实施的核心，教师需要强化自身的课件制作能力，尤其在以视频编辑、图像编辑和将抽象内容设计为具体内容的方面。复杂的问题需要被简化、直观化和通俗化，以便学生理解和掌握。对信息技术的熟悉程度也必须加强，因为篮球微课程课件不仅需要有针对性的内容，也需要形式多样，这样才能激发学生的学习兴趣，提高他们的学习动力。教师应善于利用外部资源来设计篮球微课程课件，对于短时间内无法掌握的内容设计，可以寻求教师、朋友、同事等人的帮助，以实现资源的有效利用。篮球微课程课件制作学习的主要途径仍然是网络。通过网络收集所需的资源，及时消化和吸收，并将制作好的微课程上传到网络，收集相关意见和建议，以完善微课程课件。另外，也可以通过微课件制作的书籍和教材学习，系统地理解微课件制作和课程实施之间的关联，以提高微课程的接受度。

参考文献

［1］孙锡杰.多维视角下的高校篮球教学体系研究[M].广州：广东人民出版社，2022.

［2］张斌作.高校体育篮球教学改革研究[M].北京：北京出版社，2021.

［3］林芸，张文哲.高校篮球教学的优化探索[M].北京：九州出版社，2021.

［4］李海英.新时代高校体育教学的多维研究与运动教育模式[M].北京：人民体育出版社，2020.

［5］黄洪波，尹岳，李峰.高职体育教学与科学训练实践[M].北京：中国华侨出版社，2020.

［6］李正昌，冯健.高校篮球教学改革影响因素及发展前景[J].当代体育科技，2022（25）：55-57.

［7］董悦，董梦馨.篮球游戏在高校篮球教学中的有效运用[J].当代体育科技，2022（25）：182-185.

［8］张达瑶，冯健.翻转课堂教学模式在高校篮球教学中的应用[J].当代体育科技，2022（24）：41-43.

［9］彭彬.休闲体育视角下高校篮球教学训练研究[J].当代体育科技，2022（24）：174-177.

［10］郑亮.多元视域下高校篮球教学改革策略研究[J].当代体育科技，2022（23）：85-88.

［11］曹健，杨继宏.线上教学模式与高校篮球教学融合可行性研究[J].创新创业

理论研究与实践,2022（14）：178-180.

[12] 赵志男,朱晓龙,朱焱."课程思政"理念下高校篮球教学的实施路径与探析[J].当代体育科技,2022（21）：142-151.

[13] 王春晖.慕课与高校篮球教学融合的优势及构建[J].辽宁体育科技,2022（4）：128-131.

[14] 郑汉.高校篮球网络化教学改革思路与实践路径研究[J].青少年体育,2022（6）：112-114.

[15] 陶然,王府.论体育游戏在高校篮球教学的运用[J].当代体育科技,2022（13）：101-105.

[16] 屠鑫.在普通高校篮球教学运用对策研究[J].内江科技,2022（3）：57,133.

[17] 韦金亮.任务驱动教学法在高校篮球教学中的应用探讨[J].运动精品,2022（3）：25-26,29.

[18] 路俊奇.高校篮球教学中比赛教学法的运用研究[J].当代体育科技,2022（3）：67-69.

[19] 张志扬.游戏教学法在高校篮球教学中的应用初探[J].内江科技,2021（11）：45-46.

[20] 王荣.高校篮球教学及训练有效性提升的措施研究[J].当代体育科技,2021（31）：83-85.

[21] 王晨航.新时期我国高校篮球教学改革的路径选择[J].产业与科技论坛,2021（21）：160-161.

[22] 霍睿,罗伟权.论高校篮球教学中引入拓展训练的意义及可行性研究[J].当代体育科技,2021（22）：126-128.

[23] 宋晓红.新形势下高校篮球教学改革的思路探究[J].当代体育科技,2021,11（21）：103-105.

[24] 黄淮雷.高校篮球教学中竞赛教学法的运用探讨[J].当代体育科技,2021（19）：134-136.

[25] 袁晗,刘志勇.抛锚式翻转课堂教学模式在高校篮球教学中的实证研究[J].安阳工学院学报,2021（4）：98-102.

[26] 赵毅砥,廖偲,崔曼峰.创新性游戏教学法在普通高校篮球教学中的运用研

究［J］.广州体育学院学报，2021（3）：104–107.

［27］王寿秋，冯宇，佟彬，等.高校篮球教学"课内外一体化"现状及对策［J］.哈尔滨体育学院学报，2021（3）：65–69.

［28］杨君民.现代技术在高校篮球教学中的运用研究［J］.当代体育科技，2021（15）：135–137.

［29］任斌.高校篮球教学方法与教学创新思维的融合问题研究［J］.当代体育科技，2021（14）：130–132.

［30］李光."互联网+"下高校篮球教学的改革创新思路［J］.当代体育科技，2021（11）：131–133.

［31］吕宏伟，张园春.新形势下高校篮球教学改革的思路探讨［J］.江西电力职业技术学院学报，2021（2）：26–27.

［32］德长青.高校篮球教学与训练方法研究［J］.黑龙江科学，2021（1）：118–119.

［33］周健.高校篮球教学训练中培养学生战术意识的策略分析［J］.当代体育科技，2020（35）：93–95.

［34］王迪.线上线下混合式教学模式在普通高校篮球教学中的应用研究［J］.科技风，2020（34）：35–36.

［35］张颖.新形势下高校篮球教学改革的思路分析［J］.青少年体育，2020（10）：120–121.

［36］罗源凯，廖志文.高校篮球教学中训练新方法及体能训练策略研究［J］.田径，2020（10）：29–31.

［37］杨星.新时期高校篮球教学中虚拟现实技术的应用［J］.信息记录材料，2020（10）：108–110.

［38］袁林.高校篮球教学价值及其教学模式改革的多角度思考［J］.科技资讯，2020（27）：101–105.

［39］刘临平.新时期高校篮球课教学模式创新的思考［J］.当代体育科技，2020（25）：130–132.

［40］董亚光，曲强，徐川傲.课程思政在高校篮球教学中的应用［J］.数据，2022（11）：164–166.

［41］姚涛.微课程在高校篮球教学中的设计制作与应用［D］.哈尔滨：哈尔滨体育

学院，2019.

[42] 李帅.趣味教学法在高校篮球教学中教学效果的实验研究[D].临汾：山西师范大学，2017.

[43] 梁晓涵.个性化教学在高校篮球教学中的实验研究[D].济南：山东师范大学，2015.

[44] 刘坚.多样化反馈教学模式在高校篮球教学中的应用研究[D].长沙：中南大学，2012.

[45] 李鸿达.微课在高校普修课篮球教学中的应用研究[D].长春：吉林体育学院，2019.